胡庆芳　杨翠蓉　等◎编著

有效导学实践的 40份样例

华东师范大学出版社

目 录

序

感受教育的脉搏：创新驱动，转型发展

在传统课堂教学实践中,知识本位和理性至上的价值取向比较明显,教师主要是按照学科的结构传递学科的课程,学生主要是最大限度地接受制度化的学科内容,教师与学生在这种模式的教学过程中逐渐失去了主体间性的主动以及主体的作为,而共同演绎着的更多是被动与异己的存在。教师成为制度化课程的教学机器,学生成为被填充的容器,"知识的在场"和"人的缺席"成为传统课堂教学的奇异景观,教学的人文关怀被忽视。课堂教学往往始于教师精心设计过程行进的路线图,并具体细化为一步步细致且环环相扣的小步子,然后经由教师付诸课堂精确无误的演绎实施,最终达到预定的认知目的地。教学的标准化和机械化让师生一起远离了创造与活力。与此同时,社会传统文化中规训与服从的基因也惯性地渗透进课堂,加深了课堂教学文化对学生学习创造性和个性化的桎梏,在"师道尊严"的文化恪守中,学生逐渐被训练成课本知识的奴隶和功利应试的机器。

我国的基础教育课程改革现已进入到了改革的"深水区","理想的课程目标越来越需要通过富有创造性的课堂实践来加以实现"。但据 2009 年全国大样本的调查发现,我国基础教育的课堂教学实践与新课程理念的精神实质尚存在不小的距离和落差,大多数教师还比较习惯于传统的教学方法,"穿新鞋走老路"的现象还时有发生。基于基础教育新课程目标的课堂教学转型刻不容缓,势在必行!

在面向新世纪又一个十年的重要关头,我国政府制定出台了《国家中长期教育改革和发展规划纲要(2010—2020 年)》,明确提出了课堂教学要从学生学习的实际出发,充分发挥学生学习的主动性,积极回应学生多方面、个性化的学习需求,从而有效促进每个学生主动的、生动活泼的发展。在 2011 年教育部颁布的中小学及幼儿园三个专业标准的文件中,都把"学生为本"作为基本理念,积极倡导教师的教学实践从传统的以教师为中心转向当今的以学生为本,从而把新课程的理念落实到具体的教育教学行为之中。这为当前基础教育的课堂教学转型指明了方向。

在课程改革的潮流中,近年来也涌现出了一批在当地乃至全国业已产生较大影响的课堂教学转型的典型。如,山东杜郎口中学的"三三六"学生自主学习模式,突出立体式、大容量和快节奏的教学要求,强化预习、展示和反馈的功能,推行预习交流、明确目标、分组合作、展现提升、穿插巩固和达标测评的教学环节。又如,江苏洋思中学的"先学后教,当堂练习"的教学模式,追求当堂课的内容学生在课堂上完全自我解决,当堂消化,教师不再留课外作业,切实实现减负增效。再如,上海市静安区教育学院附属学校"后茶馆式教学"的模式,着力建设"读读、议议、练练、讲讲、做做"的宽松教学文化。改革成功的范例不一而足,但是它们创造性的先行实践已经为课堂教学的转型做了生动的注脚。成功的课堂实践,教育的真谛和智慧富含其中,"深入课堂进行实证的剖析"成为探索课堂教学转型有效模式的现实选择。

纵观近些年来有关课堂教学转型的研究,理论界主要有如下几派的观点:第一,文化重构说。即在教学理念上,推崇人的成长发展重于知识本身的掌握;在学习方式上,追求学习主体的建构重于知识本身的结构;在师生关系上,强调学生的主体作用先于教师的主导作用。第二,学习增值说。即课堂教学就是要促使学生学习的增值,其中包动力值(更想学)、方法值(更会学)、数量值(达成多)和意义值(对学生个人的成长发展具有长远意义)。第三,以学定教说。即课堂的教学始于对学生学情的把握,学生原有的学习基础、当堂课学习的疑难困惑以及真正的兴趣所在等一起构成课堂教学的形态与结构。这些观点从不同的角度诠释了课堂教学转型的实质与重点。

为了每一个孩子幸福快乐的成长,为了给每一个孩子的成功成才奠基,变革创新的情怀永远激励着热爱教育的人们不断追逐更高、更远、更美的梦想!

《教育转型视野下的课堂热点丛书》正是扎根基础教育的沃土,汲取实践智慧的营养,力争真实鲜活地呈现草根实践、田野研究的丰富成果,零距离地服务广大一线教师:分享经验,拓宽视野,启迪智慧!

《教育转型视野下的课堂热点丛书》主要面向中小学第一线的广大教师、教研室教研员、教育研究机构的研究人员以及教师培训机构的培训工作人员。本丛书将集中推出一批以课堂教学的生动实践为特色的系列主题。

希望并期待本套丛书的出版能实现我们和谐奋进的研究团队的良好初衷!

胡庆芳

2014 年国庆于上海

1

"学为中心"教学变革的理据

在任何时期,学校教育的宗旨均为培养与发展学生,但没有哪个时期像今天这样如此旗帜鲜明地提出"学为中心"的口号。"学为中心"有两重含义:一是指以学生为中心;二是指以学习为中心。学校教育除了培养学生能力、发展学生潜能外,教育教学过程也应根据学生特点、学生学习特点进行。以往学校教育均是以教师教学为中心,教师教什么,学生就学什么,忽略了学生学习的主观能动性,不利于学生学习能力的发展。要颠覆"教为中心",形成"学为中心",必然要对教案进行改革,对教学过程进行改革。

第一节 "学为中心"导学的理论基础

一、导学与导学案

"学为中心"导学教学模式虽然明确以学生的学习活动为主体,但同时也看到学生知识经验的有限;因为学生缺乏系统的学科知识体系,所以教师需要对学生学习进行引导和指导,即导学。导学案就是学生的学习方案。导学案的"学"是指学生,意味着导学案是供学生运用,学生是方案使用的主体。导学案的"学"还指学生的学习过程,即学生学习从初始阶段过渡到目标阶段的过程。这一过程主要体现为根据学生已有知识能力、学习特点而设计的各种学习活动。导学案的"案"是方案,是学生学习依托的文本,是以文本形式呈现的学习资源,通常以导学稿、预习稿、学习单、活动单等形式呈现。从对"学"与"案"的解析可知,导学案不同于教案,它将以学生为中心,以学生学习活动为主体,侧重于学生的自主探究。导学案是教师为了指导学生主动参与学与教活动,依据学生实际、教学内容等编制的学习活动方案[1]。

---

[1] 郝琦蕾."学案导学"模式的理论与实践研究[J].当代教育与文化,2014(6):55—61.

二、"学为中心"导学教学模式的源起

1. 基础教育课程改革深入实施与学生核心素养养成的需要

20世纪70年代,联合国教科文组织发表了题为《学会生存——教育世界的今天和明天》的报告,明确提出,"我们应使学习者成为教育活动的中心,随着他的成熟程度允许他有越来越大的自由;由他自己决定他要学习什么,他要如何学习以及在什么地方学习与受训。这应成为一条原则"。可以看出,学生学习过程正逐渐取代教学过程①。20世纪90年代末,基础教育课程改革在我国小学、初中启动与实施。时至今日,基础教育课程改革取得明显成效,但在这一过程中也遇到种种问题,集中体现在:(1)大多数教师还是习惯传统的讲授教学,多数学生仍喜欢教师讲;(2)教师难以实施有效的班级合作学习,学生无法展开有效的交流讨论,合作学习无显著成效②。面临新时代新际遇,学生培养目标的改变势在难免。2016年,教育部提出培养各阶段学生六大核心素养,其中学生自主发展方面的"学会学习"素养明确强调学生乐学善学、勤于反思、有信息意识③。学生核心素养的全面提出也预示着教学过程势必被学习过程所取代。

2. 当前学校教育教学现状

目前我国学校教育教学还是以班级授课制为主,即学校将年龄相近、知识与能力相仿的若干学生组织在一起,编制成固定班级,由教师根据教学计划、教学内容向全班学生进行知识与能力等素质培养。教师同时向几十位同学进行授课,能极大提高教育教学效率。另外,这种教学组织形式在教学内容与计划上均有统一要求,能最大限度地保证教育教学有效进行,提高教学质量。目前我国基础教育阶段的班级人数固定在40人左右,高中阶段的班级人数固定在45人左右,经济与教育不发达地区的班级人数普遍多于45人。随着二胎政策的推广,学校教育将面

---

① 联合国教科文组织国际教育发展委员会.学会生存——教育世界的今天和明天[M].华东师范大学比较教育研究所,译.北京:教育科学出版社,2000.

② 柳晓萍.中学课堂教学开展合作学习的现状调查及分析[J].新课程研究(上旬刊),2010(5):142—143.

③ 辛涛,姜宇,刘霞.我国义务教育阶段学生核心素养模型的构建[J].北京师范大学学报(社会科学版),2013(1):5—11.

临上学难、教师荒的难题。在理想的育人目标与现实的教育困境下,实施"学为中心"导学教学模式是有效缩小教育理想与现实差异的有效途径之一。

三、"学为中心"导学教学模式的理论基础

皮亚杰的认知发展观与布鲁纳的认知学习观蕴含着建构主义学习的思想。随着布鲁纳对维果茨基教育思想的推动,20 世纪 70 年代末,建构主义学习理论及其应用率先在美国出现。建构主义学习理论认为学生具有学习主观能动性,不是信息的被动接受者,他们通过与环境的互动获得知识经验。根据建构主义学习理论的基本观点,衍生出许多关于学生及具体学习形式的理论,这些理论是"学为中心"导学教学模式构建与实施的基础、依据。

1. 最近发展区理论

苏联心理学家维果茨基发现学生在教师等的引导或帮助下,会更容易理解超过其认知发展水平的问题。由此,维果茨基认为个体有两种发展水平:一种是儿童的现有水平,即由一定的已经完成的发展系统所形成的儿童心理机能的发展水平;另一种是儿童潜在的发展水平,即在成人的指导和帮助下能达到的问题解决水平,通常就是指通过教学所获得的潜能。维果茨基认为这两种发展水平之间的距离、差异就是"最近发展区"①。

作为教师,应当了解每位学生的最近发展区,通过提问或建议,促使学生向认知潜在水平发展;也可以通过合作性学习促使儿童跨越最近发展区。

2. 自主学习理论

自主学习是学习者自觉确定学习目标、选择学习方法、监控学习过程、评价学习结果的过程。它是建立在自我意识发展基础上的"能学";是建立在学生具有内在学习动机基础上的"想学";是建立在学生掌握了一定的学习策略基础上的"会学";是建立在意志努力基础上的"坚持学"。总之,自主学习是主体自愿的、有目的的、有选择的学习,是独创性的、能进行自我调控的、具有责任感的学习,是个性化的学习②。

社会认知学习研究者齐默曼(B. J. Zimmerman,也译为齐莫曼)认为,自主学习是自我、行

① 吴庆麟,胡谊.教育心理学:献给教师的书[M].上海:华东师范大学出版社,2003:46—47.
② 韦洪涛,艾振刚,杨翠蓉.学习心理学[M].北京:化学工业出版社,2008:315—315.

为、环境三者之间的一种交互作用。学习者在自主学习过程中既要对自己内在学习过程进行主动控制与调节,还要对自己学习的外在表现和环境进行主动监控和调节,主要有自我观察、自我判断和自我反应等过程。自我观察是学习者对自己学习行为的某些具体方面、条件以及进展进行准确、及时、全面的自我记录与跟踪,以了解自身学习行为及行为表现,从而为设置现实的学习标准和评价行为提供信息。自我判断包含自我评价和自我归因两个过程。自我评价是将观察到的学习结果与学习标准相比较而作出的评价;自我归因则是指对学习结果的原因进行分析,如较差的学习成绩是因为能力欠缺还是努力不够等。自我反应主要有两种形式:一是自我满意,这是基于对自己学习结果的积极评价而作出的反应,自主学习的学生把获得自我满意感看得比获得物质奖励更为重要;二是适应性或防御性反应,适应性反应是在学习失败后调整自己的学习形式以期在后续学习中获得成功,防御性反应则是为了避免进一步学习失败而消极地应付后续的学习任务。

3. 基于问题的学习理论

建构主义者尤其是社会建构主义者认为,知识存在于文化工具之中,只有通过与环境中的文化工具互动,才能真正获得并内化知识。课堂只是社会环境之一,并不能体现其他形态的环境,也没有属于其他环境中的工具,因此建构主义学习观认为课堂学习应当给学生提供问题,通过问题解决的体验来引导学生发现、理解知识。基于问题的学习(problem-based learning)是一个建构知识的过程,通过引导学生解决复杂的、实际的问题,使其建构宽厚而灵活的知识基础,发展有效的问题解决技能。基于问题的学习需要教师在实施之前设计问题,然后创造情境让学生在小组中合作解决问题。在问题解决过程中,教师只是辅导者角色,监控、调节小组学生的问题解决过程。问题解决完毕后,学生可以通过陈述或展示等方式呈现学习成果。

基于问题的学习的关键是问题,不同类型的问题会产生不同的学习效果。根据建构主义对学习的认识,问题通常是对不同环境及相应文化工具的凝练、模拟与再现,是现实世界中的问题或定义不良的问题。因此基于问题的学习往往需要学生与教师、学生与学生合作完成,随着问题逐步解决而获得相应的知识与技能。问题会涉及多个学科知识,国内外基于问题的学习的应用日益成熟,产生了一系列经典的问题。比如,"空间梭子司令官"的问题,是一个通过让学生在空中驾驶"空间梭子"来教小学生和中学生牛顿运动定律的模拟软件;纽约道尔顿学校开发的"古老原型"需要历史和考古学知识,学生通过计算机模拟共同进行考古挖掘,在这一过程中了解文物与古代文化;"模拟联合国"的问题,需要学生扮演不同国家或政治团体代表,通过不同问题的解决过程来熟悉联合国等多边议事机构的运作方式、基础国际关系与外交知识等①。

4. 合作学习理论

合作学习以小组学习为主要组织形式，根据一定的程序和方法，利用合作性人际交往促进学生认知、情感和社会性等方面的发展。在合作学习中，小组成员更容易得到、交换和使用与问题解决相关的信息、看法和结论，小组成员之间会相互提供更多的信息，产生更多新观点和新方案。因此，合作学习能促进更高水平的思考，理解新知识，并将新知识整合进原有知识体系中②。

戴维·约翰逊和罗杰·约翰逊(D. W. Johnson & R. T. Johnson)提出的合作学习五要素得到众多研究者的认同，认为它们能促使合作学习有效实现。

(1) 积极的相互依赖。合作学习小组成员应以群体学习为基础，同时又促进群体学习成功。小组成员不仅要为自己的学习负责，同时要为小组同伴的学习负责。小组每位成员在小组中的角色及相应责任、所分配的学习任务、已有知识基础、学习资源都是不一样的，每位成员都应认识到自己的学习不仅有利于自己，同时也有利于小组其他成员，有利于小组共同目标的实现。在小组合作学习中，每位成员不仅应付出自身努力，还应与其他成员相互协调，共同完成合作学习任务。

(2) 面对面的相互促进。积极的相互依赖不能离开小组成员的相互促进。相互促进的实现主要是凭借成员间的良好人际关系以及成员的人际交往能力与调节能力。只有这样，在合作学习过程中，成员间才能提供帮助、支持，彼此高效交换加工信息，提供反馈，进行质疑、维护、商讨等过程。

(3) 个人责任。如果合作学习成为小组中某几位成员的任务，其他成员只是搭合作学习的顺风车，那么合作学习效果会越来越差，最终归为零。有效的合作学习离不开小组成员的独立自主学习，每位成员都应承担一定的学习任务，并完成所分配的任务。

(4) 合作技能。由于每位小组成员拥有的知识基础、学习资源不一样，在合作过程中势必会出现认知冲突。为避免认知冲突由积极转向消极，教师有必要教授给学生一定的人际交往

① 托马斯·费兹科,约翰·麦克卢尔.教育心理学——课堂决策的整合之路[M].吴庆麟,等,译.上海：上海人民出版社,2008：251—252.

② 胡庆芳,杨翠蓉,等.有效情境创设的40项设计[M].上海：华东师范大学出版社,2017：18.

技能、冲突管理技能。只有这样，小组成员才能彼此接受和支持，建立信任，建设性地解决冲突。

（5）成员监控。小组成员要监控自己与其他成员的活动与人际关系，以保证合作学习有效进行。在合作学习结束之后，小组成员可对自己小组的合作学习进行评价、总结，提出合作学习过程中的有利行为和不利行为，并探讨如何改进不利行为。

第二节 "学为中心"导学教学模式的思考

教学模式是指在特定教学理论指导下建立起来的,较为稳定的教学活动结构框架和活动程序。解读"学为中心"导学的教学模式,需要明晰学生与教师这两大教学要素之间的关系以及教学活动与学习活动之间的关系。"学为中心"导学教学模式是基于建构主义学习理论提出的一种教学模式,在师与生、教与学的关系上均体现"学为中心"的特点。

一、"学为中心"导学教学模式的师生关系、教学关系

1. 以学生为中心

虽然中国教育教学历来推崇尊师重道,但以学生为中心的思想在我国同样古已有之。伟大的思想家、教育家孔子就提出根据学生特点"因材施教"这种以学生为中心的教学理念。不过"学为中心"导学不仅仅指教师根据学生特点进行教学,它首先认为学生具有自主学习的动机与能力。好奇心与探索欲完全能够驱使学生去认识复杂的真实情境,而且学生也具有认识复杂的真实情境的能力,能够完成任务与建构知识。他们有管理自己学习的能力,在面对陌生问题情境时,会基于以往经验形成对问题的解释,提出假设。"学为中心"导学教学模式中的教师角色已从教学的中心转变为学生学习的辅助者、指导者,从知识权威转变为学生学习的高级伙伴或合作者。教师在教学前设计导学案时需要考虑学生学习兴趣的激发及参与活动意愿的增加,设计符合教学内容应用的任务情境与社会情境。教师在学习过程中要重视学生自己对各种现象的理解,倾听他们时下的看法,思考他们这些想法的由来,并以此为据,引导学生丰富或调整自

己的解释。教师可以在学习活动中作为"年长的伙伴"示范学习活动,帮助学生有效地进行合作学习。例如,提出适当的问题以引起学生的思考和讨论;在讨论中设法把问题一步步引向深入,以加深学生对所学内容的理解;启发诱导学生自己去发现规律,自己去纠正和补充错误的或片面的认识。

2. 以学习为中心

导学教学是在教师指导下,让学生主动学习、学会学习。《学会生存——教育世界的今天和明天》中已经明确提出,"学习过程现在正趋向于代替教学过程"。学习活动必然成为学校教育活动的主体。导学教学模式就是以学生为主体,让学生在活动中学习,使学习成为教育活动的中心。它强调学生的主观能动性,旨在让学生通过自主学习、基于问题的学习、合作学习获得与理解知识。导学教学模式的关键是学,要让学生愿学、乐学、会学,所以学习活动不再是传统的知识学习,不是提前预习教材,而是创设问题情境使得学生不仅学知识,还学思想、能力与方法;也不是课堂学习的简单个体化,而是创设适合学生特点的个性化学习活动。

导学教学模式在教学与学习的优先顺序、主次地位上都不同于传统教学模式,主要表现为先学后教、以学定教、以教导学。由于对教师与学生角色的重新认识,学与教在先后顺序上出现了变化,导学教学模式不再是传统的先教后学,而是采取先学后教。先学后教能够发挥个体的主体性与个别性,学生可以根据自己的学习喜好、学习习惯与学习策略展开自学活动。由于是自主学习,在此过程中需要学生对自己的学习进行计划、监控和调节,这不仅有助于知识的获得,也有助于学习能力、自我调节能力的提高。先学后教能够让教师真正做到因势利导、因材施教。后教是尊重学生的个体差异,教师根据不同学生的学习表现与学习掌握情况进行针对性的教。导学教学模式中学与教的关系,学习为主导、主体,教学要弱化,居于辅助、指导地位,主要体现为以学定教、以教导学。教师根据学生学习情况采取不同的指导、辅助策略:学生学习进展顺利,可以不教;学生学习出现停滞,可以精心解释;学生思而不得,可以适当点拨、提示;学生学习方法不当,教师可以亲身示范。教师还可以根据学生掌握情况采取不同的教学策略,对于学生掌握的不教,掌握不透彻的少教,掌握错误的精教。

综合"学为中心"导学教学模式中的师与生关系、教与学关系的阐述,"学为中心"导学教学模式是学生在教师指导下进行自主学习活动的模式。

二、"学为中心"导学教学模式的基本程序

国内早在 20 世纪 90 年代就已经出现导学教学模式应用的探索。李培湘等研究者将目标导学与素质教育结合在一起,在四川、云南、贵州等省百余所中学进行目标导学教学体系的实验,取得了突出效果,构建了素质教育目标导学的目标体系、评价体系与管理体系①。时至今日,有越来越多的中小学在课堂中实施"学为中心"导学教学模式,如山东聊城杜郎口中学"三三六"模式,湖南泸溪四中的"学案导学、三环五步"模式,江苏如皋中小学校全面实施推广的"活动单"模式。这些导学教学模式将学习活动或分为六步,或分为五步,但实际上都大致分为四阶段:自主学习阶段;合作学习阶段;学习展示阶段;应用或提升阶段。每一学习阶段均是教师指导为辅的学习活动,体现为先学后教、以学定教、以教导学②。

1. 自主学习阶段

"学为中心"导学教学模式认为,学生具有学习的积极主动性,并且呈现个别化差异,因此该模式首先发端于学生的自主学习。一般导学有包括学习目标、学习内容等的索引或提示,学生可以按照自己的学习习惯、学习方式,根据已有的学科知识,运用教材、笔记、电脑等不同渠道的学习资源展开学习,理解新知识的意义并将其纳入已有学科知识体系,改变或充实已有知识结构,最后通过自我评价来判断自己的学习程度等。总之,在导学教学模式的自主学习阶段,学生不仅能习得新知识,还能提高自己的学习能力、元认知能力。

学生的自主学习是在导学案的导引下进行的,导学案对于自主学习的过程与结果非常重要。导学案应当具体呈现学习目标。根据修订的布卢姆学习目标分类系统、加涅的学习分类系统,以及当前国内教育强调的三维教学目标,应把学生学习目标分为知识与技能目标、过程与方法目标、情感态度与价值观目标,并对每一种目标进行细化,界定各自的可测量与可观察的操作性定义。只有这样,学生才能评价自己的学习目标是否达成。不仅如此,导学案中还应有对学习内容的描述,包括学习重点、学习难点、当前所学知识与已有知识的关系等,以及对知识学习的提示,尤其是重点与难点。这样可以让学生更好地分配自己的学习精力、学习时间,调整自己

① 李培湘,李佳孝.素质教育目标导学体系研究[J].教育研究,2000(9):77—80.
② 赵贵.实施"九九归一"导学模式构建自主高效课堂[J].教育理论与实践,2014(8):57—58

的学习方法,实现自主学习目标。

2. 合作学习阶段

学生的个人经验、已有知识基础、学习能力等存在不同,因此在自主学习阶段,不同学生可能对同一知识获得不同理解,同时存在对知识难以理解、错误理解现象。在导学教学模式的合作学习阶段,学生围绕自主学习过程中的收获与困惑,根据导学案展开新知识的小组合作学习。合作学习需要小组成员全员参与、主动参与、积极参与,学生可以通过轮番发言来交流自己的收获与困惑,之后成员间可以通过提问、质疑、澄清等言语交流方式展开对知识的讨论。通过对问题的探究与实验,学生将会更准确、更全面、更深刻地理解知识,提高自己的参与、合作的意识与能力,从中体验到学习的乐趣。

并不是每位学生都会参与合作学习,有些可能是因为学习基础较差,难以参与;有些可能是因为学习热情不够,不愿参与;有些可能是因为交流能力不足,不会参与。在导学教学模式的合作学习阶段,教师要根据上述现象合理组织学生的合作学习,可以根据学习内容与学生的学习表现选择同质分组还是异质分组。一般而言,合作学习小组是异质分组,目的是让高能力学生帮助低能力学生。但是对于简单知识的讨论,可以采用同质分组,以促进能力不足学生的积极参与。教师要关注合作学习小组每位成员的参与情况,确保人人参与、取长补短。可以采用诱导方式,提出不同的问题或同一问题的不同方面,激发学生的探索欲,促使他们积极发言。教师要在合作学习过程中适时示范自己的思维过程和言语交流方式,让学生知道合作学习的方式。另外,受课时因素限制,课堂教学中的合作学习不宜次数过多,时间过长。

3. 学习展示阶段

学习展示是小组学生总结自主学习、合作学习等阶段学习成果并向全班学生呈现的过程。主要展示小组合作学习结果,既要展示共识性内容,同时也要呈现小组存在疑惑的内容、合作产生的内容和创造性的内容。展示的学习内容应包括学习重点知识、难点知识、疑难知识与生成性学习结果。在展示形式上可根据活动要求,选择读、写、说、演等形式来呈现本组结果。小组发言人通常是小组成员,一般是轮流产生,也可以采取选举方式产生。在展示过程中,可以以小组发言人为主,其他小组成员及时进行补充与纠正。这样可以激发每位学生的学习积极性,增强他们的自信心,又促进其思维能力、言语表达能力的发展。

教师在展示阶段主要引导学生参与班级讨论活动、诊断学习存在的问题并适时给予释疑。各小组成员构成不同,合作学习过程也存在差异,因此各小组展示内容也呈现个性化特点。尤其是当小组展示疑惑性知识、合作性知识时，易引发班级学生各抒己见。此时，教师应因势利导，通过对小组结果的适时追问、启发，唤起全班的探索欲。在展示阶段，教师趁机根据小组展示结果、班级学生讨论过程判断学生学习掌握情况，尤其是知识掌握和能力发展中存在的问题，在进行班级反馈时，因材施教，及时进行点拨、释疑。

4. 应用或提升阶段

此阶段主要是根据学生的知识掌握程度，采用分层方式对不同学生的学习结果进行总结、应用或提升。知识掌握一般的学生在此阶段主要是通过举一反三的方式，对所学知识及其方法进行反思，分析提炼问题，通过相应练习巩固知识。知识掌握良好的学生在此阶段则是灵活应用知识，通过少量的经典问题解决实现知识应用，提高问题解决能力，体验学习乐趣。知识掌握优秀的学生在此阶段则通过创造性地解决经典问题，或整合多门知识创造性地解决生活情境问题或结构不良问题，从而延伸与提升知识，促进创造性能力，做到理论与实践的统一。

教师在此阶段学习前就要根据学习目标、学生掌握特点分层设计不同的问题，包括基础性的问题、代表性的问题、应用性问题与综合实践性问题，每一层次的问题要少而精。教师在学生问题解决过程中及时指出学生错误，厘清学生思路，点拨学生问题解决方法，提升学生问题解决能力。最后，教师还要用较少时间对应用、提升阶段的学习进行归纳总结，将相关知识融会贯通整合成知识体系，通过讲解问题促使知识向技能转化。

目前，"学为中心"导学教学模式逐渐在中小学校展开实验性探索。这些学校除遵循该模式的基本学习阶段外，还根据学科特点对"学为中心"导学教学模式进行少许变动，主要是"导学案"的变动，如语文、政治、历史等人文学科的导学案不同于数学、物理、化学等理学学科的导学案。变动还体现在导学教学模式的最后阶段，由于人文学科更强调学生思想情感的变化、升华，这些学科往往将"应用或提升阶段"变成"体验阶段"。

第三节 "学为中心"导学过程的思考

导学案是教师为了指导学生主动参与学习活动,依据学生实际、教学内容等编制的学习活动方案。导学案主要包括学习目标、学习重点难点、问题导引下的学习内容、学法指导、巩固练习等环节。导学案不同于教案,它是供学生学习的文案,并且是通过问题促使学生积极自主参与学习过程的文案,其最大特点是问题导引下的学习过程。但由于教育教学思想转变甚难,教师设计导学案时仍存在些许误区。例如,有些导学案仍是教案,只是换个名称而已;有些导学案是习题集,只是教学参考资料或学习参考资料的照搬,而没有根据学习目标、学习内容、学习阶段设计相应的问题。

一、"学为中心"导学教学模式的问题设计

(一) 导学案的问题设计原则①

1. 最近发展区原则

只有落在学生最近发展区的问题才能促进学生知识与能力的发展。最近发展区内的问题应该与学生已有认知水平相吻合,与学生已有知识经验相符合,但又不是简单的问题,不是仅凭已有知识经验就能解决的问题。最近发展区的问题应当能够调动学生的积极性、探索欲。它是

---

① 李金国.地理"问题导学"模式中问题的设计与引导[J].教学与管理,2011(10):76—78.

有一定难度的,需要学生积极投身到问题解决中,并且在探究过程中需要与其他学生进行互动,需要与教师进行互动,即在自身努力与外在帮助共同作用下得以解决的问题。教师设计最近发展区的问题,需要钻研教材,了解教学目标,把握教学重点与难点,还需要分析学生学习现状,了解不同学生的学习特点及他们的知识积累与学习能力。

2. 系统性和梯度性原则

导学案通过问题将学习内容与学习过程串连在一起,问题设计需体现系统性。问题不是独立、分散的,而是环环相扣、彼此连接的,形成一个反映知识结构的问题体系。同时问题不能扰乱学生的思维过程,应根据知识习得先后过程、问题解决过程来设计问题,同样也体现出问题的系统性。问题设计应始于事实性问题终于应用性问题,始于封闭性问题终于开放性问题。

由于导学案面向全班所有学生,而学生存在知识经验、能力等的高低差异,因此在问题设计上还应考虑到难度差异,要遵循梯度性原则才能够激发所有学生的学习热情。问题排列应由简到繁、由易到难,这样才能让学习较困难的学生积极投入到问题解决过程中,同时让他们看到未来学习指向;让学习较好的学生学有余力,将更多的精力投入到知识的实践应用中,了解到学习不是为了拿高分,而是为了解决生活实际问题。另外由于知识的不同,学习目标也存在识记、理解、应用、综合分析等多个层次,导学案中的问题并不都是具有探究性的问题。探究性问题属于难度大的问题,一般需要学生积极思考,进行比较、分析、综合、概括,有时甚至需要发散性思维参与。一般而言,探究性问题更适合合作学习,适合学有余力的学生。一个导学案有 1—2 个探究性问题足矣。开放性问题也具有探究性特点,是问题情境复杂、答案不确定的日常生活情境问题,也更适合合作学习,适合学有余力的学生。一个导学案最多设计 1 个开放性问题,否则学生可能难以完成学习任务。

(二) 导学案的问题设计[①]

1. 促进知识浅层理解的问题

知识学习程度由浅入深可分为单一知识的习得(包括单一新知识的掌握与单一错误知识的

[①]　杨翠蓉,韦洪涛.锚准与支架:课堂言语互动中的教师行为探讨[J].当代教育科学,2015(14):14—17.

纠正）、两两知识联系、知识组织。为促进学生对知识的正确可靠理解，教师可以设计四类问题促进学生对知识的真正习得：（1）概念陈述的问题。让学生陈述教材中的概念定义来解决问题。以小学数学"初识分数"为例设计相应问题："分数中的'总体'是什么意思？"（2）重述性的问题。除了概念定义问题外，教师还可设计需要学生用自己的言语来陈述知识的意思，以扩充学生对其内涵与外延的理解。如让学生用自己的话陈述"什么是总体"。（3）强调关键特征的问题。教师设计此类问题旨在让学生明了所学知识中的重点、难点，所学概念的本质特征与关键特征。如："分数中的平均分是什么意思？"（4）推进式提问。此类问题能促使学生进一步思考，如："还有什么？"以帮助学生获得更多理解。

2. 促进知识深层理解的问题

知识的深层理解指学生通过推理、思考不仅理解"是什么"，还知晓"为什么如此"；不仅对知识本身有深入理解，还扩充、精致、修订当前知识组织，加强知识间的联系。为实现学生对知识的深层理解，教师要设计质疑、挑战等问题，让学生主动发现自己知识的不足，主动比较、整合知识组织。主要有以下问题形式：（1）关于知识实质的问题。如："为什么分数中的总体'一'概念如此重要？"（2）推论问题。教师期望学生自己对知识进行推理，如："二分之一是指将一张纸分成几份？取其中几份？四分之二呢？六分之三呢？"（3）引发学生思考的问题。教师通过问题推动学生进行知识推理或推论知识间的联系。如："二分之一的分母'二'指什么？与总体'一'有何联系？"（4）多重整合的问题，即将多种知识联系在一起的问题。

由于促进知识深层理解的问题能够让学生主动建构知识、深入思考知识及知识间联系，因此学生知识的保持时间更长，更易于将知识用于问题解决。

3. 促进知识应用的问题

知识应用指学生运用所学知识解决各种问题，最理想的知识应用是将知识应用于日常情境，解决生活中各种各样的问题，实现理论与实践相统一。为了促进学生的知识应用，教师可以从简到繁，设计以下问题：（1）简单的问题解决，即只需一个知识点就可解决的问题。如："怎样将四分之二转化为二分之一？"（2）复杂的问题解决，即需要两个以上的知识点解决的问题。如："六分之三与十二分之四，谁大谁小？"（3）探究性的问题解决，即除了运用知识外，还需要对问题进行分析综合。如："找找教室里有哪些分数？"（4）开放性问题，即存在若干答案的问题，多为日常生活问题。如："帮农民伯伯合理设计菜园，种上茄子、青菜、西红柿等。"

二、"学为中心"导学教学模式中合作学习的实施

(一) 大班教学形式下合作学习类型①

根据互动形式,根据师生参与程度,主要有 6 种课堂合作学习类型,每种类型均有其一定特点。

1. 教师领导的班级讨论。教师领导的班级讨论是最丰富和最富有变化的讨论类型,其几种变式是根据教师对讨论主题的控制程度、每位学生的谈话时间、学生彼此期望结合的方式而定。在班级中,教师必须根据参与讨论学生的不同的背景知识、地位、兴趣、态度来妥善安排以班级为基础的讨论方式。

2. 学生领导的小组讨论。在小组讨论中,学生在教师所呈现的一系列问题指导下来讨论彼此对特定问题的观点、质疑和理解。

3. 教师指导的小组讨论。教师指导的小组讨论可根据不同目的,采取不同变式。在班级分成若干个小组后,在一节课上,教师对其中一个小组进行完全指导,而其余小组独立讨论,下一节课,则对另一个小组进行完全指导;或在一节课中,教师可从一个小组转移到另一个小组,参与其中以满足每个小组的特定需求。在教师指导的小组讨论中,学生比在班级讨论中有更多的讨论机会或更强烈的讨论意愿,但教师一次只能指导一个小组进行讨论。

4. 教师—学生讨论。这种讨论类型的特点是教师个别留意特定的 1 至 2 位学生,因此该形式能满足个别学生的需要,适合对于课文特定部分和特定问题的讨论。教师—学生讨论的特点决定了它与教师指导的小组讨论类型有共同点,教师只有在其他教师的协助下,才可能注意班级其他学生的学习情况。

5. 停顿—谈话。这是一种混合的讨论类型,是教师指导下的班级讨论与小组讨论的结合。它出现在这种情形中,即当教师陈述后,被问及某个问题的学生被要求与其他 1 至 2 个学生进行讨论。

---

① 杨翠蓉,张振新.有效课堂讨论的责任研究[J].当代教育科学,2004(19):22—24.

6．"玻璃鱼缸"式的讨论类型。在这种讨论类型中，班级部分学生是"鱼"，处于班集体的前方或中心，并要求参与某种形式的讨论，其余学生作为观察者或研究者观看他们的互动，并在教师的帮助下寻找讨论的特定特征，而这种特征正是班级需要掌握的。

(二) 班级中有效的合作学习行为

本章前面部分已经详述了教师对合作学习的有效指导，而学生作为主体，同样也应尽职尽责地表现出有效的合作学习行为。

1. 学生维护合作学习小组的行为[①]

(1)学生应积极地参与小组讨论。主要表现为每位学生都应积极参与不同形式的讨论团体；学生的谈话内容应与讨论问题有关，不应讨论与问题相违背的内容，这样不但有利于目标的获得，而且能保证讨论团体的凝聚力。(2)学生要积极地倾听他人的发言。讨论是一个沟通的过程，积极地参与讨论不仅表现为积极发言，还要注意其他团体成员的讨论。注意他人的发言可通过身体语言(如点头、微笑等)和眼神的接触来体现，也可以表现为在适当的时候对他人的谈话作出一定的总结、阐述或质疑，还可以是使自己的谈话内容与他人的谈话有关。(3)学生要控制自己的谈话时间。每位成员的发言时间不能过于冗长，以避免其他成员丧失发言的机会和沟通的兴趣。(4)讨论团体的有效性还表现在讨论不能是轮流发言，轮流发言只是保证所有讨论成员都参与讨论的一种方法。

2. 学生维护自己言语思维严谨性的行为

学生的讨论过程是个体成员和群体成员的思维过程。为保证讨论的有效性，无论是个体成员还是群体成员，其思维均应严谨。为做到个体成员的思维严谨，要在形成猜测和假设时，运用"如果……则"提出问题，并紧接着提出进行研究的各种途径；要在验证假设时，运用更多的信息、更多的证据以进行尽可能全面的解释，且信息之间应具有一定的内在逻辑性和一致性。另外在验证假设时还须注意克服自己的主观偏见。为保证群体讨论的思维严谨，首先各成员自己的观点应是严谨思维的结论，成员应提供理由、运用例子和假设去支持自己的观点或进行讨论。

① 杨翠蓉，张振新.论有效的课堂讨论[J].全球教育展望，2005(5)：56—59.

其次成员要对彼此的观点乃至证据和推理的合理性进行质疑。如成员要对讨论的显性假设和潜藏假设进行质疑；成员要对假设—讨论过程进行质疑；成员可提出相反的或极端的例子，以跟讨论和观点进行比较并对其进行质疑。

3. 学生维护自己知识可靠性的行为

如果信息不可靠，那么即使思维过程严谨，也会得出不可靠的结论，因此学生最好运用来自课本的知识和之前习得的知识去支持自己的观点，保证最终获得的知识的准确、可靠。对于课外的知识，讨论成员要对其可靠性、准确性进行质疑和研究。对于在讨论过程中形成的知识也要提供一定的依据，如案例、观念，并且依据应是准确的、可取的、相关的。除要质疑知识、依据是否可靠准确之外，还要质疑它们是否与讨论有关。

第二章

有效导学行动研究的诠释

第一节　有效导学专题研究的设计与实践①

当前的课堂教学变革正在从教为中心的课堂向学为中心的课堂转变。学为中心的课堂是相对于教为中心的课堂而言的,是指教学的出发点是学生独立自主的学习;教学的过程是教师引导和组织学生解决学生独立自主学习不能解决的疑难困惑;教学的结果是经过课堂的互动合作与思想碰撞交流解决了学生的疑难困惑,并提升了认识和开阔了视野。特别对于初中政治学科而言,不仅要求学生掌握基本的政治、社会、经济、法律等方面的专业知识,同时还要求学生灵活运用这些知识去解释或解决社会生活中遇到的实际问题,涉及的公民人格和社会主义核心价值观等内容更要求学生能够自觉去践行。因此,课堂教学必须改变教为中心的知识讲授观,突出学为中心、知识建构和问题解决的能力培养观,以及包括公民人格在内的社会主义核心价值观的渐进养成观。

课堂教学的转型成功与否与教师导学的质量和促进学生学习的水平密切相关。本次专题研究秉承课堂转型的理念,以深入课堂的观察为基础,通过分析诊断课堂实践探索尚存在的种种不足,提出进一步改进实践的设想,以此推动学为中心的课堂教学模式的建设。

本次专题研究的载体是人教版《思想品德》八年级下册第三单元第七课第一节"财产属于谁"。本单元主要包括三个板块的内容:第一板块是讲合法财产及其所有权,这里主要涉及以下问题:什么算合法财产? 合法财产从归属上可以划分成几类? 合法财产所有权的具体包括哪些

---

① 胡庆芳."学为中心"的初中政治课堂教学研究——以人教版思想品德八年级下册"财产属于谁"教学为例[J].现代教学,2014(18):36—39.

权利(占有权、使用权、收益权和处分权)？第二板块是讲法律保护合法财产的所有权，主要涉及的问题是：我国宪法、民事法律、刑事法律以及行政法规等对合法财产是怎样实行保护的？第三板块是讲当合法财产所有权受到侵犯时的维权，这里主要涉及的问题是：对合法财产构成侵犯的有哪些表现？如何运用法律武器来维权？

执教教师对本堂课的教学目标的设计是，通过对来自现实生活的案例的学习交流，引导学生：(1)掌握公民的合法财产及其所有权含义，增强鉴别合法财产与非法财产的能力；(2)领会法律保护公民合法财产及其所有权的重要意义、方式，并学会运用法律维护合法财产及其所有权；(3)培养珍惜国家、集体、他人、自己的财产，敢于同侵犯财产的行为作斗争的品质。

为了准确判断课堂导学和学生学习的成效，专题研究小组确立了四方面的课堂观察维度，即：(1)教师针对学生的学习情况进行细致的了解；(2)教师针对学生的疑问疑惑组织有效的探讨；(3)教师针对教材的相关内容设计适切的任务；(4)学生针对课堂的学习内容形成内化的知识。

一、基于课堂观察的分析与诊断

依据课前设计的课堂观察的 4 个维度，研究人员深入执教教师的课堂进行现场观察和记录，在此基础上对执教教师的实践探索课进行诊断分析。

1. 教师针对学生的学习情况进行细致的了解

在了解学情方面，执教教师进行了课前的预习测试，统计发现：在全班 44 人中，10 人及以上出现判断错误的题目有第 1 题(14 人)、第 2 题(11 人)、第 5 题(20 人)以及第 6 题(16 人)。原题内容依次为，

第 1 题：社会上的财产按照归属划分，可分为(　　　)：①国家所有；②集体所有；③个人所有；④国家和个人共有

第 2 题：依法对自己的合法财产享有占有、使用、收益和处分的权利是(　　　)：①财产承租权；②财产所有人；③财产保管人；④财产所有权

第 5 题：保护公民的合法财产及其所有权的重要武器和锐利武器分别是(　　　)：①民事法律、刑事法律；②刑事法律、民事法律；③行政法律、民事法律；④行政法律、刑事法律

第 6 题：实施法律规定的各种保护合法财产所有权方式的前提是(　　　)：①要求侵权人赔

偿损失；②向人民法院提出诉讼；③确认财产所有权的归属；④维护自己合法财产的所有权

从反馈分析可以初步看出，学生对于本课涉及的财产归属的类别、财产所有权的内涵、民事法律与刑事法律各自适用的范围，以及有关各种财产纠纷处理首先要明确的问题等方面存在认识不足的问题。不过，从检测题的设计上也可以发现，题目概念性太强，表述过于直接，使教师不能清楚把握具体的认知障碍。如第1题，有关财产归属的划分在课本上有清楚的表述，但学生没有选对，问题症结尚不明朗。由此看来，教师如要对学生的学习情况作深入的了解，还需要进一步细化相关检测题的设计，以期得到充分的信息反馈。

2. 教师针对学生疑问疑惑组织有效的探讨

课堂上，教师针对学生对于合法财产所有权中的使用权和处分权存在认识含混不清的问题进行了有效的引导，促进了学生对两者差异的明确认识。

课堂一教学片断摘录如下：

师：请大家说一说合法财产所有权具体包括哪些权利？

生1：占有权、使用权、处分权和收益权。

生2：使用权和处分权应该属于同一种权利，因为它们是一样的，只不过说法不同。

师：看来有同学有不同的看法。请大家仔细阅读课本第70页的"相关链接"，看看使用权和处分权究竟是不是一样的，或者说有什么不同。

生3：使用权是指合法财产所有人有权根据财产的性能和用途加以利用，而处分权是指合法财产所有人有权对财产进行处理。处理和使用是不一样的。

师：这位同学根据书本上的定义找出了两者的不同，也就是使用权说的是使用，处分权说的是处理。同学们能不能从合法财产所有权的角度看看有什么不同？

生4：使用权只涉及使用，处分权则涉及了所有权的变化。

师：说得好！也就是说，使用权不涉及所有权的变更，而处分权则直接涉及所有权的转移。

课堂另一教学片断摘录如下：

师：只要是我们的合法财产，都可以得到国家法律的保护。说说看，哪些属于合法财产？

生1：我的钱包。

生2：我的手机。

生3：我们家的房产。

生4：赌博赢来的钱。（笑声）

师：大家想想，赌博赢来的钱算合法财产吗？在我们国家赌博合法吗？

生4：在澳门赌博就是合法的。

师：澳门是特区，有自己本地区的法律。这里说明一下，我们谈到的合法财产，其判断的依据应该有两个：一个是内容合法，另一个是手段合法。内容合法就是指法律允许个人所有的，像土地，但毒品、枪支等各种违禁物品就不能算是合法财产。手段合法就是指获得财产的手段不违法，属于正当途径，如父母每月的工资。

正是因为教师在上述活动中针对学生的疑问疑惑进行了充分的互动交流以及到位的点拨，使得学生澄清了对相关概念的认识，化解了本来存在的疑问疑惑。

3. 教师针对教材的相关内容设计适切的任务

在本次课上，教师围绕合法财产所有权的相关问题设计了5个生活案例的学习讨论活动。第一个是有关一位朋友为怎么处理自家丰收的橘子而犯愁的案例，让学生帮助想各种可能的解决办法。教师以此来说明财产所有人可以行使的种种处分权。第二个案例是有关一位朋友在自家橘园挖到一罐古代钱币后打算去贩卖的事情。教师想通过此案例的讨论让学生认识到贩卖古钱币等各种文物的行为是违法的。第三个案例是有关一位朋友的父亲在自家被盗橘子的园地里拾到了一部手机，打算自己使用的事情。教师想通过此案例的讨论让学生认识到这是一种非法占有行为。第四个案例是有关某地一城管大队不由分说，没收了一位朋友的父亲违章摆摊销售的一车橘子的事情。教师想以此案例让学生讨论该地城管行为是否属于行政违法。

第五个案例最为复杂：一房东将自己的房子抵押给委托人，向委托人贷款192万元，同时又将这套房子租给了刘先生，租金一年2万，租期为10年。孙女士花全款216万元（198万元房款加18万元税费）从委托人手中买到这套房子，但发现自己进不去。找委托人，得到的回复是不知道原房东已出租；找现在的租客，得到的回复是原房东还欠50万元没还，声称自己也是受害者。教师想以此案例让学生讨论这套房子的所有权究竟属于谁。

从整体来看,执教教师努力把比较枯燥的法律知识转化为现实生活中鲜活的案例情境,让学生分辨相关概念的内涵以及基于正确理解进行灵活运用,这样的认知任务在一定程度上具有适切性。其中,为了使学生的讨论有更为充分的法律依据,教师还不失时机地补充了一些法律条文。例如,教师引入了《物权法》第109条明确规定的内容(即"拾得遗失物,应当返还权利人。拾得人应当及时通知权利人领取,或者送交公安等有关部门"),以及我国《刑法》第270条关于遗忘物的规定内容(即"将他人的遗忘物或者埋藏物非法占为己有,数额较大,拒不交出的,处二年以下有期徒刑、拘役或者罚金;数额巨大或者有其他严重情节的,处二年以上五年以下有期徒刑,并处罚金")。否则,学生针对案例三的讨论就只会停留于道德道义的层面,根本意识不到归还或上交拾得物在法律意义上的强制性。同样,对于案例四,如果教师不补充我国《行政强制法》中对于行政强制措施的一般程序的规定(即"行政机关实施行政强制措施应当遵守下列规定:(1)实施前须向行政机关负责人报告并经批准;(2)由两名以上行政执法人员实施;(3)出示执法身份证件;(4)通知当事人到场;(5)当场告知当事人采取行政强制措施的理由、依据以及当事人依法享有的权利、救济途径;(6)听取当事人的陈述和申辩;(7)制作现场笔录;(8)现场笔录由当事人和行政执法人员签名或者盖章,当事人拒绝的,在笔录中予以注明;(9)当事人不到场的,邀请见证人到场,由见证人和行政执法人员在现场笔录上签名或者盖章;(10)法律、法规规定的其他程序"),学生也无法对于城管的行为进行正确的判断。

不过,第五个案例牵涉人物复杂,其中交织着对抵押这一法律术语以及中介职责权利的规定等专门知识,显然对于没有房屋买卖经验的学生而言,无法厘清最终的财产所有权问题,因此其适切性显得不够,要求偏高。当执教教师在课堂上组织讨论发现不能清楚分辨这套房产究竟属于谁时,简化了案例学习要求,即在房产属于孙女士的情况下,她该怎么办,以及如果房产不属于她,她该怎么办。换言之,把原本讨论财产所有权的问题转化为探讨如何维权的问题,从而体现了学习任务的适切性。

4. 学生针对课堂学习内容形成内化的知识

在学生的课堂学习过程中,由于执教教师积极的引导以及相关知识的补充,学生将使用权和处分权、合法财产中的"合法"和失物归还及城管行政执法等方面的知识内化,形成了自己的理解,从而有助于在相关的实践情境中恰当运用。

二、针对尚存问题的诊断与改进

1. 对执教教师设计的预习单进行分析,发现用于自学检测的 8 道题目都是有 4 个备选项的选择题,而且题干的设计过于简单,倾向性暴露明显,不能客观反映学生在预习阶段的真实水平。

例如,第 1 题,"社会上的财产十分丰富,按照归属划分,可分为( ):(1)国家所有;(2)集体所有;(3)个人所有;(4)其他"。即便是学生前三项全部选对,也不能代表其真正理解。又如,第 4 题,"下列属于合法个人财产的是( ):(1)一建筑工人把挖到的古董据为己有;(2)一同学将放学路上捡到的 100 元钱直接当作自己的零花钱;(3)同学的爸爸诚信经营,今年收入超过百万元;(4)某市副市长索要和收受他人财物共计 372 万元"。针对上述选项,学生只要凭语气和暗示就可以选择出教师想要的答案,其检测反馈学情的原本价值大打折扣。

执教教师可以采取通过预习单征集学生学情的方式,但在预习单的设计上要更生活情境化,加大选项的迷惑性,以期从预习单的反馈中获得真实客观的学生起点水平的信息。针对第 1 题的题干,可以转化为与学生生活密切相关的一种现象,如,"某班长在为班级临时垫钱买电影票的时候获得了电影院有奖活动的 20 元现金返还",这样可能一部分学生会觉得这 20 元现金归班长是理所当然的,更真实地反映学生的认知水平。

通过对有意义的预习单的设计和使用而获得的反馈信息的分析,就可以比较准确地把握学生在本课学习中会存在哪些问题,从而有的放矢地进行课堂教学设计。

2. 鉴于本次探索课设计的案例已经比较丰富,执教教师还可以尝试使用话题辩论等形式,进一步促进学生对本课内容理解的融会贯通。特别是注意渗透一些合法不合情或合情不合法等两难情境,如用路上捡到的巨款救急需用钱的亲人等,这样可以推进学生的相关理解走向深入。

三、基于实践反思的认识与结论

通过本次专题探索过程中所做的有益尝试、实践以及尚存的不足、缺失,就"学为中心"的课堂建设而言,可以总结出以下几方面策略:

1. 充分了解学生真实的起点水平，是"学为中心"课堂的设计前提。"学为中心"课堂和"教为中心"课堂的重要不同就在于教师对学生的学情了如指掌，课堂的设计就是为学生的实际需求进行量身定制。因此，学为中心的课堂是有针对性教学的课堂，是回应学生真实问题的课堂。本次实践探索课中执教教师专门针对使用权和处分权组织辨析活动，并且整堂课基本上围绕学生熟悉的社会生活案例情境展开，都是充分适应学生真实认知水平及特点的。

2. 科学确立课堂教学的课时目标，是"学为中心"课堂的方向指引。课时目标直接决定"学为中心"课堂的演进方向，其科学的确立过程离不开对学生学习起点和学习需求、对教材基本内容和结构特点、对学科本质特征和标准要求等多方面的综合分析与整合，从而形成现实可行而又规范严谨的知识发现之旅。从本次的实践探索课中也可以看出这种综合考虑的痕迹，既有关键概念的辨析，也有鲜活案例的研讨，而整个学习过程恰恰又依次经历了单元内容本身的三大板块。

3. 积极促进针对问题的研讨发现，是"学为中心"课堂的核心体现。从学生学情调查反馈中发现的疑难困惑是"学为中心"课堂着力解决和突破的重点，离开问题的针对性就失去了课堂的"学为中心"本质。换言之，"学为中心"的课堂就是让学生带着真实的问题进入课堂，从而进行有意义的学习，正如本次实践探索课以一系列案例的问题研讨形式展开一样。

4. 努力实现教师助学的角色转换，是"学为中心"课堂的关键所在。要改变"教为中心"的课堂，建设"学为中心"的课堂，关键就在于教师角色的转换，即教师要从过去"教为中心"的课堂的主讲角色转变为"学为中心"的课堂的助学角色，积极做好学生课堂学习的情境创设者、资源支持者，并在关键时刻发挥启发点拨的引领助推作用。正如在本次实践探索课上执教教师对使用权和处分权的区别进行总结一样。

第二节　以学定教专题执教的感悟与心得[①]

这次我选择的课例主题是"学为中心"的课堂教学策略。选择这个主题,主要是想从自我做起,尝试改变目前课堂追求应试、教师满堂灌、脱离学生生活实际的教学现状,并努力探索一条实践之路。

在升学考试的压力下,老师们以通过考试为教学目标,以每一课有什么考点、把考点讲解透彻作为课时目标,这样的课堂是"题为中心"的课堂,最后把学生培养成为考试的机器。虽然学生考试能力高,但把知识技能运用于实际生活的能力很低,无法满足学生未来发展的需要。

在传统的课堂教学中,课堂教学方式以老师讲为中心,老师讲得水平高,学生就学得好,讲得差,学生就学得差些。"教为中心"的课堂忽视了学生的主观能动性,忽视了学生本人在知识和能力建构中应有的作用,不利于学生学习方法的养成和个体知识经验的获得。

让孩子成为学习的主人,成为学习的主导者已成为大家的共识。可是如何让孩子成为课堂的主人? 这才是最为关键的问题。我希望自己在实践探索过程中能总结出一些好的方法,促使自己转变教学方式,培养学生的自学能力、创新能力、实践能力,无愧于自己的内心和教育良知。

阅读了大量的关于"学为中心"的理论观点,再结合自身的教学实践,我觉得"学为中心"的课堂教学应该是这样的:一是建立在对学情充分了解的基础上;二是创设符合学生需要的教学情境;三是通过学生自主、合作的活动来开展教学。

[①]　本节内容基于课例研究"'学为中心'的课堂教学策略"撰写而成,撰写者为浙江省杭州市大关中学张永莲老师。

基于这样的认识，我以八年级《思想品德》"财产属于谁"一课为载体，努力探索"学为中心"的教学之路，努力打造"学为中心"的课堂。

"财产属于谁"是一节法律课，主要是让学生明确什么是财产所有权以及个人的合法所有财产受法律保护，学会运用法律保护合法财产及其所有权。如何让我的课堂体现"学为中心"呢？在备课过程中，我主要从以下几个方面着手。

一、学情分析是本课教学的起点

学为中心，首先就要建立在学生的已有认识和需要上。因此我准备在课前让学生进行充分的自主预习，提出自己的困惑，并完成预习单。预习单上有三大块内容：1. 温故知新，主要是回顾已学过的，在本节课要用的法律知识，如民事诉讼法、行政诉讼法、刑事诉讼法，这三种诉讼法是捍卫公民财产所有权的有力武器；2. 自学检测，主要对课本中重点、难点知识的自学、运用，看看同学们自学的效果；3. 提出困惑，让学生自学后针对课本中不理解、不明白、有困惑的地方提出问题。

我想根据学生预习单的情况，来确定我上课该讲什么，不该讲什么，哪里需要详细讲，哪里只要简单讲。美国著名的教育心理学家奥苏伯尔有一段经典的论述："假如让我把全部教育心理学仅仅归纳为一条原理的话，那么，我将一言以蔽之：影响学习的唯一最重要的因素就是学生已经知道了什么，要探明这一点，并应据此进行教学。"所以"学生原有的知识和经验是教学活动的起点"，这更是"学为中心"的课堂的立足点。

二、学境设置是本课教学的难点

在充分了解学情的基础上，我希望自己对上课的重难点能做到胸有成竹。

本课的重点是：（1）公民的合法财产及其所有权；（2）当财产所有权受到侵害时，运用法律武器来维权。本课的难点是：（1）使用权和收益权的区别；（2）合法财产的内涵；（3）如何维权。这是学生们在预习单里告诉我的信息，尤其是对于三个难点，大部分同学都不太清楚，或不知道。那么如何帮助、引导学生去探究这些知识呢？这是老师要做好的。

创设学习情境，让学生在具体的生活化的情境中探讨，让学生在一个个现实的矛盾冲突中辩论,自己去寻找答案,自己去寻找真理。老师只在关键时候进行点拨引导,在具体探索过程中进行支持帮助。因此在教学设计中,我首先通过课前谈话,把学生定性为"亲友帮帮团"成员,是"我朋友和孙女士"的"亲友帮帮团",他们遇到了麻烦,需要在座每一位的帮助。这样的设计能把学生推到课堂的中心,你们是主角,是主体,你们能帮助他人,从而激发学生的积极主动性和热情,体现了"学为中心"。然后再设计两个具体的学习情境:"我朋友的烦恼"和"孙女士的烦恼"。"我朋友的烦恼"是创编的,通过生活化的身边朋友的烦恼的形式,让"亲友帮帮团"来支招解惑。学生们个个踊跃发言,各抒己见,旗帜鲜明地反驳他人的观点,名义上帮助"我朋友",实际上帮助了自己。在主动的"帮助"中,理解了财产所有权的内涵、法律保护公民的合法财产所有权等。"孙女士的烦恼"是现实生活中的事例,是发生在杭城的典型案例,这样更具有说服力了。让学生和"孙女士"、"孙女士的律师"一起探讨:198万买的婚房已被租20年该怎么办? 孙女士该怎么维护自己的财产所有权? 在激烈的思维碰撞中,在主动的献计献策中,学生们慢慢地厘清思路,对有几种维权的方式、每一种维权之路怎么走等问题有了清晰的解答。

好的学习情境,是学生学习新知识的源泉,是启发学生思维、激发学生创新意识的有效途径,促使学生成为学习的主体。

三、学生活动是本课教学的重点

学生活动是本节的重点,形式上有同桌二人的商量、有个人的思考、有四人小组的合作等。激发学生的积极主动性,始终是我关注的重点。本节课我想通过创设情景、提出问题,引导学生在自主、合作、探究的学习过程中努力地发现问题,探寻解决问题的途径和方法,从而理解财产所有权、法律保护公民合法财产的所有权等内容,懂得当合法财产受到侵害时应如何维权。

以学习情境为载体,以学习问题为主线,引领着学生不断探究:如何处理这些橘子? ——财产所有权的内涵。橘子地里挖到的古钱币属于我朋友吗? 捡到的东西属于我的吗? 为什么? ——法律保护公民个人的合法财产所有权。城管作出的处罚合法吗? 请你帮她的爸爸出出主意,他该如何维权? 房子属于新房东孙女士的话,她应该采取什么方式来维护财产所有权? 房子不属于新房东孙女士的话,她又应该采取什么方式来维护财产所有权? ——维权之路……通过设计这些问题串,我希望在具体的学习情境中串起各个知识点,把学生的思维引向深处,引向新知识的学习。

我努力想做好上面三个方面,把课堂真正还给学生,使他们成为学习的主导者,让他们自主发现和构建知识,创造环境和经验,主动发现和解决问题。这是我想要达到的,也是日后平常教学中追求的目标。心有多远,我们就能走多远。

第三章

3

有效导学学校实践的智慧

第一节 学校实践的整体设计

上海市川沙中学华夏西校是上海市二期课改试验基地学校。学校在二期课改的教学实践中,始终把如何创造性地落实课程改革的系列要求,更好地落实上海市课程教学的三维目标,提高课堂教学的有效性,作为学校课程内涵发展、课堂教学改革的目标。

然而,随着教学改革的不断深入,学校发现很多教师平日里都着力于教案的精心预设,满足于教案的顺利执行,多数情况下以教师的教替代学生的学。教师教得很辛苦,学生学得很被动,新课程的理念在课堂实施的层面很难深入。著名教育家布鲁纳的发现学习理论强调:学生的学习过程应是主动发现的过程,而不是被动地接受知识。创设问题情境,引发学生对知识本身发生兴趣,产生认知需要,产生一种需要学习的心理倾向,激发自主探究的学习动机。因此,学校更加坚定要改变这种以教师为中心的教学,寻找一种以学生学习为中心,学生自主探究、主动学习和教师有效指导相结合的教学过程,才能真正体现学生学习的主体作用,发展学生自主学习的能力,从根本上改变"以教定学"的局面,真正落实"以学生发展为本"的课程理念。为此 2010 年 9 月,学校确立了"基于课程标准的导学案的设计和实践"的专题,展开实践研究。

一、研究的目标和内容

(一) 研究目标

1. 改变教师的教学观念,从主观地设计实施教案转向科学地规划、引领学习过程,使学生成为学习的积极探究者。教师的作用是创设适合学生学习探究的情境，而不是提供现成的知识，从而形成课堂教学中新型的师生关系。

2. 根据"以学定教"的基本原则，在研究课程标准、学生的学习需要以及注重在具体学习的过程中培养学生的学习态度、学习方法、学习能力的基础上，探索导学案的编制方法和使用模式。

3. 根据导学案的设计原则，探索、研究突出学生主体作用的课堂教学方法和模式，使其从被动地听老师讲转向主动地建构新知。

(二) 研究内容

1. 导学案的特征和结构形式，包括导学案与传统教案的区别、导学案有哪些构成要素等问题。

2. 导学案的设计，包括导学案的设计原则和设计方法，如何设计导学案中的学习目标、学习内容、学习形式、学习过程、学习评价等内容，导学案的设计要求，设计时要注意什么等问题。

3. 导学案的课堂实施，包括探索导学案与学生的学习方式、导学案与教师的教学方式、导学案的实施流程等问题。

二、研究的过程与方法

(一) 重温课程标准，领会理念精髓

学校全体课题研究小组专门针对《上海市中小学课程标准》进行了近一个月的学习探讨。全体课题组成员明确了本课题研究是为了进一步深化课程教学的改革，通过改进教师的课堂教学，以教学方式的改变来促进学生学习方式的改变，更好地落实三维目标，由此切实提高教与学的质量，促进教师和学生的共同发展。

(二) 博览导学案例，积累间接经验

课题组老师查找了"以学定教"、"学为中心"以及"课堂转型"等相关主题的文献资料，并先

后学习了以东庐中学为代表的"讲学稿"、"讲学案"、"学案"、"导学稿"、"导学案"的教学模式,洋思中学的"先学后教,当堂训练"以及杜郎口中学的"10＋35"教学模式的课例、教案和经验论文,对"以学定教"的教学模式有了初步的了解。

通过学习,课题组老师认识到:在教学过程中,学生是学习的积极探究者,教师的作用是创设适合学生学习探究的情境,而不是提供现成的知识。这就要求教师不仅要让学生知其然,更要知其所以然。美国心理学家奥苏伯尔认为,学生接受学习的过程不应是一个被动的过程,而应是一个新旧知识相互作用的过程。学生对学习新知识有三分生、七分熟的基础,既有原有的知识结构,又有对新知识的顺应和通话的思维属性,所以学生能自主探究、自主学习。这一自主探究并不是盲目的随意学习,而是在教师指导下,有意义、有目的地学习。

导学案的基本原则是"以学定教",强调研究学生的学,注重在具体学习的过程中,培养学生的学习能力。因此,教师对课堂学习的设计不再是单一课堂的知识点的传授,而是从课程的整体性,即课程的知识结构和能力结构出发,结合学生的知识基础和学习能力,进行系统的设计。其基本思路是问题式导学,即将知识问题化、能力过程化。把需要学生掌握的知识形成一个个问题,以此引领学生在解决问题的过程中掌握知识、培养能力。

导学案的实施,有利于真正体现学生学习的主体作用。在运用导学案的教学实践中,教师把教材按照学科知识的逻辑和学生的认知规律进行了情景化、生活化、问题化设计和加工,把知识转化为一个个学生能解决的问题并提前呈现给学生,让学生带着问题去使用教材,突出了学生使用教材的主体性。教学设计从学习者角度出发,让学生在经历知识形成的过程中掌握知识。再加上在教学中广泛采用探究式学习、体验学习等多种活动方式,学习的过程就是学生想办法解决一系列问题的过程,这样就能在最大程度上培养学生的自主探究学习能力。

(三) 厘清研究思路,确立先行学科

学校分设了数学、化学、语文、历史地理四个子课题,并进一步厘清研究思路,如图1所示。

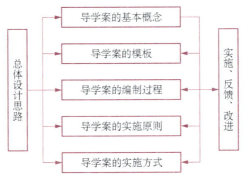

图1 导学案的总体设计思路

四、初创导学方案，试行反思完善

各子课题小组各自为单位，各成员以自己对导学案的理解进行导学案的设计和实践。在进行了一定的导学案设计实践后，组织导学案实践的集体观摩活动。课题组成员结合自己的课堂实践，进行了充分的探讨，初步确立了导学案的基本概念、基本模板、编制过程、实施原则及实施方式。大家认为"以学定教、先学后教、多学少教"是导学案设计和实施的基本原则，在基本模式的框架上各学科应该结合自身学科和每节课的特点灵活应用。

五、不断改进实践，提炼经验成果

各子课题小组将已形成的导学案在下一年级进行再次设计并实践，采取"设计—实施—研讨—再设计"的操作方式，不断修改和完善导学案。在此阶段各子课题小组加强了实践教学观摩，特别关注以下问题：设计的学习任务是否符合学生的实际？各个学习任务的排列顺序是否合理？学习任务的难易度是否恰当？学习任务的设计中是否体现了明确的学习方法？导学案实施方式有哪些？每次实践课后各子课题小组进行研讨，提出改进建议，并根据这些建议再对导学案进行修改(见图2)。

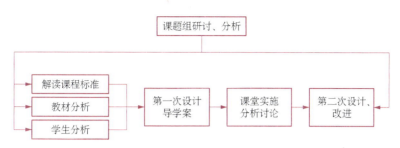

图 2　课题组研讨、分析流程

通过"设计—实施　研讨—再设计",导学案的编制质量提高了,对导学案的认识不断加深。导学案的基本概念、基本模式、编制过程、实施原则及实施模式更加清晰明确了。

第二节　学校实践的成果成效

通过各子课题小组的教学实践,学校教师的课堂教学开始发生悄然的变化,学校也由此逐渐积累了丰富且行之有效的实践经验与认识。

一、厘清了导学案的概念

导学案是指教师遵循导学式教学法原则,指导学生依据知识构建的过程进行自主学习的一种教学方案,是供教师导学所使用的文本。导学案的教学过程是根据学生的学习过程来设计的,教学是围绕学生的学习展开的,是在以学生自主学习为主的基础上教师给予恰当指导的教学过程,是帮助并促进学生学习的方案。

二、制作了导学案的模板

导学案的设计,强调要根据学生的学习过程来设计课堂学习,因此导学案模板的构成主要有学习过程、导学活动、设计说明三大部分。首先强调设计学生的学习过程,其次是设计教师的导学活动,并对此作必要的设计说明。学习活动就是列出学生所要完成的学习任务,这些任务是按照一定的顺序排列,须符合学生的认知过程,需要学生独立或通过与同伴的合作完成。导学活动是指教师预设的导学方法,或预设的课堂教学活动,是指导学生顺利完成学习任务而采取的教学方式和手段(见表1)。

表1　导学案的基本设计模板

学科：语文	年级：预备	执教者：陆春芬

学习内容	《马来的雨》
学习目标	1. 运用圈画关键词句，小组合作、交流等方法，学习多角度多感官描写马来西亚雨特点的方法。 2. 体会作者对马来西亚雨的喜爱之情。
学习重点	通过圈画、朗读、小组合作制作表格等方法，鉴赏文中的关键词句，学习多角度多感官描写马来西亚雨特点的方法。
学习难点	揣摩作者对马来西亚雨倾注的情感。

学习过程	导学活动	设计说明
学习任务一：课前学习准备 …… 学习任务二： 1. 朗读全文，注意字词的梳理，思考问题。 2. 走入文本，学习多角度多感官描写景物特点的方法。 寻找、圈画、归纳作者从哪些角度来描写马来的雨？分别写出了马来的雨什么特点？ （提示：利用小组形式合作探究，补充完成表格。在鉴赏语句的过程中请选择你认为能表现马来的雨特点的语句，可以从用词的准确、修辞手法、句子的结构作用等方面进行评点。） | 观察点	角度	特点	鉴赏语句 | |---|---|---|---| | 高脚屋 | | | | | | 淋雨（触觉） | | | | | | 壮观 | | 3. 感知课文，揣摩情感 作者通过听雨、淋雨、观雨三个角度所要表达的是怎样的情感？能在文中找出表达作者这种情感的语句吗？	…… 出示表格并组织学生进行各种形式的讨论（小组讨论、全班讨论），加上适时点拨，组织学生演示，点评小结。	…… 明确学习任务，让学生初步走进文本，与文本交流，带着问题默读课文，目的明确。初步阅读，只能抓住一些"点"上的内容，由点到面，逐渐清晰，符合学生学习新课的认知过程。 　　教师点拨，适时归纳语言特色，三个角度、三个感官、修辞手法的运用等，达到触类旁通、从不同角度欣赏课文的目的。

当然，模板只是一个大致的框架，不同的学科在导学案的设计中有不同的体现，各学科应该结合自身学科和每节课的特点灵活应用。

三、明确了导学案的编制过程

教师编制导学案，应经历这样的过程：准备阶段——解读课程标准，分析教材，分析学生；编制阶段——设计教学目标和内容,学生活动,教师指导;实施阶段——引导、观察、调控学生活动过程,及时评价导学效果;修改阶段——反思、评价实施效果,修改形成新的导学案。

1. 将解读课程标准、分析教材和分析学生作为编制导学案的首要环节。"解读课程标准"就是要求教师准确把握课程的目标定位,理解课程标准中所蕴含的教学理念;"分析教材"的重点在于把握教材的知识体系、不同知识之间的相互联系等;"分析学生"主要是了解学生的认知基础、思维特点、学习方法等,这三个环节是为编写导学案所作的前期准备。

2. 编制阶段要重点关注学习过程和学习方法设计。学生"学习过程"和"学习方法"是导学案的两个重要构成内容,因此,在导学案的设计中,我们把设计的重点就放在这两个方面。

学习过程设计主要指从学生的学习视角出发,根据教材知识内容的内在联系,设计一套学生学习的流程,即合理安排学生学习的前后次序。因此,教师在分析教材时,需要厘清教材中知识的发展脉络,以及各知识点之间的相互关系。在此基础上合理安排知识点的呈现次序,以形成一条清晰合理的学习线索。学习过程设计必须遵循两条线索:一是知识的内在发展线索;二是学生的认知线索。这两条线索有时是一致的,有时不一致,即学习的程序设计符合知识内在的逻辑关系,但不一定适合学生的认知过程,这就需要教师对知识进行适当的调整,使学习程序既符合知识的内在发展逻辑,又符合学生的认知顺序。

在设计导学案时,教师更要注重学习方法的设计。教师需考虑让学生用怎样的方法去学习,要把学习方法蕴含在学习过程中,如分析的方法、分类的方法、探究的方法等,让学生在自学过程中,不知不觉地接受学习方法的训练。

如一教师在"多边形内角和定理"导学案中,设计了这样一项学习任务:

1. 请同学们观察下表,然后在空格里填上适当的答案:

多边形的边数	图形	从一个顶点出发的对角线条数	分割出的三角形的个数	多边形的内角和
4				
5				

多边形的边数	图形	从一个顶点出发的对角线条数	分割出的三角形的个数	多边形的内角和
6				
…	…	…	…	…
n				

2. 请你说一说，多边形内角和定理是：＿＿＿＿＿＿＿＿＿＿＿＿

这里，教师把多边形内角和定理的推断方法蕴含在了学习任务之中了。

另外，学校要求教师在设计导学案时，要考虑为学生提供多样化的学习形式，如收集资料的活动、问题回答、动手操作活动、一题多解、错题分析、现象分析等，也可以让学生写出学习中的困惑、不理解的问题等。

四、设立并实践了导学案的实施原则

学校确立的导学案实施原则是"以学定教、先学后教、多学少教"。

1. 以学定教，即教师依据学生的学习实际设计和组织课堂教学活动。学校认为，课堂教学活动本质上就是学生的学习活动，学生的学是教师教的前提，是教的出发点和落脚点；教应该围绕学生的学进行。

在实际教学中我们发现，"以教定学"的情况还是占主导地位的，许多教师的思想观念中还是以教为本位，用教的手段强有力地驾驭着学生的学习活动。这种倾向对导学案的实施带来了很大的阻力，对此，我们在宣传和贯彻"以学定教"的思想方面作了很大的努力。

依据"以学定教"的原则，学校对教师提出了以下要求：

第一，要学会分析学生，要了解学生是怎么学习的，不断探讨分析学生的方法，不仅要分析学生群体的特点，还要把握学生个体的特点，尤其是要了解学生的学习差异；

第二,要善于从学生的角度设计学习方案,准确把握学习目标的适切度、学习内容的合理性、学习过程的层次性等;

第三,根据学生的学习实际及时调整学习活动;

第四,联系学生的学习活动来判断和评价课堂效果,能以学生为出发点分析教师的教学方法,从学生活动与教师活动的结合点上进行效果分析;

第五,教师对"教"要有准确的理解,"以学定教"不是说教不重要,不是弱化教,而是对教提出更高的要求,教师需要深入思考的是如何有效地教,如何处理学与教的关系等问题,从而实现以教促学、以教导学、以教助学。

2. 先学后教,即学生先进行自学、思考、尝试操作,然后教师在学生学习的基础上进行讨论、分析、讲解等活动。

先学后教有两方面的意义:一是学生先进行学习尝试、初步感知,为后面的学习活动作准备,有利于培养学生的学习能力;二是教师可以从学生的学习活动中发现问题,了解哪些知识学生懂了,哪些知识还不懂,以调整后面的教学活动。

根据先学后教的原则,我们要求教师把握以下操作要点:

第一,注重学生预习活动的设计,教师在组织教学活动前先想一想,能否先让学生学一学、用什么形式来学,能否用恰当的形式让学生进行预习;

第二,仔细观察学生的预习活动,了解学生在预习中出现的问题,对出现的问题教师不急于给予回答,而是先把问题抛给学生,让学生说一说、议一议,相互讨论,教师在适当的时候给予点拨、引导。

第三,保证给予学生一定的自学时间,无论是预习活动还是预先的思考或讨论,都要给予学生充分的时间。

3. 多学少教,即在单位时间内,教师留给学生更多的学习时间和空间。在课堂教学中,多学和少教是相对而言的,许多时候学和教是融合在一起的,不能截然分开。所以,多学少教倡导的是这样一种思想:教师在课堂上要把教学的重心放在学生身上,把更多的精力投入到学生的学习活动上。

根据"多学少教"的原则,我们要求教师:(1)增加学生自主学习的时间;(2)拓展学生的思维空间,给学生提供更大的学习平台;(3)增强学生学习的自主权,给学生更多选择、参与和评价的机会;(4)教师要精简自己讲的内容,要讲在点子上,讲在关键处,减少重复性的讲解,学生能自己学的,教师就不作替代。

五、提炼了导学案设计和实践的三种基本方式

(一) 启发式导学案

启发式即针对学习的内容,教师通过设计一条问题链,引导学生的思考和认识逐步走向深入,形成一个由问题导向、学生自主参与、学习内容由浅入深的学习过程。如数学学科导学案"等边三角形"一课的学习中,教师设计了一系列的问题来引导学生:

1. 等边三角形有哪些性质?

(1) 等边三角形的三条边相等;

(2) 等边三角形的每个内角等于60°;

(3) 等边三角形有三线合一的性质。

2. 说一说这些性质得来的依据是什么?

3. 等边三角形性质的符号表示:

∵ $\triangle ABC$ 是等边三角形

∴ $AB = AC = BC$(等边三角形的三条边相等)

$\angle A = \angle B = \angle C = 60°$(等边三角形的每个内角等于60°)

4. 如何判定一个三角形是等边三角形呢?(等边三角形有哪些判定)

(1) 三条边都相等的三角形是等边三角形(定义);

(2) 三个内角都相等的三角形是等边三角形(判定1);

(3) 有一个内角等于60°的等腰三角形是等边三角形(判定2)。

5. 探索判定等边三角形的方法:

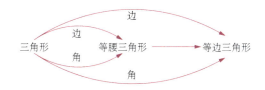

6. 说一说这些判定的依据是什么?

其中(1) 一个内角为60°;

     (2) 底角为60°角;

     (3) 顶角为60°角。

7. 等边三角形判定的符号表示:

(1) $\because \triangle ABC$ 中, $\angle A = \angle B = \angle C$

$\therefore \triangle ABC$ 是等边三角形

(2) $\because AB = AC, \angle A = 60°$(或 $\angle B = 60°$,或 $\angle C = 60°$)

$\therefore \triangle ABC$ 是等边三角形

在富有阶梯性的问题的深入解决中,学生掌握了等边三角形三个内角相等且都等于60°的性质,并在经历等边三角形判定方法的讨论、归纳、说理过程中体会分类讨论的思想,掌握等边三角形的判定方法。

(二) 讨论式导学案

讨论式就是针对当堂课要学习的内容,设计一个或几个关键性话题,组织学生进行讨论交流,其间穿插教师的参与点拨、集思广益,从而构成一个自我思考、小组讨论、集体交流的学习过程。如历史导学案"郑和下西洋"一课中,教师设计了 7 个问题,并根据不同的问题提供了文字、图片、表格等不同的材料:(1)这里说的"西洋"指什么地方?(2)郑和为什么下西洋?(结合教科书)(3)郑和为什么能够下西洋?(结合课文内容)(4)郑和船队从哪里出发?沿途经过的国家或地区在今天各叫什么?郑和第几次远航走得最远,最远到达哪里?(5)为什么说郑和下西洋是世界航海史上空前的壮举?依据郑和与"欧洲航海家远洋航行对照表",说说哪些方面体现了郑和下西洋是世界航海史上空前的壮举?(6)郑和下西洋的影响是什么?(7)为什么郑和下西洋的壮举难以为继?教师基于本课内容主要是以结论的形式呈现出来的编写特点,设计了一系列问题组织学生讨论交流,并在关键点适时地参与点拨,引导学生清晰地掌握历史事件的过程和意义,并培养其"论从史出、史论结合"的研究能力。

(三) 探究式导学案

探究式就是针对当堂课要学习的内容，设计一个或几个以小组或个人形式进行探究的小专题，自主完成从方法设计到现象观察，直至解释发现的全部任务，从而构成一段探究发现的学习旅程。

如化学导学案"金属和酸、盐的反应"一课中，教师设计了这样几个探究小专题：

1. 让学生分别进行镁、锌、铜、铁与稀盐酸、稀硫酸反应的实验，观察反应并完成实验报告。

实验步骤	实验现象	实验结论和化学方程式

探究镁、锌、铜、铁的活动性强弱，并让学生自己得出结论：镁、锌、铁能与稀盐酸、稀硫酸反应生成氢气，而铜与稀盐酸、稀硫酸不发生反应，说明镁、锌、铜、铁、氢的活动性强弱依次为 $Mg > Zn > Fe > H > Cu$。

2. 给学生提供实验药品：铁丝、铜片、硝酸银溶液、硫酸铜溶液。提出假设，并在此基础上让学生通过设计实验来比较银、铁、铜三种金属的活动性。

实验步骤	实验现象	实验结论和化学方程式
(1) 把铁丝放入硫酸铜溶液中	铁片表面有红色物质析出	$Fe + CuSO_4 \longrightarrow FeSO_4 + Cu$
(2) 把铜片放入硝酸银溶液中	铜片表面有银白色物质析出	$Cu + 2AgNO_3 \longrightarrow Cu(NO_3)_2 + 2Ag$

3. 请学生观看金属和盐溶液反应视频，比较铝、铜、银三种金属的活动性。

4. 请学生根据以上所有实验尝试排列银、铁、镁、锌、铜、铝六种金属的活动性强弱顺序：

$$Mg > Al > Zn > Fe > Cu > Ag$$

学生在教师设计的一个个小专题的引领下，通过自主完成各项实验，观察实验现象，最后自主发现并解释了金属和酸反应的剧烈程度、和盐反应的实验现象，比较金属的活动性强弱，理解探究金属活动顺序的原理。

六、学校专题推进产生的实践效果

(一) 教师的变化

教师在实践中建构起了对教学新的理解，逐步改变了以教师为中心的教育观念，建立起了以学习为中心，学生自主探究、主动学习和教师有效指导相结合的教学过程。高达 81.8% 的教师完全同意或比较同意导学案的推广，教师认为导学案的最大优点依次是"可以引导学生进行自主性学习"，"帮助教学(学习)，提高教学(学习)效率"，"使教学(学习)目标更明确"，"使课堂气氛更好，提高了参与度"。越来越多的教师能准确处理好教与学的关系，把"学"作为"教"的基础和目的，知道课堂教学设计要根据"学"的情况来确定教学方案，教学中更多地关注学生的"学"。越来越多的教师从那种"只见教材，不见学生"的备课模式中转变过来，转而关注学生的学情分析，满足学生学习需求，然后以学生的学习思路来确定教师的教学思路，以学生的学习方法来确定教师的教学方法，遵循学习内容的认知规律来设计学习过程。

另外，教学行动研究还使教师在实践中学习理论，从而对反思性教学的理论有了全新的认识。研究者在与同事和学生的合作中，常常是在不断地行动、观察、反思行动结果的循环中形成并检验有关他们工作的理论的。研究过程对教师素质的提高也起到了积极的作用，因为这是一个十分真实的学习过程，它基于自身的实践，是取自于教学用于教学的。通过在教学活动中主动发现问题、制定对策、实施研究、评价、反馈，教师不断反思自身的教学行为，从而达到自我改进和完善的结果。我们通过集体观摩、反思总结等形式使教师的专业素养得到了有效的提高。

(二) 学生的变化

学生积极参与课堂，使自主学习的能力得到了发展。在具体设计和实施导学案过程中，通过引导学生对具体情境或者具体问题进行引申、质疑、拓展，引发新的思考，最大限度地调动与激发师生的思维。教师在课堂教学中，既利用课前预设的"问题"让学生产生疑惑，形成认知冲突，促使学生深入思考；又根据课堂教学的变化及时调整课前预设，提出新的切合教学需要的问题，让学生去探寻，使学生在问题的驱动下变被动的接受学习为主动的发现学习，通过自主学习、探究学习和合作学习不断生成新的经验，从而增长知识、积累智慧、创新方法、完善认知结构、达成知识与能力、过程与方法、情感态度与价值观三维一体的教学目标。高达69％的学生认为导学案的优点是："可以很好地引导我们自主学习"；"便于更好、更深入地理解、掌握学习的内容"；"学习目标更明确"；"课堂气氛更好，更多地参与到课堂学习中"；"从旧知识到新知识有很好的衔接，便于预习"；"可以清晰地梳理本节课内容，针对性更强"；"提高了学习的乐趣与自信"。学生们在课前预习，准备在课堂上充分展示自我，享受着自学、合作带来的学习成就感；课堂上，学生们积极发言，表达自己的想法，享受着学以致用的乐趣。

（三）学校课程领导力的提高

以课题研究为载体，通过一系列的筹划、实施和总结，学校的内涵得到了发展，并激发了教师的研究热情，增进了学校的学术氛围。同时校长的课程领导力得到提升，建立了长期有效的资源通道，提升了课程领导的技术及完善了课程领导的艺术。课程领导本质上是一个校级团队决策、引领、组织学校课程实践的过程。课程领导，关键在于把握课程与教学本质，建设共同研究的团队，善于在实践中发现问题、研究问题和解决问题，不断实现教学质量和团队专业能力的提高和升华。通过课题研究，有效地实现校长对课程实施的领导。通过组建一支强有力的学校教研团队，把单个教师分散的力量集中起来，形成整体优势，建立教师学习共同体，逐步形成了教师参与课程改革的民主、开放、协力、合作的氛围，共同探究课程，为教师创设发展的机会、条件和空间，培养教师的课程意识，培养新课程实施的领军人物。同时引领教师共同制定符合本校实际的校本教研制度和切实可行的实施方案，以"研"促教，以教促"研"，实现研训一体。

此外，学校课程领导力不仅仅指学校对所开设课程的管理能力，更是指包括学校课程开发、设计、实施、评估等在内的整个学校课程建设的能力。随着研究的不断深入，教师观念的不断更新、教学方法的改变，有效地促进了学生学习行为的变化，提高了教学效能，完善了学校课程发展的内涵。学校课程领导力不仅仅包括校长个人的课程领导能力，更包括学校中教师的课程执行力；教师课程观念力、执行力的提高，有力地提升了学校整体的课程领导力。

4

聚焦学习情感评价的探索

上海市杨浦区平凉路第三小学近年来一直致力于学生学习情感评价的探索，以此促进学校教学品质的提升和学校教育生态的优化。经过几年的实践、研究与探索，取得了明显的成效，有力地改变了学校师生的教与学。

第一节　行动思路与设计

一直以来,情感因素都是教育研究的重要组成部分,但是在教学实践中重知识轻情感的现象仍旧十分普遍。在查阅了相关文献资料后,我们发现虽然教育研究者对学生情感十分关注,也对学习情感进行了各种维度的划分,但是由于学科的局限性,维度的划分并不合理。因此,我们的研究从学生的学习情感现状出发,通过评价工具的设计和运用,对学生的学习情感进行科学客观的评价,形成基于学校实情和应用操作层面的评价体系。

随着课程改革的推进,不断改进和完善教育教学策略,发展教学方式手段,提升教师学科领导力已经成为大家关注的焦点。我们对学生学习情感评价的研究基于教师的教学实践。我们期望通过对课堂教学中学生学习行为的观察与归因分析,在课堂教学的常用活动中寻找有效提升学生学习情感的策略,为教师提供具有参考价值的、可操作的范式,切实深入推进课程改革。

在本课题研究中,我们关注的是如何提升学生的学习情感,而学习情感的提升,最终能促进学生学业成绩的提高。我们不仅通过课堂教学的策略改进来提升学习情感,更在学校教育的各方面开展系统的研究,包括学校管理、班级建设中的有效策略来促进学习情感的主要组成维度的研究。通过系统性的研究,形成具有创造性和独特性的学习情感评价及策略改进的学校经验。

一、行动目标

1. 建立评价体系

探索学习情感评价的目标、内容、方法、主要组成维度,形成学生学习情感的评价体系。

2. 探索有效策略

探索促进学生学习情感提升的课堂教学策略，尤其是在日常课堂教学活动中对促进学习情感的主要组成维度进行分析与研究，以改进教学方法。激励学生形成良好的学习态度和学习情绪，激发学习兴趣，促进学生的全面发展。

3. 优化管理机制

归纳总结学习情感提升的学校教育机制，形成在学校管理、班级建设、课堂教学等方面行之有效的学习情感评价及策略改进的资源库，促进研究成果的积累和传播。

二、概念界定

1. 学习情感

《教育百科词典》对情感的定义是："人对所面临的客观事物或现象的态度的体验。"而学习情感是指学生对学习过程中的学习活动是否满足自身的需要而产生的态度体验及其相对应的行为表现。总体看来，根据情感的定义，学习情感可分为积极与消极两个极端的线性，其中包含喜爱、投入、无感、讨厌、排斥等内容。

2. 学习情感评价

学习情感评价是为了获取学生在学习过程中情感发展状况的资料而不断收集、处理和提供信息的过程。其内涵为：

(1) 学习情感评价是评价学生在学习过程中对学习活动的态度体验及其相对应的行为表现；

(2) 学习情感评价是一个不断收集、处理和提供信息的过程；

(3) 学习情感评价是多元评价主体共同对话、共同建构的一个过程。

三、研究内容

1. 学生学习情感的理论研究

通过阅读、梳理和学习国内外关于学习情感评价的相关文献，形成《学生学习情感评价文献综述》，为后期研究作准备。

同时在教师与学生中开展学生学习情感的现状调查，在实践中探索学生学习情感的本质内涵,并对学生的学习情感进行分类。

2. 学生学习情感评价的实践探索

包括学生学习情感评价目标、内容、方法、主要组成维度等方面的研究,形成相关的评价工具和操作方法。目前主要研究基于教学过程的学生日常学习情感评价,包括兴趣意愿、态度行为和信心情绪,从不同视角对学生的学习情感进行全面审视,重视评价过程的真实性与过程性。

3. 基于学生学习情感评价的学校教育策略改进

本研究认为,评价的最终目的是为了教育教学策略的改进,从而提升学生的学习情感。基于这样的认识,在学校管理、班级建设、课堂教学三个主要方面探索提升学习情感的主要组成因素的有效策略,并在实践中不断优化。

4. 学生学习情感评价实施的案例研究

积累学生学习情感评价及策略改进的案例,包括班级建设策略案例、课堂教学策略案例、学生个体指导案例。对典型案例进行汇总、整理和评价分析,以此形成研究成果,使学习情感的评价和有效改进策略能在教育教学实践中真正发挥作用。

四、推进实施

推进实施的时间为:2015 年 3 月—2017 年 6 月,具体包含三个阶段。

图 1　上海市杨浦区平凉路第三小学学生情感评价课题研究路径

（一）课题准备阶段

1. 进行项目相关文献的学习、研究、比较，进行文献资料研究，寻找课题的理论与实践依据，完成《学生学习情感评价文献综述》；

2. 建立项目组，进行项目设计与构想，开展项目初始问卷，完成项目设计与论证。

（二）行动研究阶段

1. 各子项目组开发具有针对性的研究方案，聚焦评价指标、评价内容、评价方法有效性等研究，并以研究日记的形式记录研究过程，对项目研究进行思考与分析；

2. 设计一系列学习情感的评价工具，运用观察、问卷、访谈、表现性评价、档案袋评价等适当的评价手段，开展基于过程的、基于个体的学习情感评价实践，形成《小学生学习情感评价工具包》及其具体操作方法。

3. 在评价过程中及时收集分析动态性数据，对学习情感的主要组成维度进行深入研究，总结归纳出有效促进学生学习情感的评价策略，并在学校管理、班级建设和课堂教学等方面不断优化。

（三）总结提炼阶段

1. 总结班级建设、课堂教学、学生个体指导等方面的相关经验，撰写《班级建设中提升学生学习情感案例》、《课堂教学中提升学生学习情感案例集》、《学生个体指导中提升学生学习情感案例集》。

2. 整理课题研究资料，撰写《让学习情感可"触摸"——小学生学习情感评价的实践研究项目总结报告》。

3. 发表研究成果，做好深化研究的准备工作。

第二节　行动成果与应用

在两年多的研究中，课题组不断地进行理论与实践探索，挖掘学习情感的内涵与本质，形成小学生学习情感评价体系。课题组对三、四年级基础性学科开展学生学习情感观察和评价的跟踪调研，让评价体系真正融入学校的教育管理中，让学生的学习情感可"触摸"。

一、认识成果：学生学习情感组成维度的归纳与划分

课题组组织教师进行文献学习，从文献研究中了解学习情感的理论；同时，课题组组织教师对"学习情感评价框架"进行专题讨论，每位教师收集整理学生在日常学习生活中与学习情感相关的表现与行为，共同交流经验与理解，深入探讨学习情感的主要组成维度。

基于文献研究和一线教师经验总结，课题组梳理与归纳了学习情感的主要组成维度，即兴趣意愿、态度行为和信心情绪，而且这三个方面也是学生学习情感的主要表现形式。因此，兴趣意愿、态度行为和信心情绪这三个主要组成维度，是本课题研究的核心内容。

1. 兴趣意愿

学生的学习兴趣意愿是指学生在学习中主动积极地对知识进行探究的程度。兴趣感会驱使学生将自己

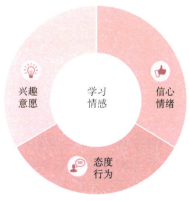

图 2　学生学习情感组成维度的划分

的精力指向个体接受的学习内容,驱使他们进行钻研和探索,激发学生产生正性的情绪状态。

2. 态度行为

态度行为是指学生对符合自己需要的学习活动产生愉悦的体验后表现出的积极主动、刻苦努力等品质与行为,重点强调学生个体长期形成的学习方式、学习习惯、学习行为与表现等,是学生的学习价值感和自尊感的反映和体现。

3. 信心情绪

信心情绪是学生自尊感、自控感、价值感和成就感的体现,在本研究中侧重于强调学生个体在学习过程中产生的即时性心理或生理状态。拥有积极的学习情感的学生会更加容易产生较强的信心情绪。

(二) 学生学习情感评价体系的建构与运用

基于这三个主要组成维度,课题组设计了一系列的学习情感评价工具,并制定了学生学习情感的评价标准。

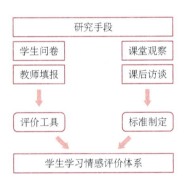

图3 学生学习情感评价体系实践流程

1. 学习情感评价工具的开发

课题组自主开发了不同学科的《学生情感调查问卷》、《学生学习情感教师评价记录表》等一套评价工具包,从学生和教师两个视角对学生的学习情感进行全面评价。

这些评价工具中包含了指向学生学习情感三个主要组成维度的相关问题,如图4所示。

1. 一听说有数学课，我就特别高兴。

　　○ 非常高兴

　　○ 比较高兴

　　○ 不太高兴

　　○ 非常不高兴

2. 对于解数学题的过程。

　　○ 非常享受

　　○ 还可以

　　○ 不太喜欢

　　○ 非常讨厌

3. 参与数学"青苹果"拓展课，例如数独、魔方、数字游戏等。

　　○ 非常喜欢参与

　　○ 比较喜欢，偶尔会主动参与

　　○ 不太喜欢，主要是老师要求参与

　　○ 非常讨厌

4. 做数字游戏，比如找规律、数独等游戏。

　　○ 非常喜欢

　　○ 比较喜欢

　　○ 不太喜欢

　　○ 很讨厌

图4　《学生情感调查问卷》中指向兴趣意愿的问题示例

表1　《学生学习情感教师评价记录表》中指向态度行为的问题示例（语文学科）

年级_____　　学生姓名_____

维度	具体表现	LV1	LV3	LV5
态度行为	课堂上听讲	总是开小差，或做其他事情	听老师讲，偶尔开小差	非常认真地投入课堂
态度行为	课前准备	不做课前预习	简单了解课文等上课内容	准备充足，且能自我思考提出问题
态度行为	课堂上记笔记	不做笔记	在教师的要求下会记笔记	养成记笔记的好习惯
态度行为	跟着老师引导进行思考	不动脑筋思考	被动接受，仅进行浅层次的思考	主动思考，并与教师互动
态度行为	课堂上回答问题	从不回答问题	被动回答问题	主动回答问题
态度行为	讨论环节和同学讨论	不参与讨论	被动参与讨论	主动领导讨论
态度行为	课后复习	从不复习	被动复习	主动深入复习
态度行为	作业完成度	不按时完成	按时完成，但质量不高	按时保质完成
态度行为	作业字迹	字迹潦草	字迹一般	字迹工整

维度	具体表现	LV1	LV3	LV5
态度行为	遇到作业难题	遇到难题就跳过	直接问老师或同学	先主动探索,再询问老师或同学
态度行为	错题整理	从不整理错题	按教师要求整理,但从不回顾	主动整理错题,并经常回顾
态度行为	课外知识	从不做非课内的作业	做课外辅导书	从多种渠道学习课外知识
态度行为	考前复习	从不复习	被动复习,仅简单看一下知识点	主动认真复习
态度行为	对待考试	不认真完成	做完不检查	认真做好后会仔细检查

课题组运用调查问卷、教师评价表等形式,从学生自身的主观感受、教师的日常评价、课堂观察等方面,多角度地呈现立体而完整的学生学习情感,让教师对学生学习情感的评价更客观、更准确。

2. 学习情感评价标准的制定

项目组选取了一部分典型学生,使用《学生学习情感课堂观察记录表》观察和记录典型学生在课堂中的真实表现,并使用《学生学习情感访谈记录表》进行课后访谈,形成学生学习情感的课堂观察实例分析。如:

表2　学生英语学科学习情感课堂观察记录示例

维度	具体表现	LV1	LV3	LV5
态度行为	课堂听讲	总是开小差,或做其他事情	听老师讲,偶尔开小差	非常认真地投入课堂
态度行为	课前准备	不做课前预习	简单了解课文等上课内容	准备充足,且能自我思考提出问题
态度行为	课堂上记笔记	不做笔记	在教师的要求下会记笔记	养成记笔记的好习惯
态度行为	跟着老师引导进行思考	不动脑筋思考	被动接受,仅进行浅层次的思考	主动思考,并与教师互动
态度行为	课堂上回答问题	从不回答问题	被动回答问题	主动回答问题
态度行为	和同学讨论或表演	不参与讨论、表演	被动参与讨论、表演	主动领导讨论、表演

维度	具体表现	LV1	LV3	LV5
态度行为	课后复习	从不复习	被动复习	主动深入复习
态度行为	作业完成度	不按时完成	按时完成,但质量不高	按时保质完成
态度行为	作业字迹	字迹潦草	字迹一般	字迹工整
态度行为	遇到作业难题	遇到难题就跳过	直接问老师或同学	先主动探索,再询问老师或同学
态度行为	错题整理	从不整理错题	按教师要求整理,但从不回顾	主动整理错题,并经常回顾
态度行为	课外知识	从不做非课内的作业	做课外辅导书	从多种渠道学习课外知识
态度行为	考前复习	从不复习	被动复习,仅简单看一下知识点	主动认真复习
态度行为	对待考试	不认真完成	做完不检查	认真做好后会仔细检查
信心情绪	课堂上回答问题	不敢回答	声音较小,害怕说错	声音洪亮,不怕说错
信心情绪	课堂上表演对话	躲避	不主动,但被老师叫也会表演	积极表演
信心情绪	做作业遇到难题	惧怕	有点焦虑	迎难而上
信心情绪	面对考试	非常焦虑	有点紧张	信心十足

表2中灰色阴影部分是项目组成员在课堂中所观察到的该学生的具体表现及所对应的水平值。课后,课题组老师对该学生进行了访谈:

表3　学生英语学科学习情感访谈记录示例

学生学习情感访谈记录表——英语

年级＿＿三＿＿　学生姓名＿＿钟＊＿＿　访谈日期＿2016－04－20＿

主要组成维度:兴趣意愿、态度行为、信心情绪
访谈大纲:

　　(1)是否喜欢英语课?为什么?

　　(2)学习英语课你觉得快乐吗?如果是,乐趣在哪里?如果不是,那么原因是什么?(比如教师的教学方法、学习环境、周围同学的影响、自己的基础等)

　　(3)你感觉你们班英语课的学习氛围怎么样?老师在讲课之前给同学们营造过轻松愉快的学习氛围吗?

　　(4)假如你在英语课的学习过程当中遇到困难(例如,题不会做,考试没有考好,上课听不懂等),你会怎么办?(请教老师同学,自己刻苦钻研,亦或是放弃)

（5）英语课的老师了解过你对学习的兴趣和学习中的困难吗？如果了解的话，是通过什么方法向你了解的？

（6）在英语课堂教学过程中，教师激励性的话语和表扬式的评价多吗？

问卷结果：兴趣高、态度好、信心足

访谈记录：

1. 喜欢英语课，因为觉得学会英语就可以和外国人交流，可以拓展自己的视野。

2. 觉得学英语很快乐，因为英语课上大家都说英语，这种环境自己很喜欢。

3. 觉得自己班的英语课氛围很好，老师在讲课时有时会联系生活，营造气氛。

4. 在英语学习中，单词不认识的时候会挨个查完，并且3个一组背诵好，还不理解的会问老师。

5. 老师了解自己的学习状态，是通过课下的询问了解的。

6. 英语课上老师的表扬挺多的，对自己更多的是一种师生间默契的肯定。

通过访谈，我们进一步了解到该学生的学习情感情况。

通过综合评价结果与课堂观察访谈，我们进一步梳理和归纳，对学习情感的三个主要组成维度在学生学习过程中所产生的作用进行判断，将学习情感划分为六大类型：积极型、乐大型、乐趣型、努力型、散漫型和消极型。根据这一评价标准，对每个学生的学习情感水平和类型进行了评定。

表 4　学生学习情感类型评价标准

情感水平	学生类型	主要组成维度			类型特征
		兴趣意愿	态度行为	信心情绪	
积极	积极型	高	高	高	积极发展
中性	乐天型	低	低	高	自信满满
	乐趣型	高	低	低	兴趣高涨
	努力型	低	高	低	勤恳踏实
	散漫型	高	低	高	自由散漫
消极	消极型	低	低	低	消极怠工

（注：三个主要组成维度的程度等级"高"表示学生在该维度中表现较好，"低"则表现不理想。）

可用雷达图表示六种学习情感类型的主要组成维度的水平值，如图 5 所示。

通过对六大情感类型学生的日常行为和课堂表现进行观察，课题组还制定了学生学习情感的等级描述。对积极型、乐天型、乐趣型、努力型、散漫型和消极型这六大学习情感类型进行了等级划分，基本厘清了每一种学习情感类型的范围，并基于课堂观察和教师经验总结，对其典型

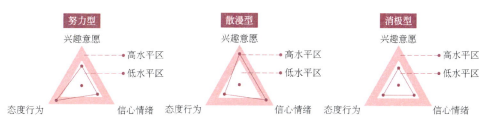

图 5　六大学习情感类型水平图

行为进行了梳理。

以积极型学生的行为表现等级描述为例：

表 5　积极型学生学习情感行为等级描述

描述内容	积极型学生学习情感
评价结果	学生在兴趣意愿、态度行为、信心情绪三个主要组成维度中均表现较好。
情感描述	1. 对学习内容很有兴趣，有信心能够学会，也很愿意学习，能够从学习中得到快乐，积极主动地对知识进行探究。 2. 具有较为良好的长期形成的学习方式、学习习惯、学习行为与表现。 3. 课堂表现较好，能够跟上老师的讲课节奏，能够答出老师提出的问题，和老师之间有情感上的互通和联系。
具体行为表现	课前：主动提前预习和复习学过的内容。 课中：对要学习的内容和学习本身都很感兴趣，学习这件事情让他(她)感到很愉快，会在书本上划重点，主动举手回答问题，认真倾听老师的课堂活动要求，并且能够从完成课堂任务中获得极大的满足感，注意力很集中，很少有做小动作或者走神的现象，热烈参与小组讨论，积极同同学配合完成课堂任务，喜欢与老师进行互动，会因为正确回答问题感到骄傲。相信自己能够解决问题，有不懂的地方积极发问，以获得新知识为自己的目标。 课后：按时完成作业，想办法解决作业中遇到的问题，相信自己能克服挑战，喜欢参加各种延展性的课外活动。

二、实践成果 1：学科有效教学的策略

通过学生的问卷调查和访谈，我们发现：不同类型的学生对不同类型的课堂教学活动有着不同的偏好。课题组的观察不仅在于发现问题，更在于提高教师对学生学习情感的敏感度，提升教师的课程教学水平，从而促进学生学习情感的提升。因此，课题组基于学生学习情感水平的评价标准和等级描述，对教师提出改进性建议：

对于**积极型**学生，建议教师**定期关注，保持发展**。该类型学生在学科上有着良好的学习意识，主动性较强，教师要帮助学生维持这种学习状态。

对于**乐天型**学生，建议教师**关注鼓励，有意引导**。该类型学生富有学习自信心，教师的关注对其学习情感的促进作用较大，因此教师可以引导学生在兴趣、态度等方面的提高。

对于**乐趣型**学生，建议教师**注重方法引导，适时干预**。该类型学生在学习时更喜爱有趣的活动，教师应对其学习行为进行指导或干预，并了解学生的困难所在以及其他需求，激发其学习的信心。

对于**努力型**学生，建议教师**注重思维锻炼，找出问题**。该类型学生往往"事倍功半"，教师需重点关注这类学生，有意识地培养其逻辑思维能力，并寻找其学习能力低下的问题所在，提高其学习效果。

对于**散漫型**学生，建议教师**适当要求，注重习惯养成**。该类型学生存在一些行为习惯方面的缺点，教师要有意识地培养其学习习惯，并采取一些措施，比如预习、记笔记等，引导学生养成良好的学习习惯。

对于**消极型**学生，建议教师**多重视关注，从激发兴趣着手**。该类型学生的学习情感表现不尽如人意，教师要及时关注其学习状态与需求；在授课时多采用富有故事性或场景性的方式，激发其学习兴趣；鼓励其参与讨论或回答，及时给予表扬，提升其学习信心；正确引导其养成良好的学习行为习惯。

课堂教学，是教师们教学的主阵地。课题组经过总结和提炼，形成了在学科教学中提升学生学习情感的系列策略。

1. "手拉手"策略

在课堂教学中，教师常常会开展两两讨论和小组讨论等团体活动，这样的教学活动更有助

于促进学生之间的互动。通过开展"手拉手"策略,让不同学习情感类型的学生组成一组。该策略建议老师在开展两两活动或小组活动时,可以根据学生的不同学习情感类型和学习能力进行分组。每一组内积极型学生较多,配以其他类型,以积极型带消极型,从而在一定程度上提升学生的学习情感水平。

在三年级第二学期语文《田忌赛马》一课中,教师设计了两次小组讨论活动,大多数小组中出现了以优带弱的效果。不同学习情感类型的学生相互带动,积极型的学生在组内能够起到引导作用,而部分消极型的学生虽然不参与小组活动,但在组员带动下,也能够尝试着进行复述和朗读。"手拉手"策略能够提升中性和消极型学生的信心情绪程度,从而提高其学科能力。

2."目标靶"策略

在开展课堂活动时,教师的学习指令和活动目标的导向性尤为重要。教学活动的目标不清晰,会影响学生的学习效率,尤其是消极型学生,更会觉得"不知所云"。"目标靶"策略建议老师在开展教学活动时,对活动内容、活动要求、小组分工等进行详细说明。学生一旦明晰了小组活动的目标和具体内容,才能更有效地参与小组活动。而学生一旦体会到了自己在活动中获得了同伴的悦纳,就能改善兴趣意愿和信心情绪维度,从而提升学习情感水平。

同样是在三年级第二学期语文《田忌赛马》一课中,在两次小组讨论活动前,教师都重点介绍了活动的内容、方法和目标。小组活动一(课文复述)要求学生:运用本课文中的关键词和课上完成的表格,复述赛马的经过。学生先自己小声地试一试,然后在小组内互相讨论一下。小组活动二(分角色朗读)要求学生:在小组内分角色朗读,抓住带点词含义,体会当时人物的心情。学生能够根据这些活动内容、方法和目标,有效地在组内进行相应的活动,学习情感呈现出积极的状态。

3."定时器"策略

短短的35分钟课堂,教师要最大可能地利用好每一分钟,这就是"定时器"策略的思想。在开展教学活动时,既要尽量保证每个学生的参与度,提高小组活动的效率,又要控制好整节课的时间,这对教师提出了很高的要求。该策略建议老师结合自身的教学经验,在课堂上巡视并即时调整,从而高效地把控课堂教学时间。

以五年级第一学期语文《伟大的友谊》一课为例,教师设计了两次小组讨论活动。第一次活动内容是用"不但……而且……甚至……"的句型概括马克思当时生活的窘迫,这个活动相对简单,教师设置了1分钟的活动时间。第二次活动内容是复述课文内容,这个活动要求学生运用板书内容进行整篇课文的复述,对学生能力要求较高,教师设置了2分钟的活动时间。小组活动开始后,教师在小组之间走动,进行巡视,观察每一组学生的时间掌握情况,确保尽量多的学生在小组内发言的情况下,叫停并继续讲课。在第二次复述课文的小组活动中,教师预先设置的2分钟时间在课堂实践中不够用,教师立即根据巡视的情况进行调整,延时至3分钟左右再叫停。从课堂反馈来看,每个学生都能在小组中发言,而发言过的小组基本上也没有多余时间闲聊,整体学习情感反馈较好。

4.“万花筒”策略

在课堂教学中,尤其是语文和英语学科,朗读和表演是教师们经常使用的教学活动。然而不同学习情感类型的学生,对朗读和表演的感受并不相同。“万花筒”策略建议老师采用形式多样的朗读和表演方式,让学生在积极有趣的情境中提升学习情感。

以三年级第二学期英语“M3U2 Period1 Looking for my clothes”一课为例,在每一次朗读对话的环节中,教师都运用了不同的朗读形式,如分段朗读、整体朗读;集体朗读、小组朗读、个别朗读;分角色个别朗读、分角色集体朗读等。学生在文本情境中,身临其境地扮演故事中的不同人物,体会人物的不同心情,其学习积极性被调动起来,课堂气氛活跃,学生整体的学习情感水平较高。

5.“争上游”策略

由于小学生具有好胜心强的心理特点,教师在课堂活动中,采用互相竞争的方法,会很大程度地激发学生的兴趣意愿,这就是“争上游”策略的思想内涵。在竞赛过程中,学生的好胜心会更加强烈,兴趣意愿和信心情绪都会大大增强。

在三年级第二学期英语“M3U2 Period1 Looking for my clothes”这节课中,教师运用了“你追我赶争上游”——小组PK摘星星的竞赛策略,来提升学生学习情感水平。在整节课上,无论是朗读环节、表演环节还是回答问题上,都开展“争上游”活动,给表现最好的小组添上一分。与此同时,教师也不忘作出及时评价,不断激发小组间、同学之间的良性竞争,提高学生发言的积极性,不断给予学生情感上的成就感。从课堂观察来看,学生整体无论是在兴趣意愿、态度行为还是信心情绪维度上,都达到了积极的状态。

6.“对话”策略

师生问答活动是各科教学中经常采用的手段。一般情况下,教师比较关注的是学生是否能正确使用词汇和语法,是否能够讲出数学公式和定理等,而忽视了师生之间的情感互动。“对话"策略建议教师通过生活中真实的问题,进行师生互动,不仅关注学科知识本身,更关注情感上的交流,拉近师生之间的距离,从而提升学生的学习情感水平。

在四年级第二学期英语"Unit 6 Period 2 Choosing fruit for making a fruit salad"一课中,学生需要正确运用单词和句型来描述水果的特性。由于水果这一主题贴近学生生活,教师抓住这一教学契机,在一位消极型学生回答时,进行了拉家常式的对话,询问他:Do you like apples? Why do you like to eat apples? 等。学生从原本的回答问题时有所顾虑,到能积极思考并正确回答,从原先的没有回答意愿到树立起学习信心并愿意开口,学习情感水平有了明显的提升。

7."指南针"策略

在本研究中,学习情感为消极型的学生一直是老师关注的重点。他们之所以对课堂学习提不起兴趣,究其原因还是学科能力弱,导致他们在学习情感的三个维度上均表现得水平很低。"指南针"策略聚焦以优带弱,建议消极型学生先进行模仿,在积极型和学习情感中性的学生带领下,能回答出原先回答不出的问题,使学习信心有所提升。

同样以四年级第二学期英语"Unit 6 Period 2 Choosing fruit for making a fruit salad"一课为例,当学生由于学科能力有限,无法回答时,教师采用了"指南针"策略。在听了其他同学的回答后,消极型学生获得了范例。当再一次请消极型学生回答时,也能基本流利正确地回答问题。而在引导消极型学生倾听同伴发言的时候,实际上也是培养其正确的学习态度和行为的过程。如果老师能够坚持采用"指南针"策略来帮助消极型学生,那么该类型学生的学习情感和学科能力都会有所提升。

8."哥德巴赫"策略

数学家哥德巴赫善于猜想,并终身致力于猜想—验证的数学活动。从小学开始,猜想—验证就是学生需要重点学习的数学思维。"哥德巴赫"策略在学科教学中的指导思想是:动手操作对于中低年级学生而言,具有直观的作用。一方面,动手操作使学生主体作用得到发挥,有利于激发学生学习兴趣;另一方面,通过动手操作把抽象的概念具体形象化,有利于学生理解和掌握知识。而在动手操作活动中,猜测—验证就是最主要和最重要的步骤。

以三年级第二学期数学"几分之一"一课为例,教师采用了"哥德巴赫"策略。在教授知识点时,让学生先进行猜测,说出猜测的内容,然后操作学具,动手验证,极大地调动了学生的积极性,学生更加投入地参与到课堂活动之中。而在亲身实践猜测—验证的过程中,学生获得了更多自主思考的空间,尤其是散漫型和消极型的学生,开始建立起正确的态度行为。从学生整体上来看,学习情感水平较高。

三、实践成果 2:班级建设的有效策略

教育是生命的诉求,教育理应充满对生命的关怀和对人的个体情感和价值的尊重。只有基于这样的教育理念,班级建设和学生个体教育才能最大限度地提升学生的学习情感。

1. 班级建设中学习情感策略的凝炼与运用

课题组采取"实施—反馈—评价"的模式,通过班级环境的布置和班级活动的开展,促进学生学习情感水平的提升,让班级环境与活动成为学生积极学习情感的"催化剂"。

在开展班级建设的过程中,课题组积累了以下两条策略:

(1)"无障碍沟通"策略

情感是需要沟通的,由于学生的学习情感类型不同,沟通的途径是否合适直接影响沟通的结果。"U 型座位"保障了上课的时候学生与教师之间的交流,对教师而言,来自学生的反馈也能一目了然。"小黑板"引导学生积极正面地评价班级、评价学习,借此带动一批学生感受积极情感。如,有的学生写道:"我的班级最温馨,我爱我的班级";"我要做最好的自己,回报我的班级";"我长大后,也要做像＊＊老师一样的人,像她一样来教我的学生"。而在"小卡片"沟通中,孩子们往往将他们有顾虑、不好意思当面沟通的事情,采用在小卡片上写下来的方式进行沟通,这样也保障了学生学习生活的情绪水平。

通过运用"无障碍沟通"策略,师生间平等沟通,学生间友爱沟通,发挥班级正能量,解决班级内出现的问题,为学生们共同成长和学习情感水平提升提供了保障。

(2)"团队提升"策略

课题组设计和开展了"学习情感主要维度的量化评价"活动,以小组为单位,将小组一天学习活动的情况进行总结和评价。通过自评、互评和师评,每个小组获得兴趣意愿、信心情绪、态度行为中一个或几个维度相应的卡片,最好的小组可以获得全部三个维度的卡片,这三张卡片都插入"我的成长记录袋"里。学生通过小组间的比较,发现自己小组的优势,也能很清楚地发现自己小组的不足。然后进一步查找自己小组为什么在某一维度缺失了,如果可能原因是小组里的一位同学出现了问题,那么小组同学就共同帮助组内同学。当组内同学获得较大进步的时候,"开心时刻——小组团队秀"将展现成功小组的成果。

在学生成长的过程中，总会有这样那样的问题。面对问题，学生之间主动想办法帮助解决，促进小组内同学共同进步，促进班级同学共同进步。

2. 学生个体教育中学习情感策略的凝炼和运用

学生个体教育策略主要针对的是学习情感类型为消极型的学生。这一类型的学生对学习内容不感兴趣，信心薄弱，不愿意学习，不会主动积极地对学习内容进行探究。没有形成较为良好的长期的学习方式、学习习惯、学习行为。正因为学习情感的正向获得很少，所以学科能力低下。而学科能力低下，又会加剧学习情感的负向表现，导致学习情感和学科能力的恶性循环，因此亟需得到教师有针对性的引导。

在开展学生个体教育的研究中，课题组积累了以下策略：

（1）"聚光灯"策略——助力态度行为维度的提升

根据课题组的数据分析，消极型的学生在学习的态度行为上较为随意，教师的个体指导应聚焦学生的态度行为维度。"聚光灯"策略建议教师，应该从课堂上的学习习惯入手进行指导。通过教师的引导，让这一类学生逐渐学会在课堂上认真听讲，积极发言，参与小组活动。课堂听讲习惯逐渐纠正的同时，教师要关注这一类学生对待练习的态度和书写的习惯。在对待作业和练习时，关注学生的专心程度，指导学生的书写格式。态度行为的表现提升了，学生就会对自己的学习更有信心，从而提升学习情感水平。

（2）"放大镜"策略——助力信心情绪维度的提升

消极型的学生由于学科能力较弱，所以导致其信心情绪的水平也较低，比如，在平时的课堂表现和对待习题等方面，会表现出不自信、不敢发言、畏惧难题等行为。"放大镜"策略建议教师，多关心该类型学生的学习生活，多寻找该类型学生身上的闪光点，从表扬、鼓励入手，将闪光点放大，提升其信心情绪维度的水平，从而提升学习情感水平。

（3）"拐杖"策略——助力学习情感的提升

学习情感和学科能力密切相关，课题组注意到兴趣意愿、态度行为和信心情绪的提升会带动学科能力的提升，反之也有同样的效果。消极型的学生在学科能力上比较薄弱，需要外界，包括老师、同学、家长对其加以关心和帮助。"拐杖"策略建议教师对该类型学生多进行补缺补差，寻找学科知识和技能方面薄弱的地方，进行学习方法、解题思路等方面的指导。通过学科能力的提升，来进一步提升学习情感水平。

第五章

有效导学实践样例的集锦

样例1：追寻"新航路开辟"的足迹

一、背景目标

本导学案"新航路的开辟"，是华东师大版《中国历史》（八年级上册）的第四单元第一课，计划教学时间为1课时。

（一）选题背景

历史作为社会人文学科，对其进行学习可让学生受益终身。在走出校门以后的终身学习中，由"看"到"思"到"问"到"悟"才是至关重要的。那么如何才能让学生具有这样的能力和这样的思维习惯呢？如何让学生由等待老师提问变为想提问、敢提问、会提问、乐交流，进而自然进入主动学习状态，是我一直在思考与探索的问题。对此，我尝试以学生普遍感兴趣的、能从日常媒介获取较多信息的内容为切入点，如本课的"新航路开辟"。

（二）教学目标

1. 知识与技能：了解新航路开辟的过程，能将有关知识进行整理；掌握新航路开辟的原因和条件；能尝试分析新航路开辟的意义及对世界的影响。

2. 过程与方法：合作学习，完成导学单；自主列表整理开辟新航路的人物、路线；尝试通过互相提问加深对学习内容的理解，养成主动参与教学的习惯，提升质疑的能力。

3. 情感态度与价值观：认识到开辟新航路，既需要技术条件，更需要决心和勇气；养成客观评价人物、事件的历史思维习惯。

二、设计创意

课前要求学生依据问题"关于新航路的开辟你可以与大家分享哪些内容？有哪些内容是你想知道的或者你想考考同学们的?"撰写"学习心语"小纸条，教师收集并梳理成问题单。

本课的教学内容，在影视、书籍上较常见，相对来说学生已拥有较多的信息或背景知识。针对这样的教学内容我以"人文发展"为教学的出发点，以学生的问题为核心，调整教案，设计导学案辅助学生学习，从而引导学生主动获取知识，拓展眼界，发展能力。

三、导学过程

1. 下发导学单

教师将收集的"学习心语"小纸条进行整理，筛选出有代表性的问题，并结合教材的学习顺序进行排列，制作成导学单。（入选题目均显示问题提出者姓名，详见 P80 所附导学单）

2. "导学引导 1——破题"：为什么叫"新航路"？"新"在哪里？

教师引导学生思考：原来有航路的，怎么走的？

学生回顾已学知识，比如可回忆中国历史课中学过的陆上丝绸之路。教师在此基础上总结出新航路开辟前东西方的传统商路：

<blockquote>
a. 陆路：中亚——里海——小亚细亚

b. 海陆＋陆路：海陆——波斯湾——两河流域——叙利亚

c. 海陆＋陆路：海陆——红海——由陆路到埃及亚力山大港
</blockquote>

终点都是地中海东部一带

3. "导学引导 2——深入"：既然有现成的航路，为什么还要冒险开辟新的？

对于新航路开辟的动力，教材中已表述清楚，学生可自主完成学习。请一位学生代表根据教材内容进行归纳：

<blockquote>
a. 西欧资本主义兴起，在社会上形成一股拜金热潮；

b. 《马可·波罗游记》夸张地描述了东方的富庶，更激发了人们去东方淘金的狂热；

c. 奥斯曼土耳其人控制了东西方传统的交通要道。
</blockquote>

教师小结：新航路的开辟有着深刻的经济根源——商品经济的发展和资本主义的萌芽；社会根源——黄金或寻金热；思想根源——人文主义社会思潮日渐上升，提倡肯定人的作用和价值，鼓励人们敢于冒险、勇于开拓进取去挑战并征服自然；还有一定的宗教根源——传播天主教；此外，商路不畅和转运成本过高则是更直接的原因，以上因素构成了新航路开辟的必要性。

教师引导深入：仅有热情和动力行吗？

4. "导学引导 3——感悟"：假如让你设计出行方案，你需要……

学生们你一言我一语，"要有很多钱"，"要有大船"，"要有勇气"，"要有航海的技术"，"要坚信地球是圆的"、"首先找赞助者，准备物资，然后设计路线……"。

教师与学生共同归纳总结：

（1）新航路开辟的条件。

人们开始相信地圆学说；地图绘制技术进步；造船技术进步，出现适于远洋航行的海船；罗盘针在海船上普遍使用。这些客观条件的具备，使新航路的开辟成为可能。

（2）新航路开辟的过程。

教师用课件展示新航路开辟的大致过程。

5. "导学引导4——合作"：请学生们将课件中展示的信息进行梳理，即大家一起来试试如何解决"学习心语"中"学生3"的困惑。（以小组为单位合作完成，小组以班级座位为基础就近结合而成）

小组合作学习成果展示——各小组对知识进行归类整理并展示。

（预计有三种：a. 以时间顺序为线；b. 以出发地为线；c. 以航行方向为线。任何一种均可，这一环节主要关注"归类整理"这一历史学习能力的培养）

表 1　以时间顺序为线

航海家	时间	扶持国家	方向	目的地	开辟的航线
迪亚士	1487—1488 年	葡萄牙	沿非洲海岸	富庶的东方	葡萄牙至好望角
哥伦布	1492 年	西班牙	一直向西	富庶的东方	西班牙至中美洲、南美洲
达伽马	1497—1498 年	葡萄牙	沿非洲海岸	富庶的东方	葡萄牙至印度
麦哲伦	1519—1522 年	西班牙	一直向西	富庶的东方	环球航线

表 2　以出发地为线或以航行方向为线

航海家	时间	扶持国家	方向	目的地	开辟的航线
迪亚士	1487—1488 年	葡萄牙	沿非洲海岸	富庶的东方	葡萄牙至好望角
达伽马	1497—1498 年	葡萄牙	沿非洲海岸	富庶的东方	葡萄牙至印度
哥伦布	1492 年	西班牙	一直向西	富庶的东方	西班牙至中美洲、南美洲
麦哲伦	1519—1522 年	西班牙	一直向西	富庶的东方	环球航线

评价——教师引导，并倡导学生互评。

教师穿插引导，"学生3"的问题之所以有代表性，在于其代表着一种习惯思维，即问题的解答要有标准答案,实际上文理科的题目一样,都可以有多种"解法"。对于"如何梳理比较好",首先应根据内容选择梳理方式,针对本学习内容,显然列表方式可以更清晰地表现内容;其次要确立梳理的线索,线索不同,归类的标准不同,表格的呈现自然不同。

6. "导学引导5——分享":我来讲

学生自愿或互相推荐,根据自己课前收集整理的资料,对四位航海家的生平、航海轶事等进行简单介绍,分享自己关于"新航路的开辟"的知识。

7. "导学引导6——碰撞":解答问题单

生1:我先回答"学生9"的问题。因为当时葡萄牙已经成功开辟绕过好望角到达印度的航线,正获取着巨大的利益,而哥伦布的"一直向西"的路线却没有成功,所以葡萄牙没有必要再另起炉灶,冒着巨大的风险去投资麦哲伦的西行计划,甚至有可能他们根本不愿意有自己已掌握的路线以外的路线,这样就可以获得更多的财富。

生2:我来回答"学生7"的问题。哥伦布远航时,达伽马虽然还未成行,但葡萄牙已经有了沿非洲海岸线的大量航行资料,已经朝着成功迈了一大步,而哥伦布的计划对葡萄牙来说是重回零点再出发,意味着前面的投入浪费了,所以他们不愿意。

生3:我来回答"学生6"的问题。迪亚士的航行线路明显是沿着海岸线前行的,这表明他们不了解前路,他们在摸索,所以虽然开辟新航路是一种冒险,但不是盲目冒险,在实际操作上他们尽量谨慎,距离大陆近些,一有问题方便靠岸。

......

学生往往以能解答他人的问题为荣,哪怕能回答一部分也很自豪,所以很踊跃,课堂气氛非常热烈。教师此时的关键是把握学生表述中的思维导向、思维逻辑、情感态度价值观取向。不追求所谓标准答案,更鼓励延伸思维,一个问题引发另一个问题,一个思维火花点燃另一个火花。

8. 学生互相解答引出讨论与思考:"新航路开辟的意义及影响"

学生的分析涉及以下几方面(教师的引导亦应注意以下几方面):

远航的目的是寻找黄金,但结果却取得了地理上的重大发现。远航的成功丰富了人们的地理知识,带来了全新的世界性联系和文化交流,也带来了殖民掠夺的灾难,同时促进了欧洲资本主义的发展,为欧洲走到世界前列奠定了基础,决定了世界近代史的格局。

四、实践成效

本课是对运用导学案实施教学的一节实践探索课。学生对"新航路的开辟"的内容已经有了一定的知识铺垫,因此本节课主要采取了学生自主学习、合作共享的方法。在本课学习中,学生对四大航海家实际航行的过程,仅是从"新航路开辟路线"课件演示中获取了一定信息,由于时间有限,我也没有作补充。但不少学生通过各种途径查找资料,对这些内容作了补充,并能大胆表达,进一步培养了自主学习能力。

本课最成功的探索是"学习心语"这种形式,具有以下三方面的优点。

1. 从备课的角度来说,有了"学习心语"小纸条,教师可了解学生已有的知识状况。人文学科不同于自然学科,学生已有知识往往在内容、水平上差异较大,也不一定按教学顺序形成,因此,这样操作也是对学生已有知识水平的调查。然后,教师将问题归纳,按教材顺序整理排列,作为教师的教学任务,亦是学生的学习任务。教师将导学单发给每位学生,让他们看看能回答谁的问题(问题后均附有提出者的姓名)。学生感觉自己被重视,学习的主动性大大提高。这样真正做到了"备学生"。

2. 从教学的角度来说,初中学生的心理带有较强的儿童心理色彩,往往以能解答他人的问题为荣,哪怕只是一点点,也很自豪,所以会很踊跃。在解答问题时,并不是每一个问题都有标准答案,也不一定要力求完美,教师主要是把握对问题解答的思维导向和态度取向,培养学生的历史思维能力,鼓励学生拥有自己的观点,同时也给学生一个展示的平台。在满足学生求知欲、保持学生高度兴趣的课堂气氛下,取得了知识传授的事半功倍之效。课堂上,先是学生互相解答,然后对较难的问题在师生互动的教学中解答,最后对一些有争议或难度更大的问题可讨论、辩论甚至课后交流。

3. 从教育的层面看,当前课改注重调动学生的学习主动性,但由于学生个性的差异和学习水平的差异,在课堂上所表现的参与性和主动性是不可能相同的。本课所采用的课前向老师提问的方式,使那些性格内向的学生也有充足的时间和勇气与老师交流其真实的想法,并在压力不大的情况下,保证了每个学生对教学过程的参与,同时让他们感觉到自己是被尊重和重视的,激发了他们的学习热情。另外,这种学习方式也有助于对思维习惯的培养与训练。

综观整节课的教学效果,制定的教学目标得到了很好的落实;问题板块中生生互动、师生互动,促使学生在学习中思考,在思考中提高;较好地促进了学生质疑欲望的激发、质疑能力的提升和历史知识归纳梳理能力的培养。

本课建立在与学生共同探讨的基础之上,时间不太好控制,所以对于最后一个问题"新航路的开辟有什么意义、影响",对学生的引导略显不足。

附:"新航路的开辟"导学单

导学引导之感悟:

假如让你设计出行方案,你需要……

导学引导之合作:

请学生们结合课文,将课件中展示的航海信息进行梳理(以小组为单位合作完成,小组以班级座位为基础就近结合而成),并推选代表展示本小组的整理成果。

导学引导之分享:

小组推选学生代表分享自己所知道的有关四位航海家的生平、航海轶事等。

导学引导之碰撞:

(1) 为什么叫"新航路"?"新"在哪里?(学生1)

(2) 既然有现成的航路,为什么还要冒险开辟新的?(学生2)

(3) 如果要将新航路开辟的路线进行整理,如何梳理比较好?(学生3)

(4) 为什么葡萄牙、西班牙最先开始探索?(学生4)

(5) 既然资本主义的兴起刺激了人们对黄金的渴望是新航路开辟的动力之一,那么意大利作为资本主义最早出现的国家为什么不积极开辟新航路呢?(学生5)

（6）迪亚士选择的航线有何特点？（学生6）

（7）哥伦布远航时,达伽马还未成行,为何葡萄牙不支持他？（学生7）

（8）哥伦布远航东方之梦破了,寻金之梦也碎了,且在贫困凄凉中死去,那么他的航行有什么意义？（学生8）

（9）麦哲伦是葡萄牙人,为何是西班牙出资支持他的？（学生9）

（10）麦哲伦到达美洲后,选择的航线有何特点？为什么？（学生10）

（11）航行中最苦的是什么,是物资短缺吗？（学生11）

（12）希望分享航海家轶事。（学生12）

导学引导之小结：

请你说说这节课你学到了什么？

（上海市宝山区淞谊中学　陈向青）

样例2：　解密二进制

一、背景目标

导学教材：中图版初中《信息科技》第一单元活动3

授课科目：信息科技

面向对象：初中预备班

课时安排：1课时

具体内容：

1. 了解二进制数是计算机内部信息的表示方法；

2. 理解位权的含义；

3. 掌握二进制数及其与十进制数0—9之间的转换；

4. 尝试辩证地看待事物存在和发展的两面性。

达成目标：本节课的导学内容为"二进制",侧重于课堂中的思维训练与课堂活动设计。通过一系列的课堂活动来对学生进行思维训练，帮助学生掌握知识，并提升其学习能力和解决问题的能力。

二、导学过程

当打开熟悉的网页时，会出现登录界面。

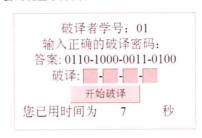

点击"破解登录密码"就能进入破解密码界面，解密成功才能打开网页。

（一）热身活动

寻找密码线索：计算机内部采用的数制。

请学生利用网络搜索计算机内部采用的数制，再搜索它的两个特点，并将结果记录在导学案上。

计算机内部采用的数制是：_____

它的特点是：a. _____；b. _____

（二）进阶任务

【进阶一】数的位权

请学生轻声朗读下段文字：

在多位数中处在某一位上的"1"所表示的数值的大小，称为该位的位权。例如：十进制第2位的位权为10，第3位的位权为100；而二进制第2位的位权为2，第3位的位权为4，以此类推。

根据文字内容，请学生将表1填写完整。

表1　数的位权

数制	第…位	第4位	第3位	第2位	第1位
十进制	…	（　　）	100	（　　）	1
二进制	…	（　　）	（　　）	2	1

【进阶二】利用表 1 填写表 2

从位权概念到数值换算是一个知识迁移的过程,从中可看出学生是否真正地理解和明白位权的概念。

表 2 数值换算任务 1

数值	常见数	数字中所包含的位权				数值换算
十进制	3689	位权 ( ) ( ) ( ) ( ) 3 6 8 9				3×( )+6×( )+8×( )+9×( )=3689
二进制	1001	位权 ( ) ( ) ( ) ( ) 1 0 0 1				1×( )+0×( )+0×( )+1×( )=9

每一个填空都是帮助学生记住和理解位权在数值换算中的作用和含义,并通过书写帮助学生记忆。

【进阶三】利用表 2 填写表 3 内容

请学生在填写的过程中思考:0111 数值换算过程中,括号内填写的数的含义是什么? 0011 数值换算的过程中,先填写什么,为什么?

表 3 数值换算任务 2

二进制数	数值换算	十进制数
0111	0×( )+1×( )+1×( )+1×( )	
0011	( )×( )+( )×( )+( )×( )+( )×( )	
	( )×8+( )×4+( )×2+( )×1	8
	( )×( )+( )×( )+( )×( )+( )×( )	5

【进阶四】数值换算任务 3

在脑海中形成数值换算过程,直接出结果。

表 4 二进制数与十进制数的换算

	二进制数	十进制数
第一组	0100	
第二组	1001	

	二进制数	十进制数
第三组		3
第四组		6

通过数值换算任务 3 的练习,学生已经能脱离书面形式的帮助,使思维过程在脑中呈现,真正地记住和学会了二进制数与十进制数的换算。

【进阶五】数值换算任务 4

请学生在空白纸上完成 0—9 十进制数与二进制数的换算。

请学生思考:a. 为什么没有 2? b. 二进制数由几个数组成?

(三) 拓展知识

20 世纪初,物理学和电子学科学家们就在争论制造可以进行数值计算的机器应该采用什么样的结构。因为人们被十进制这个人类习惯的计数方法所困扰,所以那时研制模拟计算机的呼声更为响亮有力。20 世纪 30 年代中期,美籍匈牙利科学家冯·诺依曼大胆地提出,抛弃十进制,采用二进制作为数字计算机的数制基础。同时,他还预先编制计算程序,然后由计算机来按照人们预先制定的计算顺序来执行数值计算工作。

(四) 巩固活动

1. 让学生来做一个小练习,来检验其学习掌握情况

首先请你研究一下这个小练习的使用。

你能做对吗? 最短用了多少时间呢?

小练习使用步骤排序:＿＿＿＿＿＿

① 单击"确认"

② 单击"十进制数字"

③ 双击"小练习"图标

④ 单击"答题完成",查看完成情况

⑤ 单击"测试开始"

图 1　小练习

2. 破解密码

请你用习得的知识,完成今天的问题任务:破解登录密码。

当学生成功破解密码后,红色的警报灯会变成绿色,同时显示破解密码所使用的时间,并跳转至正常应该显示的网页。

(五) 内涵与升华

1. 从二进制数想到事物的两面性

二进制只有"0"和"1"两个数码,在我们的生活中,有很多与它很相似的逻辑概念,叫"二态逻辑"。

图2 "二态逻辑"示例

其实任何事物都可能存在着两面性,当然也包括飞速发展的现代科学技术、信息科技带给我们的利与弊。

让学生思考:你是否能想到同一个事物,具有类似的两面性:

_____

2. 让学生观看一段视频,并思考:互联网科技的发展给我们带来的都是好处吗? 简单阐述你的观点:

三、实践成效

首先,本课的关键问题和环节如下所述:

(1) 利用进阶学习帮助学生理解位权的含义,同时帮助学生理解二进制数是计算机内部信息的表示方法;

(2) 组织学生在活动中体会二进制与十进制之间的转换规律,并学会二进制数与十进制数0—9之间的转换计算;

(3) 利用小组活动,探讨互联网科技发展的利弊,引导学生辩证地看待事物存在和发展的两面性。

其次,自始至终,本课教学基本要求是整个导学设计紧紧围绕的一个核心。注重在导学的各个环节融入教学基本要求与学生思维、能力培养的需求;导学案又利用了任务驱动的教学设计理念,整节课在导学内容上紧紧围绕着完成解密这个任务而进行。

在实践的过程中,学生的兴趣激发成为学生投入学习的最大内动力。在导学过程中,教师换位思考,站在学生的角度,想象他们所喜欢的,尽一切可能让更多的学生主动地投入到所设计的活动中。通过导学案,使学生能够在活动中学,在活动中思考,在活动中获得。

最后,学生的自我发展需要提升了整个导学案设计的深度和广度。教师对内容进行延伸,推动学生自己去探索,自己去发现。

(上海市杨浦区控江初级中学　包美芳)

样例3: 领略新疆的色彩

一、背景目标

(一) 导学内容

本节课旨在联系生活实际,通过综合探索、视觉对比、欣赏分析等方法,认识、了解新疆民间美术特有色彩搭配与自然、地域、生活之间的联系及应用。

教学中以人美版《美术》中的地方补充教材为学习基础,融会贯通新疆民间美术之典范,结合五年级学生的生情,采用了音乐激趣、综合探索、色彩感知、图案鉴析、设计应用、交流分享、对比分层学习、小组探究、多元评价等教学方法。

本节课通过课前学生自主综合探索学习,尝试运用多学科语言表述新疆民间文化。以此为基础,追本溯源地进行探究式学习。挖掘分析地域环境对当地民间美术在色彩运用方面的影响及在生活中的具体应用,从而促进学生美术学习能力的提高。

鼓励学生使用现场生成的小练笔并选择多元化设计思路,结合各学科内容进行有主题的美术创作,体验不同创作效果,大胆表达自己的创作意图,并对他人的作品进行评价。通过学习,激发学生对美术学习的兴趣,唤醒他们对本土文化的热爱,最终达到使其提高美术学科核心素养、乐于弘扬和传承少数民族民间文化的目的。

(二) 导学目标

1. 知识与技能:学生通过自主综合探索学习,尝试运用多学科语言表述新疆民间文化,以提高美术学科的核心素养;鼓励学生选择使用多元化设计思路,结合各学科内容进行有主题的美术创作。

2. 过程与方法:以提高学生美术学科核心素养为目的,通过音乐激趣、综合探索、色彩感知、图案鉴析、小组探究、多元评价等教学方法,挖掘分析不同地域环境对当地民间美术在色彩运用和图案设计等方面的影响及在生活中的具体应用。

3. 情感态度与价值观:激发学生学习了解新疆民间特有色彩搭配的兴趣,引领他们润泽于大美新疆的色彩,感受新疆色彩的变化和绚丽,以培养其热爱家乡、乐于弘扬和传承少数民族民间文化的情感。

(三) 教学重难点

1. 教学重点:了解新疆民间美术特有色彩搭配和自然、地域、生活之间的关系。

2. 教学难点:新疆民间美术特有色彩搭配在新疆民间图案、民族服饰、生活日用品、家居用品等方面的应用。

(四) 课前准备

1. 教师:制作教学多媒体课件。

2. 学生:(1)收集整理新疆元素的资料;(2)新疆少数民族头饰。

二、导学过程

环节一：音乐激趣

（播放音乐）

师：课前这段新疆民歌你们熟悉吗？能说出这首歌的名字吗？

生：《达坂城的姑娘》。

师：我们对这首民歌能如此耳熟能详，都要归功于西部歌王——王洛宾先生，他可谓是我们新疆民歌的第一传承人呢！脍炙人口的《达坂城的姑娘》是王洛宾先生整理编曲的第一首维吾尔族歌曲，也是现代中国第一首汉语译配的维吾尔族民歌。

本环节通过音乐激趣，聆听节奏欢快的新疆民族音乐，让学生初步感受新疆特有的人文情怀，快速进入情境；同时了解传承和发扬民间文化的重要性！

环节二：初探分享

请各学习小组交流展示课前收集到的各学科新疆民间文化资料。学生通过歌舞、朗诵、陈述、视频呈现等方式进行展示。

本环节通过课前收集资料，培养学生收集整理资料的能力，激发学生的学习兴趣，提高学生对于新疆民间文化的综合探索能力。

环节三：色彩感知

师：你们的介绍，让我们了解到咱们的家乡新疆在不同学科里的样子，那么，美术学科中的新疆又是什么样的呢？

（播放课件）

师：让我们随着音乐声一起走近新疆，去领略幅员辽阔、色彩艳丽的家乡。

（课件呈现了以不同颜色为主题的新疆风景，教师边说边播放）

师：如果让你选一种颜色来表现新疆，你会选择哪种颜色？

（板书呈现"风景"、"色块"）

师：只要我们用心观察，就会发现新疆的色彩是五彩缤纷的！这节课，我们就上一节美术学科综合探索领域的地方课程——走近新疆的色彩。

师：和江南柔美的色彩相比，新疆的色彩给你什么样的感受？

学生通过观察、对比，感受发现新疆色彩的特点：

（1）色相——颜色更加丰富；

（2）纯度——色彩更加纯粹；

（3）对比——对比更加强烈。

师：就像有人打翻了调色盘，色环中纯粹、艳丽、对比强烈的色彩在家乡广袤的土地上都能找得到。

师：不如让我们用手中的画笔，把对新疆色彩最直观的感受用点、线、面的形式快速表现出来。谁想上台来展示？

师：完成的同学，将你们的小练笔在同桌间进行简单交流。（请一位同学上台展示）

师：你们的作品无不流露出作为新疆儿女的热情、好客、奔放、豪爽的性格！勤劳、智慧的新疆儿女将这些大自然馈赠的色彩巧妙地运用在生活中！

教师随机展示5—6幅学生小练笔作品。

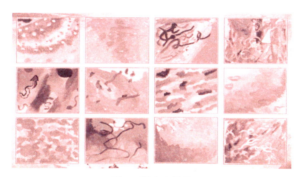

图1　学生小练笔

本环节通过欣赏分析、视觉对比等方法，引导学生认识、了解新疆的色彩在色相、纯度、对比方面的特点，使其加深对新疆独有色彩搭配的印象，为后期运用新疆色彩装点生活打下基础。

以欣赏分析为基础，在学生润泽于大美新疆色彩的同时，使其用美术的语言巧妙地表现出内心感受，有助于学生进一步理解新疆的色彩，潜移默化地体会新疆特有色彩搭配与人文、地域间的关系。

环节四：色彩探究

师：结合课前收到的资料，说说你还在生活中的哪些地方见过这些鲜艳、纯粹、对比强烈的色彩？

学生结合课前收集到的资料举例说明：（1）服饰；（2）鞋、帽；（3）家居生活用品；（4）地毯、图案设计。

师：通过你们的介绍，我发现，这些颜色充斥在新疆各族人民的服饰、居室……以及装饰美丽生活的图案中。

（播放课件的同时，在学生小练笔上用镂空法附着一些服饰、家居、生活用品等的剪影）

师：看！这些色彩将我们的生活装饰得多么绚丽多姿！

本环节通过让学生介绍课前收集到的各类实物及图片资料，使其深刻感受美来源于生活，回归于生活。学生结合生活实际，探究新疆特有色彩搭配在生活中的实际运用，激发了学习兴趣，也加深了对新疆特有色彩搭配的理解与认识。

在学生原有小练笔上附着服饰、家居、生活用品等的剪影，旨在让学生充分体会新疆色彩在实际生活中的具体运用，树立成就感。

环节五：色彩创作

师：古有张骞出使西域，开辟了以长安为起点、途径新疆的"丝绸之路"；今有世界各国共建"一带一路"，增进沿线各国人民的人文交流与文明互鉴。今天我们就来一起做个小策划——用我们学过的方法将刚才小练笔上这些美丽的新疆色彩装饰在物品上，来美化我们的生活，为"一带一路"增色添彩。

师：根据以往学习过的内容，你想怎么设计？在设计的过程中又该注意些什么呢？（拓宽思路、复习旧知、构建知识连接）

学生表述设计思路。

为了让设计更具民族特色，教师引导学生在作品上适当添加一些学过的民族图案。（课件出示民族图案）

学生动手设计（如图 2 所示）。（注意色彩的搭配运用）

本环节通过让学生在之前的学习基础上，选择多元化设计思路，使用多种材质，结合各学科内容进行有主题的美术创作，体验不同材质产生的不同效果。

环节六：展示交流

师：世界各国共建"一带一路"，让各国人民相逢相知、互信互敬。让我们的作品借助"一带一路"走出新疆，走向世界。孩子们，快来介绍一下你们的作品吧！

学生上台展示自己的作品并说明设计意图（适用人群、颜色搭配、图案设计等），将作品贴在"一带一路"的图案中（如图 3 所示）。

图2 学生设计作品

图3 学生作品展示

本环节借助"一带一路"的语境,激发学生对本土文化的热爱和学习了解新疆民间美术的兴趣,从而最终达到提高学生美术学科核心素养,使其乐于弘扬和传承少数民族文化的目的。

环节七:拓展小结

(课件出示新疆地图)

师:新疆是"丝绸之路"的咽喉要地,也是世界四大文化(古印度文化、古希腊文化、波斯伊斯兰文化、古代中国文化)的交汇地,是民间文化遗产大区,有很多民间文化等待我们去挖掘和传承!让世界了解开放的新疆,让民族的文化在我们的手中得以传承和发扬!

学生汇报。

本环节旨在拓宽学生学习和传承新疆民间文化的知识层面。

三、实践成效

学生课堂上的整体学习表现比设计导学案时预想的更为理想。

首先，对于五年级的学生来说，已具备收集资料的能力。他们收集的目的明确，途径也很广泛。电脑、杂志、少数民族学生家里现有的生活日用品、服饰等为孩子们提供了直观的新疆民间文化素材，充分带给他们视觉、听觉、触觉以及味觉的真实感，为后期创作出种类繁多、具有少数民族图案和新疆特有色彩搭配的少数民族生活日用品和服饰等打下扎实的基础。

其次，本堂课遵循由简到繁、环环相扣的设计理念，从观看视频、分析、对比、感受、发现新疆色彩的特点到学生用语言激情表达，最终尽情挥洒手中画笔，大胆用点、线、面来表达自己对新疆色彩的感受。教师全程只做引导，不过多干涉孩子的创作过程。鼓励学生大胆创作，用作品迸发最直观的感受，因此小练笔的效果超出了我的预期。同时通过以上环节突破了本课的重点——了解新疆民间美术特有色彩搭配和自然、地域、生活之间的关系。

第三，借着孩子们的兴趣，趁热打铁地引出新疆特有色彩搭配与各族群众生活的密切关系，指引孩子寻找生活中的新疆色彩，因为有了课前收集、展示各学科新疆民间文化资料的基础，学生的回答也都非常精准到位，本课的难点在此处迎刃而解。

第四，五年级学生已经有了一定的生活阅历和美术创作能力，能够基于一至四年级学习过的美术地方补充教材里的新疆元素的课程，使用多元化的设计思路和多种材质，结合课前收集到的各学科新疆民间艺术的资料，有效利用课中创作的小练笔，进行一次独立的或合作的主题美术创作。大部分学生很有想象力和创作力，有的设计了蒙古酒壶，用剪纸的方式将课中设计的小练笔剪成巴旦木花的纹样装饰在蒙古酒壶的中央，再利用常见的几何图形组成二方连续纹样来装饰酒壶的周围，色彩上更是大胆运用了对比色，来表达新疆人的豪迈性格；有的设计了被称为"新疆乐器之王"——手鼓的作品，用课中的小练笔直接作为鼓面的图案，再用黑色的笔在鼓面上画出新疆岩画中出现的简化人物的形象，非常生动有趣；有的用超轻黏土制作了一把英吉沙小刀，用课中的小练笔为小刀制作了一个精美的刀鞘；有的用皱纹纸为自己设计了具有新疆民族特色的服饰，用课中的小练笔装饰服饰的衣领和袖口处；还有的用自己擅长的材料和工具设计制作了马鞍、帽子、冬不拉（乐器）、裙褶、靴子、摇床、化妆镜等。因为有效运用了课中的小练笔，所以孩子们的作品在色彩搭配上充满了新疆的味道。

第五，走近新疆的色彩，不能只作为课题停留在板书中，不仅要让孩子学会设计，更要让其学会表达设计的意图——为谁设计？设计的作用和色彩搭配是否符合当事人的需求？这是一种美术素养的渗透。引导学生大胆上台展示,用语言表达自己的设计意图,不仅有助于加深孩子对新疆色彩的理解,更有助于构建他们的设计理念。课中,孩子们的表述没有令我失望。例如,有个孩子在设计中大胆地运用了大面积的中黄色,他的解释是,这不仅代表了胡杨的颜色,更能代表生活在这块土地上的人民坚韧的性格。虽然作品的整体效果有些欠佳,但在师评的过程中,我还是给予了肯定,因为通过本节课的学习,他切实走近了新疆的色彩,也让新疆的色彩走进了他的内心。诸如此类的设计很多,在此不一一列举了。

最后,如何让孩子通过本课学习,从小我走向大我,从眼前的新疆色彩走向传承和发扬新疆民间文化的层面?我通过PPT课件为他们展示了新疆几项即将失传的民间文化,拓宽了他们的知识面,激发其使命感。通过个别同学的回答,我确信这个目标已经达到了。

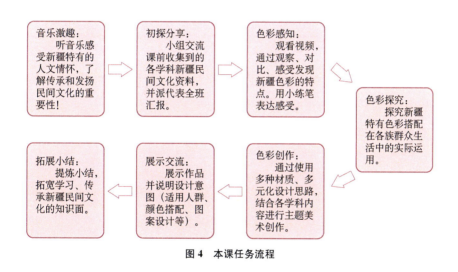

图4　本课任务流程

(新疆维吾尔自治区乌鲁木齐市沙依巴克区乌鲁木齐市第五十五小学　刘婧)

样例4：　品味《桃花源记》

一、背景目标

《桃花源记》出自沪教版《语文》九年级下册第四单元第二课。东晋时期,军阀混战,统治集团荒淫腐败,社会动荡,像陶渊明一样的中下层知识分子难以施展才能。作者塑造了一个与污浊黑暗社会相对立的美好境界,以寄托自己的政治理想。在语言方面,很多沿用至今的词语出自本文,例如,今天所说的"世外桃源"一词。在思想内容方面,"世外桃源"的真正内涵是什么,陶渊明为什么写作本文,这些问题值得细细体会和深入探究。

本课的学习目标是:

1. 反复诵读课文,理解并积累一些文言实词;

2. 品味语言,感受桃花源中环境、人及其生活特点;

3. 联系时代背景,认识作者所追求的社会理想。

其中,学习重点是:反复朗读品味,感受桃花源中环境、人及其生活特点;学习难点是:联系时代背景,认识作者所追求的社会理想。

二、设计创意

在导学部分,让学生思考第二段"林尽水源,便得一山。山有小口,仿佛若有光。便舍船,从口入,初极狭,才通人。复行数十步,豁然开朗",能否改为"林尽水源,便得一山。山有小径,前行数十步,豁然开朗",请说明理由。学生通过反复朗读和品味语言,会发现这不仅是交代渔人进入桃花源的过程,与前文相联系,而且更是为了暗示桃花源的神秘,发现之偶然和不易,为后文太守派来的人复寻无果埋下伏笔。

第二段后半部分及第三段,通过配乐朗读、学生描述、师生合作,现场演绎桃花源中人和渔人的对话,能使学生较为形象地感受到桃花源中的环境及社会生活。

三、导学过程

(一) 课前预习

让学生课前预习以下内容:

---

1. 读准加点字音。

阡陌(　　)　　俨然(　　)　　黄发垂髫(　　)　　便要还家(　　)

2. 理解下列加点词语含义。

① 阡陌交通　交通:_____

---

② 率妻子邑人来此绝境　妻子：_____　　　　绝境：_____

③ 复行数十步，豁然开朗　豁然开朗：_____

④ 后遂无问津者　问津：_____

3. 读过本文，根据你的理解，作为"世外桃源"的桃花源是一个什么样的社会？

4. 如果有什么疑问，请记录下来。

（二）课中导学

1. 接力读文，检查预习效果

2. 厘清线索，熟悉课文内容

让学生通读全文，跟随渔人的行踪，梳理渔人做了些什么。

发现桃源→_____→_____

3. 细读课文，理解桃花源内涵

细读课文，通过思考三个问题，层层推进对桃花源内涵的理解。（1）有人认为，将第二段"林尽水源，便得一山。山有小口，仿佛若有光。便舍船，从口入，初极狭，才通人。复行数十步，豁然开朗"改为"林尽水源，便得一山。山有小径，前行数十步，豁然开朗"，会更加简洁明了。朗读讨论，你支持哪种写法？请说明理由。

（2）在第二段后半部分，伴着舒缓音乐，老师节奏缓慢地朗读："土地平旷，屋舍俨然……黄发垂髫，并怡然自乐。"同学静听，合理想象，口头描述听到的画面，可以互相补充。第三段，教师用适当的表情、语气，示范演绎"见渔人，乃大惊，问所从来"一句，请两位同学演绎剩下的桃花源中人和渔人的对话，其他同学朗读除对话以外的语句。之后请学生思考：桃花源（包括源中环境、源中人及其生活）有什么特点？

（3）渔人出桃源时，"处处志之"，太守派人跟随渔人再寻桃花源，竟然"遂迷，不复得路"。你作为一个旁观者，请给他们一个合理的解释。

4. 深入探究，理解作者意图

（1）资料连接：让学生阅读下面一段文字，结合课文内容，思考作者为什么要写这么一个世外桃源。

作者陶渊明所处的时代是东晋末年，正是晋宋易代之际，东晋王朝对外一味投降，安于江左一隅之地。统治集团荒淫腐败,内部互相倾轧,军阀连年混战,赋税徭役繁重,加重了对人民的剥削和压榨。社会动乱不安,不仅给人民带来灾难,而且使下层知识分子才能难以施展,抱负无法实现。

(2) 课后再学:让学生在课后依据以下要求深化学习内容。

① 熟读并背诵《桃花源记》。

② 自主阅读《桃花源诗》(诗歌略),并思考:对比课文,你更喜欢哪一篇,选一个角度简要说说你的理由。

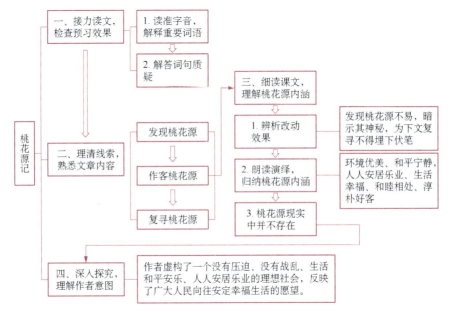

图1　导学流程

四、实践成效

第一,对于第二段前四句是否可以改为"林尽水源,便得一山。山有小径,前行数十步,豁然开朗"这一问题,让学生进行对照和词句的品味,从而让他们明白:发现桃花源是偶然的,是可遇不可求的,桃花源很神秘。

摘录部分教学过程如下:

生1：原文多了"山有小口，仿佛若有光。便舍船，从口入，初极狭，才通人"两句，写了发现桃花源的经过。

师：改句也写了桃花源的经过，比原文还简洁一些。细读，多写的句子写了什么？

生2：原文写进入桃花源的洞口很小，只能通过一个人。

生3：说明渔人从很窄的洞口进去，不是一下子就看到了桃花源，还要向前走比较长的一段路。

生4：改文写"山有小径"，原文中没有写有小路，尤其没写清楚小径是在洞外还是洞内。如果有小径，说明有人经常从这条小径进出，桃花源就失去了它的神秘感。

师：说得非常好。同学们再联系下文想想。

生5：我发现原文"山有小口，仿佛若有光"一句，里面有玄机。渔人是从外面往里看发现有光亮闪烁，文中并没有写渔人拿着灯，按照常理山洞里都是黑暗的，而原文写狭窄的洞里有光亮，吸引了渔人的好奇心，才进一步向前探索。

生6：在那么狭小的洞里行走了很远的距离才看到桃花源，再次说明找到桃花源不易。

师：理解很准确。联系前文，把渔人发现桃花源的经过理一理：渔人在忘记路程远近的情况下忽然发现桃花林。桃花林不但面积大，而且是清一色的桃树，景色格外美，引发渔人的好奇心。渔人向前划船，想一探究竟，无意中找到进入桃花源的洞口。渔人是误打误撞、偶然发现桃花源的。第四段渔人做了标记，回去后马上带着人来寻找，竟然迷了路。第五段刘子骥打算探访桃花源，却先病死了。这些不仅说明桃花源非常神秘，找到非常不易，还暗示桃花源是可遇不可求的。

第二，感受理解桃花源的内涵。进入桃花源以后，渔人被眼前的景象惊呆了。学生边听配乐朗诵，在优美的音乐营造的氛围中展开想象的翅膀，头脑中把作者的文字化为具体形象的画面，再通过口头表达转化为学生眼中的美好景象。这样，桃花源中优美宁静的环境及和平幸福、安居乐业的社会生活就变得更感性具体了。

学生的理解可能流于表面，课前老师对此已有预期。比如对于句子"便要还家，设酒杀鸡作食"，"余人各复延至其家，皆出酒食"，从中理解桃花源民风淳风、人人热情好客的特点不难，但是要走进文字背后的意涵就不容易了。

对此,师生共同演绎第三段中渔人和桃花源中人的对话场景。通过符合情境的人物表情、直接对话及不同语气,把第三段中"三问"和"二云"的间接引语转化为形象可感的人物对话和场景。通过这种形式,学生的思路打开了,把课文与生活经验联系起来,理解归纳桃花源的内涵就变得不那么困难了,桃花源人热情好客、厌恶战乱、热爱和平安乐生活的形象已生动地呈现在眼前。

学生对文章的阅读常常流于肤浅,尤其是基础薄弱的学生。教师的职责就是引领学生循着文字的肌理走进文本深处,读出文字背后的意味。在初中阶段,教师必须深入研究文本,给学生搭设支架。通过朗读品味、合理想象、描述画面、还原情境等手段,引导学生将文本内容与已有知识和生活经验对接起来,在感性的画面场景中去感受体验,促使他们的阅读认知走向深刻。

(上海市杨浦区东辽阳中学　钟树德)

样例5: 认识韵母 ie、üe、er

一、背景目标

本课是统编小学《语文》一年级第一学期的汉语拼音教学课,主要教授 3 个复韵母和 2 个整体认读音节。教材上配有一幅海岛月夜的情境图:圆圆的月儿爬了上来,两位海岛姑娘在椰树下休息,其中坐着的姑娘戴着耳机在听音乐,站着的姑娘戴着耳环,正在歌唱。图中的"椰"提示 ie 和 ye 的音,"月"提示 üe 和 yue 的音,"耳"提示特殊韵母 er 的音。大部分学生在学前阶段有识字和拼音的基础,个别学生没有接触过拼音,零起点入学,因此存在一定的差异性。经过前一阶段单韵母和声母的学习,学生对拼音有了一定的熟悉度,对拼音学习的兴趣正浓厚,乐于接受复韵母的新知识。学生对复韵母的发音方法已初步掌握,但本课出现了 2 个整体认读音节,这是复韵母教学中的首次出现。

基于此,本课的教学目标设计如下:1.借助情境图,认识并正确认读复韵母 ie、üe,特殊韵母 er 和整体认读音节 ye、yue。读准音,认清形。2.正确拼读声母和 ie、üe 组成的音节,知道 j、q、x 和 üe 相拼时 ü 上两点要省略的拼写规则。3.结合情境图,复习拼读与复韵母 ie、üe 组成的音节。

二、设计创意

在复习导入环节,教师创设了坐上飞机海岛游的情境,将已学过的单韵母和复韵母印在"登机牌"上,既复习了学过的韵母,又借助情境图中具体事物的汉字发音,自然引出了本节课汉语拼音的学习。

在学习复韵母 ie 和整体认读音节 ye 的环节中,教师利用情境图中的椰树和椰子引出 ie 的发音,采用"示范—模仿"的策略指导学生读准音:教师先范读发音,让学生认真听,仔细观察口型的变化、发音的变化;随后采取多种形式的指导方式,如大面积指名读、开火车读、男女生读、全班一起读等,调动每一位学生学习拼音的积极性。同时紧密联系情境图的海岛背景,创编了有趣的儿歌《摘椰果》。朗朗上口的儿歌既可以帮助学生巩固已学过的字,如子、下、一、妹,又可以复习已学过的拼音组成的音节,通过练习强化汉语拼音音节的拼读。儿歌中除了"阳"的音节,对于其余音节学生都可以进行拼读学习,走出了为教拼音而教拼音、把拼音教学与语言学习割裂开来的误区。

在学习复韵母 üe 和整体认读音节 yue 时,教师由扶到放,让学生采用"同桌互相摆口型,读准 üe 的音"的方式学习 üe 的发音;在音节拼读中,学生通过自我观察,发现"j、q、x 和 üe 相拼时,ü 要去掉两点"的拼写规则。通过自主学习,初步培养孩子的自学能力。同时,让学生联系生活说说带有 yue 的音节词语,注重拼音与识字、课内与课外的结合。

在学习特殊韵母 er 时,继续采用"找、听、读、记"的步骤来学习,让学生通过动眼、动口、动脑,在轻松愉快的氛围中学习拼音知识。

在总结学习内容时,继续借助情境图,让学生四人一组练习拼读情境图中与本节课拼音相关的音节词,将音节词放回情境图中,再选音节词说一句话。从词到句的训练,循序渐进,使训练目标形成一个不断上升的坡度。在学生共同参与小组学习的过程中,引导学生共同进步,从而使学生获得认知与情感的全面发展。

三、导学过程

(一)复习旧知,情境导入

1. 复习单韵母 a、e、i、ü,分小组读、齐读;复习复韵母 ei、ui、ao、iu,指名读、齐读。

2. 出示课文情境图,请学生说一说图画上有什么。

(图片参考:夜幕降临,圆圆的月儿高高挂在夜空中,洁白的月光洒在了椰树上,一个个小小的椰子挂在树上。两位小女孩相伴来到椰子树下乘凉,一位女孩的耳朵上戴着美丽的耳环,另一位戴着耳机,边听乐曲边唱歌。树叶随风轻轻摇摆,发出"沙沙沙"的声响。)

3. 交流点拨。

(二) 情境引路,学习 ie、ye、er

1. 学习复韵母 ie

(1) 图画上有圆圆的月亮、美丽的海岛姑娘和高高的椰子树,椰子树上椰子大。椰树、椰子的"椰"与复韵母 ie 读音相同。情境引路:椰树椰树,ie ie ie;椰子椰子,ie ie ie。

教师示范正确口型变化,指导发音:ie 由单韵母 i 和 e 组成,读 ie 时,先发 i 的音,快速滑向 e,声音响而长。

(2) 教师采用多种形式指导学生读准 ie。

(3) 学生学习 ie 的四声;复习标调规则,跳声调操。

(4) 音节拼读游戏:摘椰果。出示音节:piē、dié、bié、xié、qiē、jiě。小老师带读。

2. 学习整体认读音节 ye

(1) 教师范读,指导学生正确发音。

(2) 学生学习 ye 的四声。

(3) 教师出示儿歌《摘椰果》,学生练习拼读儿歌中带有 ye 的音节词。

(4) 学生做动作,读儿歌《摘椰果》。

yē shù zhī tóu yē zi dà
椰树枝头椰子大,

zhāi xià yí gè yé ye chī
摘下一个爷爷吃,

mèi mei yě lái zhāi yē guǒ
妹妹也来摘椰果,

ná qǐ yè zi zhē tài yáng
拿起叶子遮太阳。

3. 学习复韵母 üe

(1) 由月亮图引出 üe,同桌互相摆口型,观察口型变化:读 üe 时,先发 ü 的音,口型从圆到扁滑向 e。

(2) 教师摆口型,指导学生正确发音。

(3) 教师采用多种形式指导学生读准 üe。

（4）教师出示音节拼读：lüè、nüè、jué、quē、xué。引导学生通过观察发现 üe 和声母相拼的规则，复习"ü见 j、q、x，脱帽行个礼"的拼写规则。

4. 学习整体认读音节 yue

（1）教师范读，指导学生正确发音。

（2）学生学习 yuē、yuè 的发音。

（3）学生联系生活说说带有 yuè 的音节词语。

5. 学习特殊韵母 er

（1）看图猜谜语：什么东西圆又圆，挂在耳上亮闪闪，小姑娘们都喜爱。让学生找找图片中有没有。（谜底：耳环）引出 er。

（2）教师范读，指导学生正确发音：读 er 时，要卷起舌头，两个音一起发出来。

（3）游戏"拷贝不走样"，练习 er 的发音。

一起摸着小耳朵读，耳朵耳朵 er-er-er；

小手挥一挥，风儿风儿 er-er-er；

摆成一朵花，花儿花儿 er-er-er。

（4）er 只能单独做音节，不能和声母相拼，它的用法很特别，因此叫特殊韵母。学生学习 ér、ěr、èr 的发音，并参与游戏"看谁眼睛亮"。

（三）借助情境，复习巩固

1. 总结本节课学习的内容。

2. 小组合作，拼读音节。教师出示：yuè ér、yē shù、yē zi、ěr jī、yuè qǔ、shù yè；学生交流反馈。

3. 指名拼读，把音节词放回情境图中，再选音节词说一句话。

（四）布置作业

学生课后需完成以下作业：

1. 正确拼读书本第 44 页带有 ie、üe 的音节。

2. 比一比，拼一拼。

ye—yue　nüe—lüe

jú—jué　qū—quē　xú—xué

3. 联系生活，说一说带有 ye、yue 的音节词语。

（五）板书设计

四、实践成效

2017年秋季学期起,小学一年级新生开始使用统编教材。在统编教材中,在孩子们认识一些常用汉字之后,语文学习就进入连续13课时的拼音集中教学时间,加大了汉语拼音集中教学力度,增加了课堂中汉语拼音教、学、练的时间,使孩子们有更充足的汉语拼音学习时间。作为第一批使用统编教材的老师,这是一种挑战:如何准确把握统编教材的目标要求,需要我不断探索;同样这也是一个让我能够快速成长的契机。

本课的拼音教学是复韵母中的第三课,出现了2个整体认读音节,这是复韵母教学中的首次出现;同时还要复习üe与声母j、q、x拼读时ü上两点去掉的拼写规则,以及认识特殊韵母er,这些都是这一课的重点。基于此,我把ie、üe的认读和四声、拼读及相应的整体认读音节作为第一课时的教学内容。《统编教材小学语文一年级教学基本要求》中指出,汉语拼音的教学重在指导学生掌握拼读音节的方法;要充分利用课文的情境图,引导学生仔细观察,看图说话,由汉字的发音引出所要学习的字母和音节;要采用"示范—模仿"的策略指导学生读准字母的音;要结合识字、读文等强化汉语拼音音节拼读的练习;要将拼音学习、汉字认读、词语积累、儿歌朗读等作为一个整体,组织相应的教学。针对一年级学生的年龄特点,我力求做到让汉语拼音的教学具有趣味性。我将主导思想定在"趣"字上,利用情境图和各种游戏使枯燥的拼音字母变得活泼起来。因此,在本课教学中,我充分利用了课本中的海岛月夜情境图,创设了一个富有童趣的教学情境。本课要教学2个复韵母ie、üe,1个特殊韵母er和2个整体认读音节ye、yue。复韵母ie、üe、er蕴藏在课本情境图的椰树、椰子、树叶、月儿、耳机、乐曲等具体的事物中。在这节课的导入部分,指导学生通过观察图片,用"图画上有什么"的练习进行语言训练。一方面可以让学生将看到的事物联系在一起,另一方面又可以训练学生用"和"字句把图片中的内容说清楚、说完整。借助情境图中的具体事物,自然地引出汉语拼音的学习。学习 ie、ye、üe、yue、er 时,我先范读发音,让学生认真听,仔细观察口型的变化、发音的变化;随后采取多种形式指导读准音,如采用大面积指名读、开火车读、男女生读、全班一起读等,使每一个学生在课堂中都有展现自我的机会。针对每一个知识点的学习掌握,我都分层次设计练习,循序渐进,使训练目标形成一个不断上升的坡度。例如,对于复韵母的读音,从不带声调读,到带声调按四声顺序读,再到打乱四声顺序读;对于复韵母与声母的拼读,从拼读到把音节词送回情境图中,即根据拼读出的音节词在情境图中找到相对应的事物,让学生在不断训练中学得更扎实。

在最后一个教学环节中,我请学生四人一组拼读藏在情境图中的音节词,并把音节词送回情境图中,这样做既复习巩固了本节课所学,又渗透给学生合作学习的意识。无论是情境导入、情境引入还是复习巩固,每一个环节都紧紧围绕海岛月夜情境图,可以说情境教学贯彻始终,而且也很成功。

学习的目的在于运用。课堂上鼓励学生在实际生活中运用所学的汉语拼音,极大地激发了学生学习的热情。同时紧密联系情境图的海岛背景,创编了有趣的儿歌《摘椰果》。朗朗上口的儿歌可以帮助学生巩固已学过的字,如子、下、一、妹,并复习已学过的拼音组成的音节。儿歌中除了"阳"的音节,对于其余音节学生都可以进行拼读学习,走出了为教拼音而教拼音,把拼音教学与语言学习割裂开来的误区。

(上海市静安区闸北第二中心小学　毛倩雯)

样例6：探究圆的周长

一、背景目标

(一) 学习目标

1. 经历圆周率的形成过程,探索圆周长的计算公式,能正确计算圆的周长;

2. 运用圆的周长的知识解决现实生活中的问题,体验数学的价值;

3. 培养学生操作试验、分析问题、解决问题的能力,使学生掌握一些数学方法;

4. 通过介绍我国古代数学家对圆周率研究的贡献,对学生进行爱国主义教育和辩证唯物主义观点的启蒙教育,增强其民族自豪感。

(二) 学习重难点

1. 学习重点:推导圆的周长的计算公式,准确计算圆的周长。

2. 学习难点:理解圆周率的意义。

(三) 学法指导

本节课出自上教版《数学》六年级第一学期"4.1 圆的周长"第一节内容。教学时,先由学生通过自学课本,经历自主探索的总结的过程,并独立完成自主学习部分。以寻找生活中的圆为导入,结合小学阶段学过的圆的知识来激发学生求知欲望,在独立完成导学案的同时进行小组讨论交流、实践操作、成果展示。在小组间互相点评、补充之后由老师进行点拨,最后巩固并扩展知识。

二、设计创意

问题设计面向全体学生,关注学生个体差异性,语言简明、生动。按照层次性、情境性、探究性、挑战性等要求逐步深入强化知识点学习,培养学生的归纳发现能力,突破学生思维的局限性,突出了学生的主体地位。

三、导学过程

(一) 把准认知冲突,激发学习愿望

1. 课前活动:寻找生活中的各种圆,准备大小不一的圆

问题1:生活中有许多的圆,你在图片中看到了哪些圆呢?你还能在生活中找到哪些圆呢?

图1 生活中的圆

问题2:我们对圆已有了一些直观认识,在小学阶段你已经知道哪些与圆相关的知识?

追问:那你还想知道哪些关于圆的知识?

思考题:小熊和小狼分别沿边长为3米的正方形和直径为3米的圆形赛道进行跑步比赛。如果它们同时、同速从一点出发,那么谁先回到原出发点?

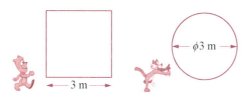

图 2　思考题

问题 3：什么是周长？

问题 4：想一想，什么是圆的周长？

2. 化曲为直，测量周长

问题 5：你能用什么方法来测量出圆的周长呢？

方法 1：可以用带子绕圆一周，剪去多余的部分，测出周长。（"绳测法"）

方法 2：将圆在直尺上滚动一周，测出周长。（"滚动法"）

追问：指出黑板上所画的圆，你还能用"化曲为直"的方法，测量它的周长吗？

指出："化曲为直"的方法在测量圆的周长时存在一定的局限性，必须要寻找一种普遍的方法来计算圆的周长。

(二) 经历探究全程，验证猜想发现

1. 圆的周长与直径有关系

问题 6：正方形的周长与它的边长有关。猜一猜，圆的周长与什么有关？

验证：结合你的回答，演示三个大小不同的圆，滚动一周。

追问：哪个圆的直径最长，哪个圆的直径最短？哪个圆的周长最长，哪个圆的周长最短？

总结：圆的直径的长短，决定了圆的周长的长短。

问题 7：怎么测量圆的直径呢？

方法 1：侧夹法；方法 2：折叠法。

2. 圆的周长与直径的倍数关系

问题 8：正方形的周长是边长的 4 倍，所以正方形的周长＝边长×4。猜一猜，圆的周长应该是直径的几倍？

小结并追问：通过观察和想象，大家都已经意识到圆的周长是直径的 2—4 倍。但究竟是几倍呢？你能想出办法来找到这个准确的倍数吗？

验证：（小组合作）用绳测法或滚动法，测量出圆的周长，求出周长与直径的比值。

问题9：表1记录了各小组测量的周长 C（厘米）和直径 d（厘米）的比值（保留两位小数），各小组讨论：从表中你们小组发现了什么？

表1　各小组记录

组别	周长 C（厘米）	直径 d（厘米）	周长 C 与直径 d 的比值

实验结论：圆的周长是它直径的 3 倍多一些，这是一个固定的倍数，我们把它叫作圆周率。

（三）感受数学文化，激发情感教育

问题10：请阅读课本 P120 页"π 的发展史"，说说获得了哪些信息？

（1）介绍祖冲之在求圆周率中作出的贡献，让学生想象祖冲之探索圆周率的过程，体验科学发现的艰辛、不易；

（2）介绍计算机计算圆周率的情况；

（3）学习圆周率：$\pi \approx 3.14$。

总结：π 是一个无限不循环小数，不是一个字母。在本章节中，无特殊说明时，π 取 3.14，将计算结果精确到 0.01。

（四）归纳圆周长的计算公式

通过讨论并提出问题归纳圆周长的计算公式。

问题11：求圆的周长必须知道哪些条件？

问题12：如果用 C 表示圆的周长，求圆周长的字母公式有几个，各是什么？

问题13：请说说怎样计算圆的周长？用字母怎样来表示？如果知道圆半径，怎样求圆的周长？用字母怎样表示？

得出：
$$C = \pi d \text{ 或 } C = 2\pi r \quad d = \frac{C}{\pi} \text{ 与 } r = \frac{C}{2\pi}$$

（五）应用圆周长计算公式，解决简单的实际问题

例1：一张圆桌面的直径是 30 厘米，这张圆桌面的周长是多少厘米？（得数保留两位小数）

问题14：例1已知什么，求什么？用什么公式？

学生板书解答。

（六）巩固新知

例2：一辆自行车车轮的半径是0.25米。车轮滚动一周，自行车前进多少米？（得数保留两位小数）

问题15：例2已知什么，求什么？用什么公式？

学生板书解答。

问题16：回到本节课的思考题：小熊和小狼谁先回到原出发点呢？

思考题中已知什么，求什么？用什么公式？

学生口述作答。

拓展题：甲从A点出发绕外圆经B点返回A点，乙从A点出发绕内圆经B点后也返回A点，他们谁走的路程多？

问题17：变式1——如果圆里面有两个大小不一样的小圆呢？结果会变吗？

问题18：变式2——如果圆里面有若干个大小不一样的小圆呢？结果会变吗？

问题19：你得出了什么结论？

（七）课堂小结

问题20：通过这节课的研究，你收获了哪些知识或者方法？

（八）布置作业

校本第69—70页。

四、实践成效

1. 充分理解周长的概念，加强对意义的理解

学生以前学过周长的概念，对长方形、正方形、三角形的周长有一定的认识，知道封闭图形一周的长度就是这个图形的周长，在这个基础上理解"围成圆的曲线的长度就是圆的周长"。在教学中通过复习以前学过的图形周长，逐渐内化为学生对圆周长的意义的理解，明确圆的周长是一条线，但是这条线是曲线。

2. 加强动手操作，探索发现规律

在教学中，通过让学生用不同的方法，如绳测法、滚动法等，得出直径2厘米、3厘米、4厘米、

5 厘米的圆的周长与直径的比值总是 3 倍多一些,从而使学生懂得圆的周长总是直径的 π 倍,由此推导出圆的周长计算公式。

3. 每个新知识点产生前,精心设计问题,以问激思、以问启思、以问拓思,层层深入,循序渐进

通过本次教学,我进一步感受到了课堂教学中提问的重要性,理解到深挖教材的内涵是设计好问题的前提。根据教材的内涵,巧设问题可提高课堂效率。如果每一个问题的提出都能充分调动学生的学习动机,发掘学生内在的积极因素,那么课堂学习效果一定大大提升。今后我不仅要在新旧知识的衔接处巧妙设计问题,而且在各个环节都要精心设计灵巧的、新颖的、易于激发学生思考的问题,让课堂更精彩、更高效。

(上海市民办杨浦凯慧初级中学　陈昌)

样例 7:　走进汉字王国——Flash 形状补间动画

一、背景目标

本课是清华版小学《信息技术》五年级上册第二单元第五课,主要内容是形状补间动画制作,其中难点是对于非形状图形的分离操作。由于形状补间动画是 Flash 动画中的常用形式,因此本课应作为单元重点来学习。由此制定以下教学目标:

1. 知识与技能

(1) 通过制作汉字的演变过程,掌握形状补间动画的制作方法;

(2) 能制作形状补间动画,了解分离的作用。

2. 过程与方法

(1) 通过探秘汉字王国中汉字的演变过程,采取教师讲授、学生自主探究、任务驱动、发现问题、解决问题、有效评价等方法,使学生掌握形状补间动画的制作方法;

(2) 通过制作趣味汉字,提高学生的综合应用能力。

3. 情感态度与价值观

(1) 培养学生团队协作能力及互助精神;

(2) 培养学生感恩的意识;

(3) 感受文字变形的动感美,能选择合适的效果来表述自己的想法与创意。

二、设计创意

形状补间动画主要进行的是形状变化且动画效果明显,课程内容与前期绘画操作、元件等结合紧密。考虑到我校是书法特色学校,在全校师生共同学习书法的氛围中,学生对中国传统汉字文化的继承与发展深有体会。因此,我思考如何在信息技术课堂上来帮助学生了解汉字,走近汉字,热爱中国文化,从而推进学生的人文素养发展。于是我结合我校的书法特色和教学实际进行了处理,以汉字的演变过程为主线,实现汉字的形变过程,激发学生学习兴趣。

三、导学过程

环节	教师活动	学生活动
激趣引入	1. 猜一猜:老师姓什么?(出示PPT) 2. 看一看:教师出示提前写好的由甲骨文演变而来的金文书法——汉字王国;让学生猜猜看今天上课的主题是什么,引出汉字的演变。 (板书:汉字王国) 3. 先看PPT了解了汉字的演变过程,再看动画片段,感知动画优势,引出实践任务。 　教师采用图像演示和动画演示两种呈现方式,让学生在对比中,感知动画在主题表现上的特点:形象、直观、生动。由此引出本课的学习任务:汉字的演变。	(依次出示甲骨文的沈字→金文沈→小篆沈→楷体沈) 　由于学生长期练习书法,所以很快就联想到这是老师的姓——沈。有了这个基础,再猜主题"汉字王国"就比较顺利了。 　学生倾听、观看、思考后,发现汉字的演变是有一个过程的。

环节	教师活动	学生活动
探究归纳，学习新知	利用补间动画形式呈现汉字"人"的演变过程。 1. 分析任务一，确定关键要素。 提出问题：从图像到文字的变化至少需要几个关键帧？对应的内容发生了什么变化？ 2. 经验迁移，引出问题矛盾。 教师让学生利用已有的知识来进行自主尝试，从而产生认知冲突。 3. 循序善诱，突破教学难点。 问题一：设置了动作补间。 教师引导学生进行思考，回顾任务分析，理解补间动画作用的体现。 问题二：时间轴出现了虚线标志，效果失败。 4. 呈现任务二。利用已知经验，观察总结矢量图形特征，发现问题所在。教师演示操作，解决本课的难点。 引导学生明白要实现形状补间动画，动画的对象必须是矢量图，将文字转化为矢量图的方法就是分离。 师生总结归纳，梳理操作要点和制作顺序。 5. 同伴互助，应用形状补间完成任务。 教师巡视并进行个别指导，小组内成员互助学习，而有能力的学生则可以实践拓展任务。 6. 展示交流，提出完善需求。（板书：形状补间动画）	学生观察、分析后得出至少有两个关键帧，通过观察发现汉字"人"的演变有一个动态的、过渡变化的过程。 有部分学生利用逐帧动画的原理制作演变过程，但通过对比发现逐帧动画没有过渡的渐变效果。 学生质疑问难：从图像到甲骨文的演变容易实现，从甲骨文向楷书的演变需要利用文字工具输入汉字"人"，但添加补间动画时却出现了虚线。 学生思考、交流。 部分学生在操作过程中发现选中人的图像，再选中文本人字，显示不一样。学生通过观察发现，图像的"人"是矢量图，而输入的文字"人"不是矢量图。 巩固练习，将人字进行分离，完成制作。

环节	教师活动	学生活动
	制作个性文字图像变化效果,合理应用形状补间。 　1. 教师出示 PPT,展示趣味汉字,分析个性文字应用,引出创作任务,激发学生的创作欲望。 趣味汉字 	学生观察 PPT 上出示的趣味汉字并进行分析,在前面任务的基础上进行提升练习,学习兴趣浓厚、高涨。 　学生通过观察后发现,想要实现趣味汉字的效果,可以在汉字分离后将汉字的一部分用图片代替,即可实现。
拓展提升,创新实践	2. 学生可以自主选题进行趣味汉字的创作,教师呈现任务三。 制作文字变形效果,呈现文字**部分图像化**的表达。 **任务提示** ①文字可以选择老师所提供的素材选择设计的文字,也可以继续丰富我们人字的创作。 ②只要实现文字某个偏旁部首或者笔画的形变效果。 (提前准备好一些元件供学生选择)	学生自主尝试学习,小组互助学习。
展示交流,分享喜悦	小组推选作品进行展示,师生围绕评价标准对作品进行点评。 　教师巡视指导,及时评价	学生展示作品并简要阐述作品。 　学生互评。

环节	教师活动	学生活动
评价总结	1. 自我评价。 Flash形状被间运用正确，画面流畅、自然　使用连续的变化呈现出完整主题内容　添加形状提示点完善作品　会使用分离将字或图形进行编辑处理　充分运用自己的思想设计，体现了意义性、美感，视觉效果强　有创意表现，内容新颖 2. 总结梳理，拓展延伸。 时间轴上的表现 组成　矢量图形（图形元件、文字按钮）必须先打散分离。 效果　两个矢量图形之间的变化或者一个矢量图形的颜色、位置和大小等的改变。 关键　插入空白关键帧，首尾可为不同对象，可分别打散分离为矢量图——选中对象出现白色的均匀圆点。	学生通过实践任务，完成自我评价，对知识和技能的掌握有一个自我判断。 学生举手发言，并结合今天的练习总结本课所学。
板书	汉字王国 ——形状补间动画 补间　形状 分离　矢量图 首关键帧　尾关键帧	

四、实践成效

在本节课上，我利用我校的书法特色，用学生最熟悉的汉字作为主线引出上课的主题，激发了学生的学习兴趣。通过掌握制作汉字"人"的演变动画的基本方法，学生深入了解了文本和矢量图的不同及其转换。在此基础上，让学生再循序渐进地制作更加有难度的动画，起到强化记忆和举一反三的作用，充分地调动了学生的积极性。我设计的引入环节是一个亮点，学生很活跃,顺利地引导学生完成了任务一和任务二,即实现汉字"人"的演变过程。但是对于任务三趣味汉字创作,学生的完成度不是很高。学生能够分析实现趣味汉字的原理,但实际操作起来难度略大,只有少数学生能完成,这是一个遗憾。

下面的图片是截取的汉字演变的片段:分别是"水"和"木"的演变过程。

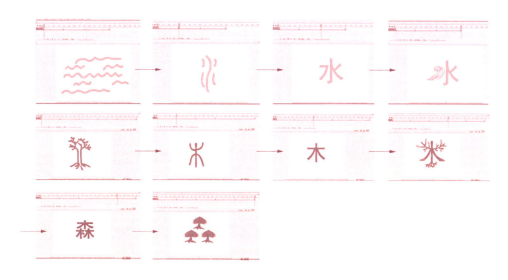

图1　"水"和"木"的汉字演变过程

(新疆维吾尔自治区乌鲁木齐市沙依巴克区乌鲁木齐市第一百二十小学　沈雪凯)

样例8：欣赏"非同一般"的 music show

一、背景目标

本课选自沪教版《音乐》七年级第二学期第二单元"非洲略影"。非洲大陆以其丰富的地貌、热情多变的音乐文化吸引了世界的目光。由于历史的原因,非洲音乐对于世界音乐文化尤其是对美洲音乐文化有着深远的影响。本单元共设计了4课时,第一课时"非洲乐器体验篇",教师展示非洲的打击乐器,如非洲鼓、邦戈鼓,并教授一些简单的拍奏非洲鼓的手法,引导学生逐一体验这些乐器。第二课时"'非同一般'的 music show",教师引导学生欣赏非洲音乐作品,了解非洲音乐旋律、歌唱及乐器特点。第三和第四课时是"非洲音乐我 show 篇",学生选择一个与非洲人民生活、劳动相关的主题,小组合作创编并展示非洲音乐。

本课为本单元的第二课时"'非同一般'的 music show",其教学目标是:

1. 欣赏非洲音乐《猎人的舞蹈》,感受其丰富的音乐节奏、自由即兴的音乐表达,感知非洲音乐对于世界音乐文化的巨大影响,拓展文化视野。

2. 通过听赏、歌唱、拍奏、律动等方式感受非洲音乐"一领众合"及"自由即兴"的特点。

3. 进一步了解非洲乐器特点,能够尝试拍奏、歌唱作品片断。

二、设计创意

把非洲音乐的"自由即兴"特点适度地引入音乐课堂,以"活"为创意点贯穿于整堂课的各个环节。从座位的布置到乐器体验"舞台"的设计以及各个体验环节的安排,都以本课的主题"music show"为主线层层铺开。

(一) 课堂座位的设计

与传统课堂上"四四方方"、学生面对教师的座位安排不同,本课的座位安排呈现出"舞台"与"剧场"的模式(见图 1)。

图 1 "舞台"与"剧场"模式的座位安排

在一堂课中的听赏音乐环节,学生的座位可以设计成全部面向讲台和电脑屏幕的形式,便于学生完成一些共同体验的音乐活动;而在一些小组体验、讨论环节,座位就可以设计成分组围圈的形式,便于学生个性化地进行音乐体验。"舞台中心"的乐器体验区是"开放式"的,在音乐体验环节中,不同小组可以轮流进入体验区。

（二）乐器体验区的创意

"中心舞台"的设计灵感来自非洲音乐"music show"的特点：哪里有可以敲击的东西，哪里就是音乐的舞台。乐器区放置了一些非洲乐器，如非洲鼓、邦戈鼓、卡宏鼓、教学用的木琴（代替马林巴）、小型的打击乐器（沙球、铃鼓等）。在本单元第一课时就设计学生在教师专业引导下，花20分钟左右逐一体验各类乐器。例如，第一次体验是尝试用手敲击鼓的不同位置，拍奏出不同的音色；第二次体验是尝试拍奏出不同的节奏。在第三课时，学生可以以小组方式到体验区进行合作创作。

图2　学生逐一体验乐器

（三）提炼"主线"，层层深入

本课涉及的非洲音乐知识包含了歌唱、节奏、主题内容、乐器特点等。如非洲音乐旋律大都乐句短小，并有"一领众合"的演唱特点；非洲音乐节奏看似繁复，实则多重复，但是当不同乐器即兴结合起来，能产生丰富多变的音乐效果；非洲音乐内容大都贴近生活和自然；非洲音乐乐器以打击乐为主，初始制作比较简易，材料也是就地取材，但是传到欧洲和美洲后，就发生了极大的改变，从而丰富了世界音乐。

我以"非洲音乐与世界音乐"为主线，结合音乐体验，把这些内容全部串联起来，引导学生站在一个较高的位置去欣赏非洲音乐，拓宽学生的眼界。

三、导学过程

（一）导入

提问1：我们来看一组图片，感受一下，非洲大陆有着怎样的地理风情呢？

（PPT 呈现一组非洲地理风情图片）

生：非洲地貌丰富，大部分地区气候炎热，有世界第一大沙漠撒哈拉沙漠；也有气候适宜的地方，非洲最高的屹立马扎罗山终年积雪；有大片的热带雨林和草原，被称为"动物的世界"。非洲人均土地面积不小，但是可用土地面积不多，狩猎成为古代非洲人的主要劳动方式。

提问 2：这样的生活环境、生活习惯对非洲的人文活动会有怎样的影响？如音乐、绘画、体育、文学、摄影……

生 1：因为气候比较炎热，所以非洲音乐普遍比较热情，节奏感比较强。

生 2：通过狩猎，非洲人会得到许多动物皮毛，所以他们的鼓是比较常见的乐器。

生 3：在草原上奔跑追逐的非洲人特别热爱体育运动，2010 年世界杯就在非洲举行。

提问 3：说到世界杯，除了精彩的比赛外，至今让我们津津乐道的是什么？（教师提示"瓦卡瓦卡"的舞蹈动作）

生：主题曲。

提问 4：除了刚刚提到的乐器、节奏，对于非洲的音乐，同学们还有哪些方面的了解？

生 1：上个学期学习的阿根廷探戈中的节奏受到了非洲音乐的影响。

生 2：美国的音乐，像爵士、hip-hop 都受到了非洲音乐的影响。

导入课题：非洲音乐有着怎样的特点？它对世界音乐有着怎样的影响？今天就让我们走进"非同一般"的 music show。

说明：导入环节是一个综合环节，涉及其他不同的人文学科，通过调动学生已往的生活经验和学习经验，从地理风情引申到人文风情再引向音乐，引导学生从文化的高度去感受音乐，激发学生思考。

（二）新授

1. 欣赏非洲音乐《猎人的舞蹈》

提问：仔细倾听，音乐中的人声演唱的旋律和演唱形式有着怎样的特点？

生 1：旋律反复演唱。

生 2：有人领唱，许多人呼应他的歌唱。

2. 音乐体验

音乐活动：用"一领众合"的方式演唱旋律片断。

活动过程：（1）学生学唱旋律。

（2）师生合作：师领唱，生合唱；生领唱，师生合唱。

（3）学生为歌曲配上打击节奏。

（4）生生合作：打鼓、领唱、合唱。

提问：刚才我们一起体验了非洲音乐，这种"一领众合"的形式特别适合怎样的一种劳动或者场合？

生：人多的、集体的劳动，或重体力劳动，需要鼓劲的。

师：非洲人民长期从事野外劳作，尤其常常面对极为危险的丛林、草原，劳动强度很大。另外，非洲人民对于自然也有着极强烈的崇拜心理，祭祀活动、求神都是集体活动。

3. 非洲乐器

提问1：除了同学们刚才体验的非洲打击乐器——非洲鼓、邦戈鼓、木琴，我们听一下作品中还出现了哪种打击乐器？

生：我们今年管乐团去美国时，在迪士尼乐园见过这个乐器，它听起来有金属的音质，具体名字就不知道了。

提问2：这个是钢鼓，据说非洲人民在一次欢迎仪式上，觉得原先的打击乐器音质上不够有激情，于是制作了这类乐器。同学们看一看，它是用什么东西制成的？

生：锅子。

师：非洲人变废为宝，把汽油桶底部割下，把它翻过来，用榔头把它往里面敲，敲出不同的面，这样既可以发出金属音质，又有不同的音高。这样的鼓叫钢鼓。

提问3：2000年，瑞士的两名乐器制作大师从钢鼓上获得灵感，把它变成另外一种打击乐器hang drum，我们来听听它有怎样的特色。

图3　钢鼓

生：音色上比较精致，演奏方法更加类似于非洲鼓，是把钢鼓的音质与非洲鼓演奏手法结合在一起了，而且能够演奏出许多不同的音高。

提问4：这个乐器在非洲也非常常见，有没有同学认识？

生：不认识。

提问5：这个乐器在17、18世纪传入了拉丁美洲，之后许多乐器制作家对它进行了多次改良，最后成为这个样子。你们认识吗？

生：马林巴。

师：我们看到的马林巴已经成为乐队不可缺少的乐器了，它音色圆润，音域宽广，有49键，目前最多的有78键。当然，在非洲简易版的马林巴现在仍然处处可见。

图4　马林巴

提问6：我们认识并体验了一些非洲乐器，谁能来归纳总结：非洲的乐器有着怎样的特点？

生：以打击乐器为主，而且大都不能敲出钢琴上的音阶。

提问7：有没有同学注意到，非洲乐器主要从非洲大陆传送到哪里，发生了怎样的变化？

生：主要传向美洲、欧洲。原先的乐器比较类似于手工制品，材质也是生活中随处可见的，但是到了美洲、欧洲后，无论材质还是音色，都变得更加精致，或者说能够融入西方乐队整体音色中了。

提问8：为什么会传向美洲、欧洲，很少往我们亚洲传送？像马林巴，20世纪80年代才在中国出现。

生：因为移民，尤其是因为"奴隶的贩卖"，所以大量非洲人到了美洲，把他们的音乐文化通过美国传向了世界。

（三）拓展

提问 1：现在的非洲已经主权独立了，尤其是许多非洲国家都响应中国的"一带一路"倡议，在经济文化上加强了与世界的沟通。2017 年，赵老师和一群朋友到非洲的肯尼亚展开了一场音乐旅行，走进了马赛部落。当他们听说我们来自中国，给了我们一个非常热情的欢迎表演。来看看这样的表演除了前面提到的"歌唱"、"拍奏"之外，还有哪些其他表演形式？

生：还有跳舞。

提问 2：他们的舞蹈有怎样的特点？

生：就是跟着音乐随意地律动。

提问 3：当我们在欣赏了他们的表演后，我们习惯性地问他们要乐谱，这样回来后可以让我们学生也学着拍一拍、跳一跳、唱一唱。你们猜猜他们怎么回答的？

生：没有乐谱。

师：是啊，他们从来就没有乐谱，他们是听着音乐长大的，听在耳朵里面，就记在心里了。当音乐响起时，他们互相倾听，用鼓乐相合。有意思的是，富有个性的节奏、即兴的组合让音乐焕发出新的活力。

师：所以在非洲的土地上很少会有我们熟悉的"彩排"与"走台"，他们站在哪里，随手拿起乐器，哪里就是舞台，哪里就会有一场"music show"。

音乐活动：以《猎人的舞蹈》中的主题旋律为"动机"，每个小组即兴创作 4 个小节的打击乐合奏，把体验到的非洲音乐元素"一领众合"、"舞蹈律动"、"即兴合作"等，尽可能地融合在一起。

图 5　学生小组合作创作

(四) 小结

师：在同学们刚才的即兴表演中，老师已经感受到同学们心中的热情，下周我们将进入我们的"音乐展示"活动。每个小组设定一个主题，结合这个主题，运用我们所感受的非洲音乐特点、音乐元素、音乐乐器，也来一场"music show"吧。下周排练，本单元的最后一节课就是 show time。

附导学流程图：

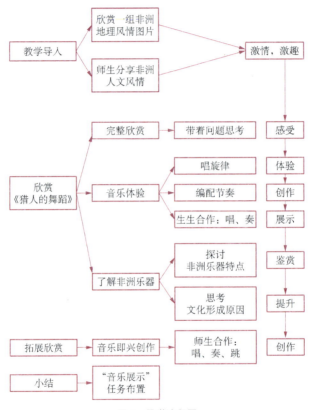

图6 导学流程图

四、实践成效

1. 扎实的课堂教学，提升了展示效果

经过两个课时的学习，学生对于非洲音乐的特点有了清楚的感知，并且初步掌握了非洲鼓简单的演奏手法。在展示时,有的借助人声、鼓声来模仿非洲草原狩猎的场景;有的借助舞蹈、歌唱表现了热闹喜悦的狂欢节日;有的仅用鼓声就展现了草原辽阔、动物迁徙的壮观场景。

图7　学生展示

2. 激发学习兴趣,洒下了一颗颗热爱音乐的种子

在第一节课,教师设计了学生体验非洲的活动,当学生围圈一个个用教师教授的手法去拍击时,80％的学生都很害羞,非常敷衍地拍了两下就离开了,他们不习惯课堂有这样的体验。但是经过几节课的学习后,学生的兴趣被激发了。在之后的小组排练中,每个小组争着排队去体验区;有些等候中的小组,还会蹲在地上,拍起了教室的椅子,模拟打鼓的感觉。展示结束后,许多同学仍然会在课后留下来,到乐器区去拍一拍,经常是几个同学一起即兴合奏。这样的改变

图8　学生小组排练

源于教学内容的设计,它不再只为少数学生提供了体验机会,而是面向每个学生。就这样,音乐的种子播撒在每个人的心中。

3. 启动网络评选,丰富了校园活动

教师把学生的展示活动全部用摄像机录制下来,然后从每个班级选出1—2个特别优秀的表演,上传到教师自己申请的微信公众号:音乐课程资料推送。利用网络平台让更多本校不同班级、不同年级的学生,甚至外区外市加入了微信公众号的朋友,都可以看到学生的表演。他们观看后,可以进行网络投票。最后,还举办了优秀作品的颁奖活动。这一系列活动是从课堂引发出来的。学生的音乐体验来自于课堂,却不会在课堂结束;通过网络传播,这些活动只是一个开始,它们启动了后续与其相关的音乐活动。这些活动的影响力远远超过了课堂的40分钟。

图9 微信公众号展示和投票活动

(上海市杨浦区上海外国语大学附属双语学校 赵湘)

样例 9： 辨识生活中常见的力

一、背景目标

本节课出自沪科版《物理》高中教材第二章 A 节。

（一）教学内容

本节课关于常见力的分类及重力、弹力、摩擦力各自的特点，是在初中已学过的力的基本概念基础上的进一步学习，是高中物理力学部分的重要内容之一，也为后续牛顿运动定律、运动和力的关系的学习奠定基础。

本节课是第二章的 A 节，从复习初中有关力的概念、力的图示等知识入手，然后简单回顾重力，再对弹力进行学习。弹力是力学的核心内容之一，是整个力学学习的基础，为后续对物体进行受力分析作铺垫，而其物理概念的形成过程和涉及的科学思想方法也是以后学习气体、电场、磁场等内容的重要基础。

（二）教学目标

1. 物理观念方面

（1）力的概念建立有一个逐步深化的过程，能从物理学视角形成关于力的相互作用、力的初步概念、力的矢量特性的基本认识，使物理概念和规律等在头脑中提炼和升华。

（2）能从物理学相互作用的视角分析自然与生活中应用重力和弹力的简单实例和简单问题。

2. 科学思维方面

（1）经历在生活情景中建立重力与弹力概念的过程，能从物理学视角对力的本质属性、重力与弹力的特点形成正确认识。

（2）经历和感受归纳力的基本概念的过程，体验实验、观察、比较、归纳的科学方法。

（3）在"观察形变和微小形变"、"研究弹力产生的原因和条件、弹力的方向和作用点"实验中，能使用简单和直接的证据表达自己的观点。

（4）对生活中的一些能引发认知冲突的现象具有质疑的意识。

3. 科学探究方面

（1）能通过观察物理现象，提出物理问题。

（2）能根据已有的科学探究方案，使用基本的器材，如橡皮泥、弹簧、椭圆形玻璃瓶、钩码、细绳、小球、海绵、秤砣、书本等获得数据。

（3）能对实验数据进行整理，得到初步的结论，并撰写简单的报告，陈述科学探究过程和结果，包括：弹力产生的原因和条件、弹力的方向和作用点。

（4）能对"研究形变与弹力"的科学探究过程和结果进行交流、评估、反思。

4. 科学态度与责任方面

（1）通过了解重力、弹力在生活中的实际应用，认识到物理来源于生活又服务于生活的科学本质。

（2）能认识到物理学是基于人类有意识的探究而形成的对自然现象的描述与解释，懂得力学概念和规律需要接受实践的检验。

（3）通过力的基本概念和生活中常见的力的学习，认识到物理概念是建立在实验研究基础上的，养成尊重事实的科学态度。

（4）通过观察"显示微小形变"的实验，认识到物理学习需要细致观察、认真分析的科学态度。

（5）在对弹力特点进行探究的过程中，具备研究规律的兴趣和热情，能与他人合作并共享成果，具有严谨认真的科学态度。

（6）认识到物理研究与应用会涉及道德与规范问题，通过有关重力、弹力的实例分析，感悟物理在生活中的应用价值，了解科学、技术、社会、环境的关系。

二、设计创意

本节课的设计将原先三维目标的三个维度转化为核心素养的四个方面来进行具体描述，即：从知识与技能到物理观念，从过程与方法到科学思维与科学探究，从情感态度与价值观到科学态度与责任。

导学案的编制是为了保障学生主体性的回归，提升中学物理课堂的品质。教师从学科本质的视角进行了深入思考，对教材和学情作了理性分析，将核心素养的四个方面融入具有可操作性、可评价性的导学案之中。同时，以此作为向导，把人类社会积累的知识转化为学生的个体知识和观念，把前人从事智力活动的思想、方法转化为学生的认知能力和思维方式，把蕴含在知识载体中的观念、态度转化为学生的行为准则，在教育和教学实践中彰显物理学科的育人价值。

三、导学过程

（一）回顾力的基本概念

图 1　生活中的力

1. 什么是力？（请结合实例说明力是物体对物体的作用）

力是物体间的相互作用。比如：人划船时，用船桨向后推水，水则向前推船。

2. 力的作用效果有哪些？（请结合实例说明）

力的作用效果是使物体发生形变，如用力压缩弹簧，弹簧的形状会发生变化；

力还可以使物体的运动状态发生改变，如用力踢静止的足球，足球会飞出去。

3. 如何表示力？（力有哪些要素？可以通过哪几种方法表示这些要素？）

力具有三要素：大小、方向、作用点。

可以用力的示意图：用带箭头的线段表示力，不需要标度。

也可以用力的图示：用有标度的带箭头的线段表示力，线段按一定比例画出。

4. 常见的力有哪些？（列举出的这些力是否可以归类？）

按照力的性质分：重力、弹力、摩擦力。

按照力的作用效果分：压力、拉力、推力、支持力、空气阻力、动力等。

（二）回顾重力

1. 重力的定义：物体在地面附近受到地球吸引而产生的力叫作重力。

2. 重力的三要素：

（1）大小：$G = mg$，其中 $g = 9.8\ \mathrm{m/s^2}$

（2）方向：竖直向下

（3）作用点——重心的含义：一个物体的各部分都受到重力的作用，从效果上看可以认为物体各部分的重力集中于一点，这一点叫作重心。

3. 重心的位置与哪些因素有关？（举实例说明）

形状规则、质量分布均匀的物体，如物理课本，其重心就是它的几何中心。

质量分布不均匀的物体，其重心除了与形状有关，还与质量分布有关，比如：在课桌上叠书本，叠放的书本越多，课桌和书本这一整体的重心越往上移。

4. 如何确定质量不均匀、形状不规则的薄板的重心？（用实验说明）

悬挂法：先用一根细绳将物体悬挂，待物体静止后，过悬挂点画一条竖直线。在该竖直线外再找一点进行重复操作，两条竖直线的交点就是不规则物体的重心。

5. 物体的重心可不可以不在物体上？（举实例说明）

可以，如光盘的重心不在光盘上。

(三) 探究形变

1. 体验——两种形变

弹簧和橡皮泥的形变有什么区别？

弹簧在撤去力后能恢复原状，橡皮泥在撤去力后不能恢复原状。

弹性形变：撤去力后物体能恢复原状；范性形变：撤去力后物体不能恢复原状。

物体的弹性形变是有限度的，超过这个限度，撤去力作用后，物体不再复原。

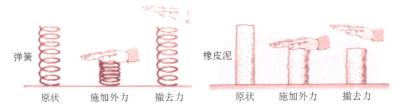

图2　两种形变

2. 观察——玻璃瓶受到挤压时是否发生形变

挤压橡皮塞插有细玻璃管的椭圆形玻璃瓶，管内的有色液柱会上升，说明发生了形变。

3. 讨论——桌面受重物作用时是否发生形变

小桌是研究对象，要研究它的表面受重物作用时是否发生形变。M1 和 M2 是固定在支架上的平面镜，激光束从 M2 至 M1 再至刻度尺上的"光点原

图3　玻璃瓶的微小形变

位置"。在桌面上放一个重物,光点移动了。这是因为重物使桌面产生微小形变,平面镜因桌面形变而发生微小的转动,通过光的多次反射将微小的转动显示出来,也就是将桌面的微小形变给"放大"了。

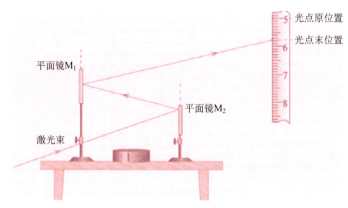

图 4　桌面的微小形变

(四) 探究弹力

分组探究挂在弹簧上的钩码、系在细绳上的小球、放在海绵上的秤砣、放着书本的桌面,边实验、边观察、边讨论以下问题。

1. 弹力的定义:发生了弹性形变的物体,由于要恢复原状,对引起形变的物体会产生力的作用,这种力叫作弹力。

2. 弹力产生的条件:①直接接触;②产生弹性形变。

3. 弹力的作用点:两物体接触的点或表面上。

弹力的方向:指向使形变物体恢复到原状的方向。

表 1　探究弹力

研究对象	挂在弹簧上的钩码	系在细绳上的小球	放在海绵上的秤砣	放着书本的桌面
受力物体	钩码	小球	秤砣	桌面
施力物体	弹簧	细绳	海绵	书本
弹力的作用点	接触点上	接触点上	接触面上	接触面上

研究对象	挂在弹簧上的钩码	系在细绳上的小球	放在海绵上的秤砣	放着书本的桌面
施力物体形变方向	向下	向下	向下	向上
施力物体恢复原状方向	向上	向上	向上	向下
弹力的方向	向上	向上	向上	向下

四、实践成效

选取年级中 7 个班级学生为被试组,定义为 B1、B2、B3...B7,其中,B2 班为本人用此份导学案进行教学的班级,其余班级未采用导学案。让各班学生当堂完成 5 道单选题,每题的分值为 3 分。5 道题主要检测学生能否从物理学相互作用的视角形成对生活中常见的力的正确认识。

1. 用手握住瓶子,使瓶子在竖直方向静止,如果握力加倍,则手对瓶子的摩擦力(B)

A. 握力越大,摩擦力越大

B. 只要瓶子不动,摩擦力大小不变

C. 方向由向下变成向上

D. 手越粗糙,摩擦力越大

2. 以下关于弹力的说法中错误的是(B)

A. 只有发生弹性形变的物体才会对它所接触的物体产生弹力的作用

B. 两个靠在一起的物体,它们相互之间一定有弹力作用

C. 就力的性质而言,压力、支持力、拉力都是弹力

D. 压力和支持力的方向总是垂直于接触面的

3. 放在水平面上的木块受到弹力作用,以下关于这种弹力的说法正确的是(C)

A. 就是物体的重力　　　　　　　　B. 是由于木块的形变而产生的

C. 是由于桌面的形变而产生的　　　D. 是由于木块和桌面的形变共同产生的

4. 关于重力,以下说法中正确的是(A)

A. 静止在水平桌面上的物体,重力的大小等于物体对桌面压力的大小

B. 重力就是地球对物体的吸引力

C. 重力的方向总是指向地心的,或者总是垂直于接触面向下的

D. 物体静止时才受到重力

5. 关于重心，下列说法中正确的是(C)

A. 重心就是物体内最重的一点

B. 任何有规则形状物体的几何中心必然与重心重合

C. 物体的形状改变时，其重心位置也要改变

D. 重心就是重力的作用点，所以重心总是在物体上，不可能在物体之外

表2　年级小题均分对比表

学情表格

分数段分布图

试题难度与区分度图

年级大题均分对比表

年级小题均分对比表

小题作答详情表

题号	年级平均分	B1班	B2班	B3班	B4班	B5班	B6班	B7班
1(3)	2.15	2.2	1.6	2.7	1.8	2.1	2.3	2.3
2(3)	2.47	2.4	2.8	2.5	2.3	2.2	2.5	2.7
3(3)	2.99	3.0	3.0	3.0	2.9	3.0	3.0	3.0
4(3)	2.97	2.9	3.0	3.0	3.0	2.9	3.0	3.0
5(3)	2.96	3.0	3.0	3.0	2.9	2.9	3.0	2.9

利用"极课教师"软件扫描学生答题情况，并进行成绩分析。根据"年级小题均分对比表"可得：B2班在第2、3、4、5题中均取得了最高平均分，而第1题的平均分低。

究其原因，第1题涉及对摩擦力概念的检测。在"生活中常见的力"这一节中，本身包含了摩擦力的内容，但由于本节课注重让学生观察现象、交流观点、表达想法、设计实验、提炼结论，充分地发挥他们的主观能动性，故把重点放在了"回顾重力"和"探究弹力"两个方面，只在回顾力的基本概念时简单提及了初中已学摩擦力的概念，没有时间展开，因此学生在回答这道题上存在一定的困难。

上述数据可以较好地证明：在导学案的引导下，学生对重力和弹力的学习取得了良好的效果。

（上海市浦东新区华东师范大学附属东昌中学　潘祎文）

样例10：　认识织物纤维

一、背景目标

本节课选自沪科教版六年级《劳动技术》第四单元"布艺——笔袋"，属于单元中材料部分的

教学内容。根据《上海市中小学劳动技术课程标准》中对材料类教学的要求,本节课的三维目标设置如下:

1. 知识与技能

(1) 了解织物纤维的分类。

(2) 了解常见织物纤维的特性。

2. 过程与方法

(1) 经历对常见衣物面料的观察、调查、讨论、分析等过程,了解织物纤维的分类。

(2) 初步形成探究常见织物纤维的实验研究方法。

3. 情感态度与价值观

经历调查、探究、归纳、运用等一般学习过程,体会合作学习的重要性。

二、设计创意

(一) 创设基于真实问题的学习情境

在引入部分,以学生每天用到的笔袋创设情境,提出问题:"如果你要制作一个笔袋,你觉得黑板上的哪种织物最合适?"以此开启整节课的学习。

在知识运用环节,为学生创设角色体验的情境。假设学生是商场导购员,让其"结合所学,为顾客所需制作的布艺作品推荐合适的织物",以有趣的游戏形式检验学生对所学知识的掌握程度以及运用能力。

(二) 提供概念支架和过程支架

学习支架就是维果茨基社会文化学说中的脚手架。在支架教学中,教师作为文化的代表引导着教学,帮助学生掌握、建构、内化那些能使其从事更高认知活动的技能。本节课中重点运用了概念支架和过程支架。

1. 概念支架。在"织物纤维的分类"的学习中,学生围绕任务单的要求在课堂之外寻找生活中的织物纤维,再回到课堂归纳出任务单中所罗列的动物纤维、植物纤维,加上教师的启发引导,从而自然地得出织物纤维的分类。这个概念支架的设计,基于学生的已有认知,让学生攀着收集信息、加工信息等脚手架,逐步成功地获得新知。

2. 过程支架。结合授课时间、实验的难易程度以及学情,将常见织物纤维特性的探究分解为三个层层递进的小实验,每个实验采取不同形式的学习活动。柔软度实验最容易操作,采取师生一起摸一摸的方法;耐磨度实验稍难些,采取学生交流操作步骤,教师进行要点提示的方法;吸水性实验最复杂,由教师先提出有驱动性的问题,学生小组讨论后再集中交流,教师在学生的交流中穿插实验要点。

三、导学过程

(一) 整体呈现

【活动1】小调查——织物纤维的分类

任务:观察衣物的成分标签,将其中的织物纤维填入表1。

要求:(1)在课前观察衣物的成分标签;

(2)课堂上对调查结果进行交流;

(3)对不同的织物纤维进行分类。

表1 衣物织物纤维小调查

衣物名称	织物纤维
呢大衣	羊毛
T恤衫	棉、氨纶

结论:通过调查、归纳,我们知道织物纤维可分为_____、_____两大类。

【活动2】小实验——探究常见织物纤维的特性

任务:通过实验探究常见织物纤维的特性。

要求:(1)小组讨论实验探究方案及所需实验器材;

(2)交流实验探究方案;

(3)开展实验探究,填写实验结论。

表 2　常见织物纤维特性的实验探究表

织物	柔软度	耐磨度	吸水性
牛仔布			
不织布			
棉布			
真丝			
平纹针织布			

（注：通过实验，比较织纤维物柔软度、耐磨度、吸水性，选出在各性能特点上表现最好的织物并在空格内画"√"。）

【活动3】小游戏——织物的选择

任务：为布艺作品选择合适的制作织物（见图1）。

要求：（1）以小组为单位，通过讨论交流，在牛仔布、不织布、棉布、真丝、平纹针织布中选择合适的织物，制作卡包、方巾、布老虎、束口袋；

（2）各组派代表上台完成游戏；

（3）各组代表交流织物的选择及理由。

卡包　　　　　　　方巾　　　　　　　布老虎　　　　　　束口袋

牛仔布　　　　不织布　　　　棉布　　　　真丝　　　　平纹针织布

图 1　织物选择小游戏

（二）导学流程

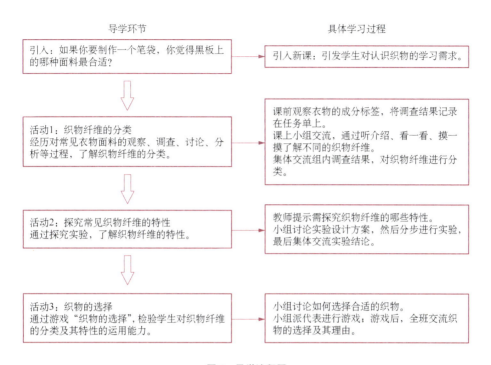

图 2　导学流程图

四、实践成效

（一）课堂精彩片段——探究常见织物的性能特点

师：请大家拿出棉布、真丝、牛仔布、不织布、平纹针织布，我们一起来摸摸看，哪些织物比较柔软？

生：真丝、棉布、平纹针织布。

师：我们如何比较耐磨度呢？可以借助桌上的哪个实验器材？

生：可以借助砂纸，将5种织物分别放在砂纸上摩擦。由织物的磨损程度来判断其耐磨度，没磨破的一定是最耐磨的。

师：如何比较吸水性呢？

（小组讨论）

生：将5种面料同时完全浸没在水中，浸没相同时间，看谁的液面下降得多，说明吸水性就强。

（学生分组实验）

师：通过实验，我们发现吸水性最好的是？

生：棉布。说明天然纤维具有吸水性强、透气性好的优点。

师：但你们刚才实验中发现棉布耐磨吗？

生：不耐磨。天然纤维有不耐磨、弹性弱等缺点。

师：通过刚才的实验，我们发现牛仔布（平纹针织布）很耐磨，大家知道其中的原因吗？

生：那是因为牛仔布中加了锦纶，从而增加了它的耐磨度。化学纤维具有耐磨、弹性好的特点。除此之外，通过刚才的实验，我还发现化学纤维有抗皱、吸水性弱等特点。

师：学到这里，大家说说哪种织物做笔袋是最合适？

生：牛仔布。它耐磨并有质感，最符合笔袋的功能需求。

(二) 教学效果

1. 基于学情，生发动机

学习活动的设计，要符合学生的认知规律。可利用学生已有的知识与经验，为其搭设学习支架，让学生更轻松地获得新知。通过小学阶段的学习，学生能熟练地判断哪些纤维来自动物，哪些纤维来自植物。因此，在"织物纤维的分类"的学习中，学生围绕任务单的要求在课堂之外寻找生活中的织物纤维，再回到课堂归纳出任务单中所罗列的动物纤维、植物纤维，教师加以启发引导，自然地得出纤维的分类。这个学习活动基于学生已有的认知，让学生经历收集信息、加工信息的过程，成功地获得新知。

预备年级的学生爱动手、爱尝试，过多的知识讲授会让其感到乏味，失去学习兴趣。结合学生的年龄特点，为知识运用环节创设情境：让学生模拟商场导购员为顾客推荐布料，并在下节课以游戏的形式反馈。在教学中创设学习活动情境，使学生在有趣的情境中产生学习动力，唤起主体意识，激发学习兴趣，调动学习潜能，进入最佳学习状态，成为课堂学习的主人。

2. 服务目标，凸显层次

"活动是目，目标是纲，纲举才能目张。"教师在进行教学设计时，不能为了活动而活动，更不能没有目标地活动。"认知织物"这节课，无论是三维目标还是教学重难点，都紧紧围绕着"织物纤维的分类"及"织物纤维的特性"这两大内容，因此，课堂学习活动也为达成这两大目标，化解重难点而设计。在"织物纤维的分类"这一教学环节中，设计了课前调查、小组交流、归纳分类等学习活动；在"织物纤维的特性"教学环节中，这一内容对学生来说比较抽象，因此通过探究实验将抽象知识形象化。这个探究实验的容量比较大，考虑到授课时间以及学情，并结合实验的难易程度，将其分解为三个层层递进的小实验，每个实验采取不同形式的学习活动。从课堂反馈来看，这些导学活动的设计收到了良好的教学效果。

总之，多样而精准的导学设计，改变了单一的劳技课堂教学模式，通过情景模拟、实验、体验、实践等方式提高了学生的课堂参与度，促进师生互动，形成了良好的课堂氛围；有效的导学活动支撑，使学生有了适合的学习载体、学习途径，课堂主体发生了改变，把"我怎么教"变成"学生怎么学"，而教师则成为一名倾听者、观察者、引导者。在这节课中，我初步感受到作为一名倾听者和引导者，与学生互动交流的快乐，找到了以往小组活动实践中形式大于实效的原因。

当然，课堂导学设计对我而言只是一个探索的开始，其实我们的每一堂课都可以设计出精彩的导学活动。希望广大劳技同行在教学实践中，不断探索、不断完善、不断总结，通过全面而系统的课堂设计，更好地达成劳技课程的育人目标，使导学创造出更多的课堂智慧。

（上海市杨浦区东辽阳中学　黄睿智）

样例 11：理解 9 的乘法口诀

一、背景目标

"9 的乘法口诀"选自人教版小学《数学》第三册第六单元中的第三课时，本组课文以"9 的乘法口诀探究"为主题，探究重点是"通过编制 9 的乘法口诀，发现其规律并应用规律来正确熟记口诀，从而培养学生的一一对应思想、函数思想和推理思想"。

（一）教学背景

1. 教材分析

"9 的乘法口诀"是在学生熟练掌握 1 到 8 的乘法口诀的基础上进行教学的。本节内容相对简单,主要是引导学生通过观察、独立思考和交流,自主探索并掌握 9 的乘法口诀。在计算上让学生利用已有的知识经验和计算经验独立完成,并逐步增强自主学习的意识和能力,积极主动地参与学习的全过程。

2. 学生分析

二年级学生的思维虽处于形象思维阶段,但已经具备了一定的观察、比较、综合的意识,同时学生已经学习过 1 到 8 的乘法口诀,已经具备了推导口诀的能力。但考虑到 9 的口诀句数多、数目大、容易混淆,学生记忆口诀是比较困难的。因此我的设计结合学生的年龄特点,为学生创设他们感兴趣的情景,让他们在兴趣浓厚的状态下主动学习,把学习当作一件快乐的事,激发他们的表现欲望,增强其自信心。

(二) 教学目标

1. 本课教学目标

(1) 知识目标:掌握 9 的乘法口诀,并能运用口诀进行准确计算和解决一些简单的问题。

(2) 能力目标:培养学生初步的知识迁移能力,引导学生有目的地观察,进一步归纳总结,探索出 9 的乘法口诀的规律,渗透数学思想。

(3) 情感目标:在编写口诀和探索 9 的乘法口诀规律的过程中获得成功的体验,提高学习兴趣,增强学习信心。

2. 本课教学重点

经历编制 9 的乘法口诀的过程,掌握并运用口诀进行相关的乘法计算。

3. 本课教学难点

编制 9 的乘法口诀并熟记。

4. 教具准备

多媒体课件、点子图。

5. 学具准备

练习本、乘法口诀卡片。

二、设计创意

(一) 引入视频故事,增添文化内涵

引入古代"门钉"的视频故事,让探究 9 的乘法口诀变得有文化内涵,让孩子们对"9"的乘口诀有更深层次的理解,感受到原来生活中处处有数学,数学这么有意思。

(二) 引导学生观察,渗透数学思想

1. 观察乘法算式,渗透函数思想,并运用该思想推理出上一句或下一句乘法口诀。

2. 通过点子图让学生发现:几个 9 就是几十减几,也可以通过这一规律来熟记口诀。

3. 教科书第 83 页下面的内容:通过手指来记忆 9 的乘法口诀,为孩子记忆口诀增添乐趣。

三、导学过程

(一) 具体流程

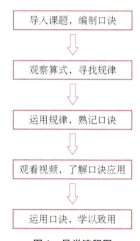

图 1 导学流程图

(二) 整体呈现

1. 情景导入

师:小袋鼠想拜见数学王国的国王。但是国王想考考小袋鼠,就在小袋鼠到王国的路上设置了一些关卡,如果小袋鼠能顺利通关,就可以到达数学王国。小袋鼠是个好学的孩子,他非常想到数学王国学习,可是又怕过不了关,想请大家帮帮他,你们愿意吗?

【设计意图:由"小袋鼠到数学王国"的情景导入新课,一下子激发了学生的学习兴趣。充分调动学生的积极性,让学生在情景中去观察事物、发现问题、解决问题,为后面的教学作好铺垫。】

2. 探究新知

第一关：新课导入

（1）师：（多媒体课件出示情景图）小袋鼠刚走了几步就被一条河挡住了去路，幸好河上面有一座小桥，但是桥口有一只小兔子。小袋鼠正想从桥上走过去的时候，小兔子拦住了小袋鼠，说："小袋鼠，你要是想过去，就必须完成两个任务：第一，说出你在河面上发现的两个有关数学的信息，并且提出三个数学问题。第二，你必须完成跳远的任务。"

图 2　小袋鼠过关——过桥

（2）师：好的，那我们先完成小兔子给的第一个任务：你们能帮小袋鼠发现那些有关数学的信息吗，能提出什么数学问题呢？

（3）师：现在我们要完成第二个任务了。你们能看出 9、18、27 排列的时候有什么规律吗？我们一起帮助小袋鼠把这列数填完，好吗？（同桌合作计算，汇报交流。老师根据学生的汇报，在课件上填写，帮助袋鼠闯过第一关，同时请学生在黑板上板书乘法算式）

师：刚才我们在找规律的时候，发现这些数字都是和 9 有关系的。今天我们就来学习"9 的乘法口诀"。（板书课题：9 的乘法口诀）

【设计意图：开门见山，让学生观察情景图。同时根据乘法和加法的联系，上课刚开始便让学生动笔，亲自经历每次加 9 的过程，初步了解数字之间的关系，为后续学习打下基础。】

第二关：编写口诀，汇报整理

（1）师：（多媒体课件出示情景图）小袋鼠继续前进，一只孔雀拦住了他的去路，孔雀说："小袋鼠，你要想过去，就要完成我身上的任务。"说完孔雀打开自己美丽的尾巴，尾巴上展示题目：编写 9 的乘法口诀。

师：老师也想帮帮小袋鼠，就给同学们一些提示吧：9 的乘法口诀应该有几句？每一句乘法口诀应该可以写出几个乘法算式？（学生 4 人一组编制 9 的乘法口诀，并把书本 84 页方框里面的数和 9 的乘法口诀填完整。学生填完后，投影评定）

（2）汇报，整理口诀。

第三关：观察口诀，寻找规律

（1）师：现在请几位同学来帮忙把 9 的乘法口诀的卡片贴到黑板上。

（2）师：同学们自己编出了 9 的乘法口诀，真了不起！来看看这些口诀，你们能不能发现什么规律？

① 第一个乘数每次多 1，第二个乘数不变，积每次多 9。

② 几个 9 就是几个 10 减几。

③ 口诀得数的个位和十位之和刚好是 9。

【设计意图：这一环节的教学，我抓住小学生好胜心强的特点，设计了帮小袋鼠闯关的情景。因为学生已经学习过 2 到 8 的乘法口诀，已经具备了推导口诀的能力，所以让学生分组合作编写出口诀，积极主动地探究新知，这样可以让学生在学习的过程中体验成就感，培养学生学习数学的兴趣和欲望。】

第四关：运用规律，熟记口诀

师：（多媒体出示情景图）小袋鼠编好 9 的乘法口诀，继续往前走，走着走着面前出现了一道大门，大门紧锁着。小袋鼠正发愁，小鸟飞了过来，说："别急，钥匙在我这里，不过，你要背出 9 的乘法口诀，才能给你开门。"

（1）学生自主记忆。

师：比比看谁能最快记住 9 的乘法口诀。（学生自主记忆）

师：同学们，你们有没有什么办法可以帮助小袋鼠快速记住 9 的乘法口诀呢？（学生交流记忆方法）

① 第一个因数每个都增加了 1，第二个因数都是 9，积每次都增加 9。

② 积的个位上的数字和十位上的数字相加都是 9。

③ 几个 9 就是几个 10 减几。

（2）播放视频《门钉》，了解古文化。

师：通过观看视频，我们发现原来在故宫的门钉上也有 9 的乘法口诀，而且门钉的颗数还代表了这个家族在当时社会上的地位。你们还在哪里也看到了 9 的乘法口诀在生活中的应用呢？

（3）手指记忆法。

师：大家想了那么多的办法来记住 9 的乘法口诀，其实 9 的乘法口诀就藏在你们的手上，你们想知道吗？

师：（教师示范讲解）请看，一九我们就把左边的第一个手指头弯曲。一九得几？找到得数了吗？二九我们就把左边的第二个手指头弯曲，弯曲的手指头左边有几个手指头就代表几个十，右边有几个手指头就代表几个一。这种方法我们给它起个名字，叫作手指记忆法。

【设计意图：记忆 9 的乘法口诀是本课的教学重点。这部分内容主要安排了有层次的记忆过程：学生自主记忆，交流记忆方法，介绍手指记忆法。让学生在采用自己记忆方法的同时借鉴别人好的经验，培养其良好的学习习惯。同时，借助有趣的方法，学生就不会感到枯燥疲惫，而会主动积极地去记忆，从而达到事半功倍的效果，教学难点也迎刃而解。】

第五关：运用口诀，回归生活

师：（多媒体课件出示情景图）小袋鼠在同学们的帮助下拿到了钥匙，继续向前。走了一会儿，看见几只小羊围着一棵大树，树上挂了很多水果，每个水果上面都有一道算式，只有正确算出得数，水果才可以掉下来。小羊们不会算题，想请小袋鼠帮忙。同学们，你们会算吗？（学生自己在练习本上计算，和其他同学交流答案，并说说运用了哪句口诀）

师：小羊们终于吃到了树上的水果。为了感谢小袋鼠，小羊们对小袋鼠说："谢谢你帮我们摘到了水果，数学王国就在果园的后面，你快过去吧。"小袋鼠终于到了数学王国。小袋鼠高兴地对同学们说："谢谢大家了！"

师：同学们，我们帮小袋鼠找到了数学王国。你们又有什么收获呢？

【设计意图：学生在长时间的集中学习中已经感到疲劳，这时将设计的练习融入游戏中，让学生主动地去帮助"小羊摘水果"，加强对 9 的乘法口诀的记忆。】

3. 巩固练习，学以致用

（1）基本层：

① 快乐大转盘。

游戏规则：中间是 9，外围是数字 1 到 9 的转盘。指针指到哪里就把中间的 9 和指针指到的外围数字相乘，并很快地说出乘法算式和对应的乘法口诀。

图 3 　练习——快乐大转盘

② 海底世界。

师：河面上有人划龙舟，河底又有什么呢？看小鱼给我们带来了什么？（先说乘法算式，再说出相应的乘法口诀）

图 4 　练习——海底世界

（2）应用层：

① 看图（图 5）列算式。（课本第 85 页第 2 题）

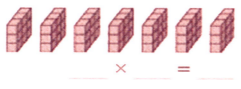

图 5 　练习

② 对号停车。(课本第 86 页第 6 题)

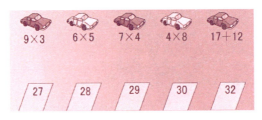

图 6　练习——对号停车

(3) 发展层:

在表 1 中找出 9 的 2 倍、3 倍……9 倍,把这些数圈起来。看一看 9 的乘法的各个积,你发现了什么?(课本第 85 页第 3 题)

表 1　数字表

1	2	3	4	5	6	7	8	9	10
11	12	13	14	15	16	17	18	19	20
21	22	23	24	25	26	27	28	29	30
31	32	33	34	35	36	37	38	39	40
41	42	43	44	45	46	47	48	49	50
51	52	53	54	55	56	57	58	59	60
61	62	63	64	65	66	67	68	69	70
71	72	73	74	75	76	77	78	79	80
81	82	83	84	85	86	87	88	89	90

【设计意图:练习的设计难易适中,能够适应不同水平的学生的需要,体现了层次性、灵活性和启发性。基础层让学生在练习中巩固和熟记 9 的乘法口诀;应用层让学生体会到数学学习的价值,提高学生学习数学的积极性;发展层的难度有所提高,让学生进一步深入了解 9 的乘法口诀的规律。】

4. 回顾复习,小结本课

师:同学们,我们今天帮助小袋鼠到达了数学王国,你有什么收获和大家分享?

【设计意图:通过总结,学生既可以对新知识进行回顾,又可以对自己进行一次反思、评价。】

5. 板书设计

	9的乘法口诀	
1×9＝9	一九得九	9×1＝9
2×9＝18	二九十八	9×2＝18
3×9＝27	三九二十七	9×3＝27
4×9＝36	四九三十六	9×4＝36
5×9＝45	五九四十五	9×5＝45
6×9＝54	六九五十四	9×6＝54
7×9＝63	七九六十三	9×7＝63
8×9＝72	八九七十二	9×8＝72
9×9＝81	九九八十一	

【设计意图：板书一目了然，能反映本节课的教学重点，体现学生得出 9 的乘法口诀的过程。】

四、实践成效

基于以往积累的学习经验，在观察 9 的乘法口诀时，不断引导学生开拓思维，让学生深入观察。通过自主编制口诀和情景导学，学生发现 9 的乘法口诀太有趣了，有许多有趣的规律。虽然 9 的口诀最多最难记，可是任意一个规律都可以用来熟记口诀。有抽象的规律、有直观的规律，不同程度的孩子都能找到适合自己的熟记口诀的方法。另外，通过观看视频《门钉》，让学生了解古代从皇家到普通老百姓依据门钉的数量来划分等级，增加了数学知识的文化内涵。

课堂教学片段：

师：刚才我们发现了那么多有关 9 的乘法口诀的规律，孩子们再回过头来看看我们汇报时整理的乘法口诀的点子图。仔细观察第一行点子图。不用数，你怎么快速看出它是 9 的？

生：老师，这一行 10 个格子，我们只有一个格子没画点子，10－1＝9，所以是 9。

师：好厉害！一个 9 就是一个 10 减 1，观察能力极强！

师：继续往下看，这两行，你是怎么快速知道它是 18 个点子的？

生：老师，两行两个 10，两个 10 去掉 2 就是 18。

师：太厉害了，两个 9 就是两个 10 减 2。那咱们继续往下观察，前三行怎么看出是 27 呢？

生：三行三个 10，三个 10 去掉 3 就是 27。

师：下面的规律能用一句话来概括吗？

生：几个 9 就是几个 10 减几。

（新疆维吾尔自治区乌鲁木齐市沙依巴克区乌鲁木齐市第七十小学　土婷）

样例 12：　透视古诗中的中国河流

一、背景目标

本课出自沪教版七年级《地理》第一学期"祖国篇（上）"第四章"河流与湖泊"的第一节"众多的河湖"，该章第二节为"黄河"，第三节为"长江"。本节内容主要由"主要河流"、"南北方河流的不同特征"和"主要湖泊"及阅读资料"河流的水文特征"等知识点组成。分两个课时，本节课为第一课时，主要学习河流部分，具体要达到以下学习目标：

1. 通过归纳对比，清晰了解两大河流的水文特征。

2. 通过联系已学过章节的知识点，理解中国南北方河流的不同点与相似点；通过读图加强对中国内外流区域河流的分布的认识。

3. 通过对古诗和图表的分析，及前后专题地图的运用，帮助学生提高分析理解各自然地理要素之间的因果关系的能力，地理学习中的读图析图能力及运用各种文字、图表进行分析的能力。

二、设计创意

设计时,以《上海市中学地理课程标准》为指导,遵循提高地理学科素养、倡导探究性、注重与现实生活联系的理念,重点体现倡导探究性、突出学生活动的理念。

设计创意一:学习内容以古诗为连接点,串起对我国河流的学习与认识。祖国幅员辽阔,地理环境复杂多样,山川壮美,历史文化源远流长,自古以来多少文人墨客有感而发,留下了无数赞美诗篇。如果作为地理教师的我们能够把这些文学作品应用到课堂教学中,以地理视角引导学生探究中华大地上的山山水水的奥妙和神奇,就能让学生在获得汉文字滋养的同时,激发对地理课别样的兴趣,从新的视角来认识地理学科的特性,即与生活实践紧密联系的地理知识。

设计创意二:对本章教材结构进行顺序与知识点学习的调整。为更好地引导学生关注知识的前后联系,培养逻辑思维,我对本章的教学安排与内容作了如下调整:先学习第二节"黄河"与第三节"长江",本课时则放在两大河流的学习之后进行。本课时把"河流的水文特征"部分作为重点之一,引导学生进行分析,当然这也是本课的难点。由此发散,引出另外两个知识点,中国的"主要河流"与"南北方河流的不同特征",其中"内流河"这部分内容可根据班级学习与接受知识的情况,由老师随机调整是否在这一课时完成学习,"主要湖泊"知识点放在这一节的另外一个课时里。从初中地理的安排来看,其中阅读部分只需了解,但我认为作为地理知识点的系统学习,初中学生有能力深入了解水文特征的表现与影响因素,并因此能够更好地理解地理学科的综合性与区域性特征。这对学生学习方法、学习兴趣及地理思维能力的提升都是有益的,对其进入高中的学习也非常有帮助。

设计创意三:学习方法的创意运用。在具体导学过程中,除加强运用材料分析法、对比法、读图法外,特别注重思维导图法的运用,强调学生对地理要素之间因果关系推导法的学习。

三、导学过程

(一)教师引入问题

回忆所学的长江与黄河内容,回答问题:水文特征有哪些?

(二)学习新课

1. 知识点一:河流的水文特征

【活动一】将诗句与河流的水文特征和可能的地形区进行连线

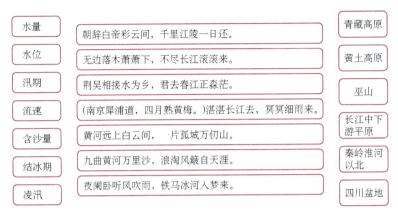

图1　活动一——学生练习

请学生阅读思考,并阐述连线的结果与理由,教师提示与点评。部分课堂结果呈现如图2所示。

图2　学生练习结果示例

导学关键点:以上为古诗里展现的古人眼中的长江黄河,通过文字含义与诗句描绘来分析这些诗句中蕴含的河流水文特征和地理环境。(练习思考提示:如何判断河流所流经地形区,如何根据地理现象描述水文特征)

【活动二】读图表,用数据分析水文特征

阅读书本第51页"我国部分河流重要测站月平均流量分配图",思考:两大河流的最大的不同之处在哪里?

要求:

(1) 通过对比黄河花园口水文站、长江汉口水文站、西江梧州水文站及松花江哈尔滨水文站,比较四条河流的河水流量大小。

(2) 思考:长江与黄河的水文特征的不同点主要体现在哪里?

学生思考回答,对照教师 PPT 呈现内容,理解教师的引导和点评。

表1　两大河流的水文特征

河流 ＼ 水文特征	水量	汛期	水位	含沙量	结冰期	凌汛	流速
长江	充沛	较长	高(有变化)	小	无	无	分河段
黄河	较小	较短	低(有变化)	大	有	有	分河段

进一步思考问题:影响河流水文特征不同表现的因素有哪些?

导学关键点:读地图册 P12、P14、P15 的"中国一月平均气温"、"中国年降水量"、"中国干湿地区"等图,P16 的"影响我国的夏季风"图,P8、P9 的"中国地形"图,P20、P21 的"黄河流域"、"长江流域"等图,结合前面诗句连线结果,分析梳理地理环境中各自然因素之间的因果关系,以此把握中国两大河流的水文特征。紧紧跟随教师列出的水文特征及其影响因素的板书进行理解与思考。

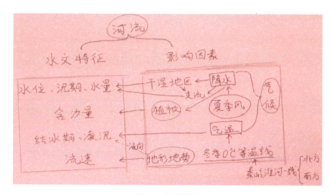

图3　教师板书

2.知识点二：南北方河流的不同特征

(1)思考问题：为什么古诗里描述的基本都是长江、黄河,鲜见其他河流？还有一条河流在古诗里也经常出现,而且在中国东部特别重要,是什么河？(淮河)

课堂思考要求：读古诗《登楚州城望淮河》,分析南北方河流界线与结冰期的产生原因。(附古诗《登楚州城望淮河》:望中自处日争明,个是淮河冻作冰。些去中原三里许,一条玉带界天横。)

学生联系教师解释——楚州城,今"淮安",及对诗句中的"淮河"、"中原三里"、"界天横"等关键词的强调,理解认识其中包含的中国南北方的划分与结冰期的产生原因。

(2)回顾书本第51页图表,思考问题：

① 依据松花江哈尔滨水文站的水文数据,与黄河相比,其水量有什么变化,为什么？(联系教师的设问与提示：水量没有越往北越少,流程短于黄河,水量却不少)从冬季气温与干湿地区分布角度思考：夏季汛期短,流程短,但水量与黄河不相上下,甚至更多,为什么？(答：有春汛,湿润半湿润地区)

② 西江(珠江水系)没有黄河长,为什么水量远大于黄河？

从地图册P14、P15的"中国年降水量"、"中国干湿地区"及P16的"影响我国的夏季风"等图中找到两个重要因素：汛期长,湿润地区。总结以上河流的相似点。

经过前面的分析,根据夏季风、汛期、干湿地区分布等因素理解水位季节性变化及黄河凌汛和几条河之间水量不同的原因。

③ 汛期的有规律变化只影响这四条河吗？(答：不是,是整个季风区)

④ 学生根据教师的提示,归纳从南向北的水文特征总体变化趋势。(结冰期的长短,汛期的变化,含沙量的多少)

⑤ 教师提出外流区南北方的河流分布,进入下一个知识点。

3.知识点三：主要河流

读地图册P18、P19的"中国水系"图,学习与解决以下问题。

(1)外流区：三大水系、边界河、国际性河流的分布。

按教师要求,在地图上找出并填上分属于三大水系的河流。

(2)思考问题：季风区是否与外流区完全一致？(季风区非等同于外流区)

(3)思考问题：非季风区是否与内流区完全一致？干旱区、半干旱区降水稀少是不是就没

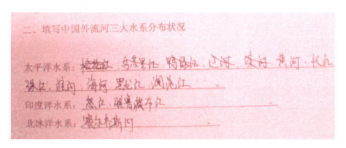

图4 学生练习示例

有河流了呢？非季风区没有河流吗？（回答：否，塔里木河，由此学习内流区的河流）

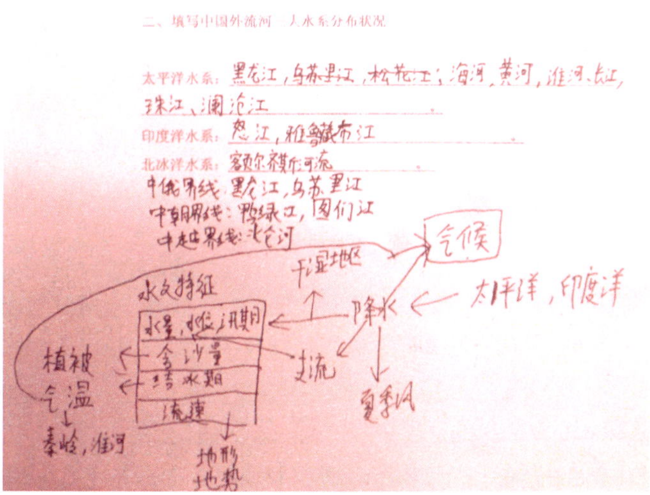

图5 学生练习示例

（4）找准中国最大的内流河——塔里木河所在的地理位置。

【活动三】从西北内陆的气候、地形等自然地理要素推导内流区河流与外流区河流的不同点，思考内流区河流会有什么样的水文特征。

学生回答并思考，通过教师呈现的PPT厘清地理因素之间的因果关系。

（1）水源：高山冰雪融水和山地降水。

（2）水文特征：夏季冰雪大量融化，成为丰水期；其他季节为枯水期，水量少，冬季有的河流出现断流。

（三）巩固总结

根据教师演示的思维导图，对本课内容进行梳理小结。

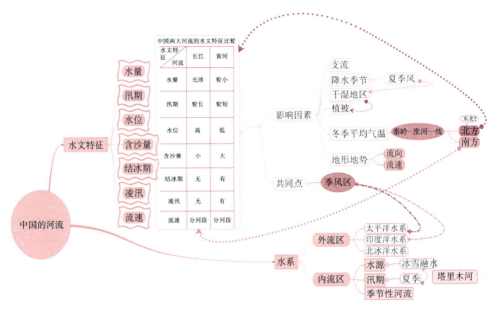

图6　本课内容的思维导图

（四）作业布置

寻找一首能体现祖国某条大江大河的部分水文特征的古诗词，并详解自然地理环境的要素关系。

四、实践成效

1. 引入古诗的设计的实施成效

通过实际的教学实施，我认为把古诗句中的描述与地形区、水文特征进行连线的设计是成功有效的。在课堂上，明显感到通过古诗词的媒介作用，可使地理知识点的理解得到加强。同时通过连线活动联系前面的中国地形的知识，不仅是对新知识点水文特征的学习，也是考核学生对地理学科的地域性与水文特征的内在联系的认识，还能考查与训练学生的区域空间意识和地理空间思维能力。另外，以古诗为媒介，从不同诗句引入到"南北方河流的不同"知识点中的"登楚州城"，学生自然而然地就联想到由小学开始到现在所学的语文知识，或者说古诗。在进行学科知识迁移的同时，既能强化知识，又能让学生领悟文学写作是需要地理知识支撑的，从而深刻理解本节知识点。

通过课后作业与交流，发现此设计让学生在大脑里把河流分布与河流的水文特征落实在了具体的地形区，而这些原本遥远而枯燥的"黄土高原"、"长江中下游平原"等地名及"水量"、"含沙量"等术语，有了诗句与古代才子的赋情描述，立刻就有了生命力，使枯燥的地理知识蕴藏的动人故事与传奇在此显现出来。所以，几首诗的运用，不仅激发了学生学习的兴致，而且提升了学习的成效，这也是把地理知识运用到生活中的一种方式。更可喜的是，此活动设计激发了部分学生深入探究更多的地名与诗词的联系。相信这种方式会帮助学生产生对祖国江河的热爱，对中华文明与古诗词的自豪感。

2. 调整教学内容的实施成效

对于本课教学内容的调整，我在前面已经说明。从本堂课学生学习的情况看，重点解决了"水文特征"知识点的落实与运用，课堂上对"主要河流"知识点进行简略学习，然后通过引导帮助学生运用所学知识，非常有效地再推断出内流区域河流的水文特征，训练与提高了学生的高级思维能力。

3. 关于教学方法的运用的实施成效

地理学科是既涉及人文又与自然科学相关的学科，新教材为突出学生实践活动的比重，减少了叙述知识的文字，学生活动内容、阅读材料、各种插图占据了教材的主要篇幅。本堂课运用了材料分析法、对比法、读图法与因果关系推导法。在课堂上，通过对图表中现象与现象之间的关联分析与对比，学生容易形成地理思维能力与空间判别能力，所学的地理知识不再是"支离破碎"的。另外，学生在老师思维导图的引导下，一步步梳理河流的"水文特征"和"影响因素"之间的因果关系，懂得了学习地理知识不能靠死记硬背，而需要具有空间解读能力与因果联想能力，而这些都是对学生地理思维能力的培养。

（上海市杨浦区铁岭中学　毛云辉）

样例 13："拔河比赛"你做主

一、背景目标

(一) 教材相关背景

本节课所属的教材及内容为：教科版《科学》五年级上册第四单元"运动和力"中的第五课"运动与摩擦"。

(二) 学习目标

1. 知识目标

(1) 能够感知摩擦力的存在。

(2) 学会摩擦力的测量。

(3) 认识到摩擦力大小与接触面有关。

(4) 认识到摩擦力大小与物体重量有关。

2. 能力目标

根据实际生活中拔河比赛的现象，能够猜测摩擦力大小与接触面光滑程度和物体本身重量有关，并能够通过控制变量的实验方法对影响摩擦力大小的因素进行探究，以实验的科学方式来验证自己的猜测。（改成实验的一般方法，并在教案中体现出来，尤其是小结部分）

3. 情感目标

养成对科学知识的浓厚兴趣，通过日常生活现象发现其中的科学知识。意识到科学知识源于日常生活，并服务于日常生活。

二、设计创意

1. 借助乐高 45300 教具"编程"，通过"边玩边学"的方法积极调动学生不断探索学习知识的积极性，结合 STEM 教育理念，将需要讲授的知识转化为需要解决的问题，在此过程中不断培养学生的科学素养。

2. 以学生为主体，在教学过程中给学生提供充分的实验时间和展示成果的平台；建立学习的输入输出平衡系统、自循环系统、自激励系统；培养学生自我激励、不断探索学习新知识的内在动力。

三、导学过程

（一）整体呈现

教学环节	教师活动	学生活动	设计意图
课堂引入	提前准备好"拔河比赛"视频，请同学思考拔河比赛获胜的因素可能有哪些。	1. 观看"拔河比赛"视频。 2. 猜想讨论，哪些因素能够有助于在拔河比赛中获胜。	通过"拔河比赛"，引出本课的主要知识点：影响摩擦力大小的因素有哪些？
基础实验	【实验一】 器材准备：毛巾，乐高45300教具组装的小车（如图1所示），直尺。 **图1　乐高45300教具组装的小车** 提前做好探究实验需要的表格。 **表1　探究实验(改变接触面)** | 不改变的条件	要改变的条件（接触面光滑程度）	小车行驶的距离
---	---	---
小车的重量	粗糙	近
	光滑	远 | 说明：接触面越光滑，小车所受摩擦力越小；接触面越粗糙，小车所受摩擦力越大。 【实验二】 器材准备：乐高45300教具组装的小车（如图2所示），直尺。	【实验前说明】小车行驶距离近，说明所受阻力即摩擦力越大，反之摩擦力越小。 【实验过程】每两位同学一组，进行实验。 【实验步骤】说明：(1)请同学们按照WeDo2.0中模型库"行驶"搭建模型；(2)请同学们编写程序，控制相同的动力及持续时间；(3)控制小车分别在有毛巾和无毛巾的表面行驶，用直尺分别记录：在没有毛巾的表面小车行驶的距离以及在有毛巾的表面小车行驶的距离，并把数据填入表格。 【实验后总结】同学们通过控制"小车重量"，改变"接触面光滑程度"，用实验的方法验证了课前的猜测：物体所受摩擦力大小与接触面有关，越光滑摩擦力越小，反之越大。 【实验前说明】小车行驶距离近，说明所受阻力即摩擦力	用控制变量的实验探究方法完成有关"摩擦力的大小与接触面光滑程度关系"的探究。 训练同学们整理实验数据，并对数据进行分析，总结得出实验结论的能力。 用控制变量的实验探

教学环节	教师活动	学生活动	设计意图
	图 2　乐高 45300 教具组装的小车 提前做好的探究实验需要的表格： 表 2　探究实验（改变重量） | 不改变的条件	要改变的条件（小车的重量）	小车行驶的距离 | |---|---|---| | 接触面的粗糙程度 | 轻 | 远 | | | 重 | 近 | 说明：物体本身越轻，所受摩擦力越小；物体本身越重，所受摩擦力越大。 　　请完成实验的组，总结影响摩擦力大小的因素，即：(1)接触面越光滑，摩擦力越小，相反摩擦力越大；(2)物体本身重量越重，摩擦力越大，相反摩擦力越小。	越大；反之摩擦力越小。 　　【实验过程】每两位同学一组进行探究实验。 　　【实验步骤】说明：(1)完成模型搭建，参考 WeDo2.0 中"行驶"模型；(2)请同学们编写程序，控制相同的动力及持续时间；(3)第一步控制小车在"盛放平台"没有任何勾码情况下行驶并记录下距离，第二步控制小车在"盛放平台"有 1 个勾码的情况下行驶并记录下距离，第三步控制小车在"盛放平台"有 2 个勾码的情况下行驶并记录下距离。把实验数据填入表格。 　　【实验后总结】同学们通过控制"接触面粗糙程度"，改变"小车本身的重量"，用实验的方法验证了课前的猜测：物体所受摩擦力大小与重量有关：物体越轻，所受摩擦力越小；反之越大。 　　同学们整理实验记录数据，并总结影响摩擦力大小的因素。	究方法完成有关"摩擦力的大小与物体重量的关系"的探究。 　　训练同学们整理实验数据，并对数据进行分析，总结得出实验结论的能力。
探究实验	【实验三】 　　猜想：小车行驶距离除了受摩擦力影响外，还受哪些因素影响？ 　　器材准备：之前搭建好的小车、直尺。 　　教师提供参考程序。	学生自己改变程序并运行，记录下小车行驶的距离，并对其进行探究。	该实验充分锻炼了同学们的计算思维、逻辑思维、团结协作等能力，有助于培养他们的综合素养。

教学环节	教师活动	学生活动	设计意图
实验拓展	【"机器小车拔河比赛"】 比赛说明：拔河比赛的胜负关键在于小车摩擦力的大小及小车动力，请同学们根据上节课得出的实验结论，自行设计自己的"战车"来参加比赛。 参考因素：(1)加重车身；(2)尽可能多的胶轮；(3)加大动力。 比赛结果公布，教师对同学们的说明进行点评总结。	同学们设计自己的"战车"参加比赛。 请同学们说明自己的设计意图。	利用比赛过程中激烈的竞争，充分调动同学们的积极性，发挥其创造性，并提高其解决问题、动手操作的能力。

(二) 导学流程

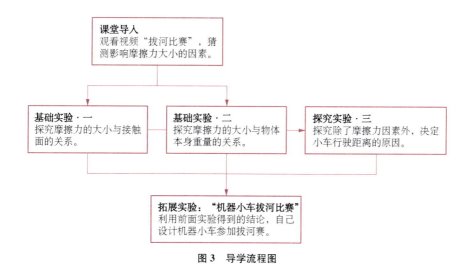

图 3　导学流程图

四、课堂片段

1. 学生完成实验一的情况

光滑表面小车行驶　　　　　　　　　粗糙表面小车行驶

图 6　实验一示例

实验一：探究摩擦力大小与接触面粗糙程度的关系
实验数据记录单：

不改变的条件	改变的条件 （接触面粗糙程度）	小车行驶的距离
小车的质量	粗糙	13cm
	光滑	18cm

说明：接触面越光滑小车所受摩擦力越 **小** ，接触面越粗糙小车所受摩擦力越 **大** 。

实验一：探究摩擦力大小与接触面粗糙程度的关系
实验数据记录单：

不改变的条件	改变的条件 （接触面粗糙程度）	小车行驶的距离
小车的质量	粗糙	短(16)
	光滑	长(20)

说明：接触面越光滑小车所受摩擦力越 **小** ，接触面越粗糙小车所受摩擦力越 **大** 。

图 7　实验一记录单

2. 学生完成实验二的情况

没有勾码小车行驶　　　　　　　　　有勾码小车行驶

图 8　实验二示例

实验二：探究摩擦力的大小与物体本身重量的关系

实验数据记录单：

不改变的条件	改变的条件 （小车自身重量）	小车行驶的距离
接触面粗糙程度	重	16cm
	轻	30cm

说明：小车自身越重小车所受摩擦力越 **大** ，小车自身越轻小车所受摩擦力越 小 。

实验二：探究摩擦力的大小与物体本身重量的关系

实验数据记录单：

不改变关条件	改变关条件 （小车自身重量）	小车行驶的距离
接触面积糙程度	重	10.5cm
	轻	17.2cm

说明：小车自身越重小车所受摩擦力越 **大** ，小车自身越轻小车所受摩擦力越 小 。

图9　实验二记录单

3."机器小车拔河比赛"及获胜者交流分享经验

图10　"机器小车拔河比赛"示例

4. 学生学习体会

反馈表：　　　　班级：五(4)　姓名：成嘉	反馈表：　　　　班级：五(4)　姓名：黄连鹏
通过本节课的学习，你学到了什么？ 摩擦力和重量小车庭快	通过本节课的学习，你学到了什么？ 摩擦力对我们很重要
本节课，你觉得最有趣的部分： 拔河比赛	本节课，你觉得最有趣的部分： 拔河赛
关于"拔河赛"你还有那些想改进的？ 加强迅力开状流线型平衡	关于"拔河赛"你还有那些想改进的？ 马力大一些重一些。

图 11　学生学习心得示例

五、实践成效

在本堂课中,教师先组织学生利用乐高教具做摩擦力大小的实验,得出"影响摩擦力大小的两个因素"。在实验过程中,搭建部分两人一组分工明确,充分培养了同学们的动手能力,增强了他们的团结合作意识。在测量小车行驶距离过程中,同学们自己编写程序,完成实验数据的测量并根据实验数据总结实验结论,使逻辑思维、数学学习、程序编写、语言表达等能力都得到了锻炼。在拓展部分,教师放手让学生自己根据所学知识点,通过增加摩擦力这个原则来设计小车,并动手搭建自己的"大力士"模型来解决问题,从中充分激发了同学们的创造力,让他们在"玩中探索"、"玩中思考"、"玩中学习"。

(云南省昆明市盘龙区明通小学　姚睿;

云南省昆明市盘龙区教师进修学校　张向红)

样例14：字字值千金,句句蕴真情

一、背景目标

本课出自沪教版《语文》七年级下学期第六单元"宋词集萃(下)"中的知识卡片:炼字。在卡片中,对炼字的目的进行了解释:以最恰当的字词,贴切生动地表现人或事物。对于学生来说,学习炼字的目的在于更好地了解字词在诗句中的作用。基于这一点,本课的教学目标设定如下:1.通过诵读、赏析,掌握"炼字"的概念,积累相关的鉴赏知识;2.通过对诗歌字词运用的分析,学习基本的文言现象及其作用;3.通过鉴赏方法的学习以及反复诵读,培养学生对古典诗词的鉴赏评价能力,并激发他们对中国优秀传统文化的热爱之情。

二、设计创意

古诗文的鉴赏是学生的薄弱环节,也是日常教学的难点。执教者应迎难而上,立足于古诗词赏析的特质,借鉴诗词鉴赏的传统方法,在深入研读文本的基础上,辅以现代信息技术手段,为学生创设情境、铺设阶梯,借助导学案,运用演绎法,归纳出解读此类文本的思考路径,进而引导学生尝试用此路径解决类似问题,达到"学习——巩固——掌握"的目的。

在具体教学中,教师从学生薄弱环节出发,指导学生学习根据字词的含义理解整首诗歌的意义。在平时的教学、测试中,古诗文的鉴赏是一个难点,学生对于经典古诗词的感受不深,对于作者的思想感情理解不够,导致赏析时无从入手。教师以字词为突破口——体会作者的"炼字",进而归纳出思考此类问题的一般路径,教学效果明显。

教师通过《题李凝幽居》《泊船瓜洲》和《除夜作》三首诗,在多媒体平台的辅助下,为学生铺设台阶,引导学生从字入手,步步深入;同时用循循善诱的语言、细致入微的指导,为学生的学习打下基础;最后通过学生的自主思考、互相讨论,总结了思考、操作路径,再通过多项选择题和自主改诗题,充分地展现了整节课良好的学习效果。

整节课中教师教法有序有章,学生学有所得,全面地展现了教师的教学素养、学生的学习成果,以及多媒体设备下语文课堂的高效性。

三、导学过程

(一)导学流程

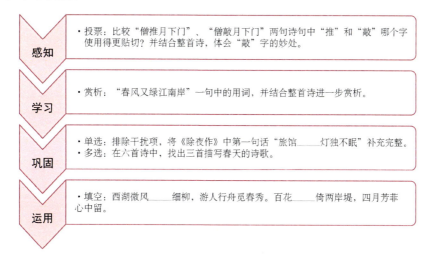

感知
· 投票:比较"僧推月下门"、"僧敲月下门"两句诗句中"推"和"敲"哪个字使用得更贴切?并结合整首诗,体会"敲"字的妙处。

学习
· 赏析:"春风又绿江南岸"一句中的用词,并结合整首诗进一步赏析。

巩固
· 单选:排除干扰项,将《除夜作》中第一句话"旅馆____灯独不眠"补充完整。
· 多选:在六首诗中,找出三首描写春天的诗歌。

运用
· 填空:西湖微风____细柳,游人行舟觅春秀。百花____倚两岸堤,四月芳菲心中留。

图1 导学流程图

（二）整体呈现

环节一

【导学案】

比较"僧推月下门"、"僧敲月下门"两句诗句？投票："推"和"敲"，哪个字使用得更贴切？

【目的】

播放视频，诗人贾岛在诗歌创作中，对用字产生了犹豫。让每一位学生积极思考，比较"推"、"敲"二字，参加课堂教学过程。引导学生正确分析动词对表现事物情状的作用。

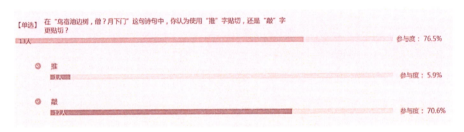

图 2　学生比较"推"、"敲"二字

环节二

【导学案】

观看第二段视频，结合整首诗，"敲"字的作用还有哪些？

【目的】

结合《题李凝幽居》整首诗，体会作者所使用的写作方法：以声衬静。让学生初步了解如何通过一个字来掌握整首诗的内容。

环节三

【导学案】

在诗句"春风又绿江南岸"中，你认为哪个字运用得最生动？

【目的】

通过之前的练习，运用已习得的思考路径，从字的词性入手，进行分析。

环节四

【导学案】

要求学生自主思考,排除干扰项,将《除夜作》中第一句话"旅馆_____灯独不眠"补充完整。

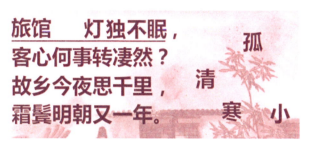

图 3　诗句填空

【目的】

通过之前的学习,学生初步认识到了动词、副词对描述事物情状、表现思想感情上的作用。通过这道填空题,运用 Flash 动画,去掉了"寒"字,并且增加了"清"、"孤"、"小"等干扰项,让学生进一步理解形容词对诗歌的作用。

初步小结炼字的概念、作用。学生初步理解通过使用不同词性的字,使用不同的写作方法,以达到炼字的目的:体现事物情状,展现思想感情。

图 4　炼字说明

环节五

【导学案】

多选题:六首诗歌都是描写四季之景的,从中选择三首刻画春季美景的诗歌。

【目的】

经过了三首诗的赏析,学生对炼字这一概念及作用有了更深刻的认识,明确了能够通过动词、副词、形容词抓住特点,分析字词所运用的手法,来赏析作者所表达的事物情状和思想感情。

1. 【多选题】请在下列诗歌中，找出三首描写的季节为春季的诗歌。

☐ A. 景雨初过爽气清，玉波荡漾画桥平。穿帘小燕双双好，泛水闲鸥个个轻。

☐ B. 不是爱花即欲死，只恐花尽老相催。繁枝容易纷纷落，嫩蕊商量细细开。

☐ C. 风前千片雪，镜里数茎丝。肠断青山暮，独攀杨柳枝。

☐ D. 绿槐影里一声新，雾薄风轻力未匀。莫道闻时总惆怅，有愁人有不愁人。

☐ E. 黄四娘家花满蹊，千朵万朵压枝低。留连戏蝶时时舞，自在娇莺恰恰啼。

☐ F. 银烛秋光冷画屏，轻罗小扇扑流萤。天阶夜色凉如水，坐看牵牛织女星。

图 5　诗歌赏析练习

通过一道多选题来练练手，以检测学生在这堂课上的学习效果。

环节六

【导学案】

填空题：西湖微风_____细柳，游人行舟觅春秀。百花_____倚两岸堤，四月芳菲心中留。

【目的】

通过之前的学习，学生对字词在古诗中的作用有了一定的了解。这一道填空题要求学生运用所学知识进行填空，检测学生学习情况。

图 6　学生填空示例

四、实践成效

本次教学运用导学案的设置，一步一步引导学生深入理解炼字的方法和作用。力求使学生能够了解"炼字"概念，学习鉴赏方法，领悟作者的思想感情，并且能够学会运用炼字手法，增强诗句感染力。

首先从视频导入，通过观看视频让学生对炼字的概念有初步的认识，通过投票的形式调动了班级所有学生的积极性，提高了学生们的参与度。

用贾岛的"推敲"的故事让学生对炼字产生兴趣后，用"春风又绿江南岸"进行巩固练习，通过关键诗句让学生体会动词和副词对整首诗的事物情态和思想感情的影响，使得学生对炼字的用法和作用有进一步的认识和理解。

在下一个环节中，利用 ischool 平台的 Flash 拖拽功能，让学生利用所学的关于炼字的方法和作用，对《除夜作》中的一个形容词进行选择，再次深入体会字词在句中的作用。同时，多媒体的运用能够直观、快速地反馈学生的思考思路、学习情况。在这一环节中，因为活动形式的新颖，学生们的兴趣高涨。先由小组成员独立作答，再小组内进行讨论分析，通过不断地琢磨修改自己的答案，使得学生对炼字的作用有了更加深入的理解。这一环节是让学生自己填空，而非给出现成诗句。依托 ischool 平台，借助多媒体的辅助，使题目形式更加新颖，激发了学生的兴趣，同时有一定的坡度让学生攀爬，使得导学效果更加明显。通过这一题的学习，学生能够全面理解形容词对所在诗句以及整首诗的作用。教师能根据实时的学习情况，有的放矢地进行教学引导。

通过以上导学环节的思考与训练，依托 ischool 平台的当场反馈的优势，让学生对炼字的方法有了系统性的认识，明白了可以通过对字的词性的解读及作用的赏析来鉴赏一个字的用意，从而真正体会"字字值千金，句句蕴真情"。

接下来利用 ischool 的多选题的形式，完整考察学生本堂课的学习效果。下发题目后，系统会即时反馈学生的答案和全班的答题正确率，使得教师能快速评估学生对于本堂课的学习效果。而在本环节的设计上，一方面能让学生全面地理解动词、形容词、副词的使用对整首诗的影响；另一方面，也设置了一定的学习难度。

最后一个环节，提升难度，让学生通过自己填字，再次领会炼字的方法和作用。学生作答完毕后，当场展示优秀作品，教师直接掌握学生学习情况。学生自我比较、分析，互相探讨、研究，教师点评开展指导。学生们通过一节课的学习，能够较为熟练地使用动词和形容词来体现事物情状,表达思想感情,涌现了许多优秀的答案,如"西湖微风织细柳"、"西湖微风吻细柳"、"百花娇倚两岸堤"、"百花媚倚两岸堤"等。

高效的课堂是我们努力的方向,让学生喜欢学习、乐于学习是我们义不容辞的责任,一份小小的导学案会给课堂带来无穷的魅力。一节课下来,通过现代化教学手段的运用,激发了学生的学习热情;借助导学案铺设台阶,教学成果明显,充分地展现了现代化教学手段下语文课堂的有效性,实现语文课堂的韵味与现代技术的高效融合。

(上海市杨浦区控江初级中学　叶旭蔚)

样例15：制作一个一分钟计时器

一、背景目标

1. 学习内容

本课选自教科版义务教育课程标准实验教科书《科学》五年级下册第三单元"时间的测量"第八课"制作一个一分钟计时器"。

2. 基于课程标准

《课程标准》对本课的要求是:"了解钟摆制造原理,设计一个简易机械摆钟。"这需要让学生从生活经验出发,知道生活中机械摆钟的内部构造,运用周围的物品模拟制造一个计时器。让学生通过实际操作,熟悉摆钟的原理以及体验设计摆钟的过程。

3. 基于教材特点

"制作一个一分钟计时器"是本单元的最后一课,同样是研究对时间的测量,不同的是这节课主要让学生自己动手制作一个摆钟,并对自己做的摆钟进行测量。

在前面的学习中研究了太阳钟、水钟、机械摆钟等的摆,学生认识了摆具有等时性,明白了摆的快慢与摆长有关,为本节课打下了知识基础。

本节课以观察机械摆钟和动手制作一个计时器两个活动为载体,以科学实践探究为核心,教学内容活动性强,教材提供的活动情景贴近学生。学生在观察机械摆钟内部构造时提出研究问题,交流完善设计计时器方案,并通过制作一个计时器的实践活动,充分认识到技术在人类社会发展中的作用。

4. 基于学生实际

由于现在科技的进步,机械摆钟在学生视线中出现的机会越来越少,学生对于机械摆钟的了解大部分来源于媒体、电视,对于机械摆钟的内部构造知道得更是微乎其微。所以设计制作一个计时器前需要让学生充分观察机械摆钟的内部构造。

学生在第七课"做一个摆钟"时已经开始使用乐高9686教具进行了简易摆钟的搭建,对于乐高9686教具的基本材料都已经熟悉。本节课通过观察机械摆钟,运用机械摆钟的原理用乐高学具进行摆钟搭建。学生在搭建过程中不断探究,逐渐认识到技术对于人类社会发展的作用。

5. 学情调查

表1 学情调查表

调查点	知道/经常	有印象/偶尔	不知道/从没有
(前概念)见过机械摆钟	25(71.4%)	10(28.6%)	0(0%)
(生活经验)给机械摆钟换过电池	5(14.2%)	10(28.5%)	20(57.4%)
(生活经验)玩过乐高玩具	35(100%)	0(0%)	0(0%)
(知识广度)用乐高做过简易摆钟	7(20.0%)	28(80.0%)	0(0%)

(注:抽样人数35人)

6. 学习目标

科学概念:机械摆钟是摆锤与齿轮操纵器联合工作的。

过程与方法:(1)观察摆钟内部的构造;(2)制作一个计时一分钟的简易摆钟。

情感态度价值观:体验研究计时工具带来的乐趣,认识到科学必须与技术结合才能更好地发挥作用。认识人类研究和发展计时器的伟大历程,感受人类在计时技术上的不懈追求。

7. 学习重点

认识摆钟的内部结构,理解其工作原理。

8. 学习难点

制作一个计时一分钟的简易摆钟。

9. 实验准备

机械摆钟一台,乐高9686教具4套,实验记录单。

二、设计创意

本节课有两个亮点：1.在课程开始时让同学联系生活思考生活中的摆钟摆是什么样子的，并通过现场拆分一架摆钟了解摆钟的内部构造，让同学利用乐高9686学具进行搭建。在搭建过程中思考如何调整摆长，使搭建的摆钟达到一分钟摆动60次。通过乐高教具的运用，很巧妙地解决了本节课的难点，即制作一个计时一分钟的摆钟。2.学生可以设计出简易的单摆，但是完成复杂分钟计时器的搭建需要老师的指导。我将分钟计时器的整体搭建过程录制成微课，学生可以边看视频边搭建，有效地加快搭建速度。

三、导学过程

（一）导学流程

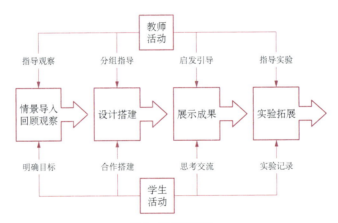

图1　导学流程图

（二）整体呈现

教学环节	教师活动	学生活动	设计意图
情景导入	（多媒体呈现故事情景） 同学们，随着龟兔赛跑比赛的开始，狐狸裁判遇到了为他俩计算比赛用时的难题。如何解决这个难题呢？	1. 观看图片，听故事。 2. 思考如何用身边的材料制作一个一分钟计时器。	以龟兔赛跑中狐狸裁判遇到难题引入课题。让学生一开始就成为课堂的主人。

教学环节	教师活动	学生活动	设计意图
	聪明的狐狸裁判想到了利用乐高现场搭建一个分钟计时器的好主意。揭示课题:"制作一个一分钟计时器"。		
回顾观察	活动一:回顾简易单摆 我们已经制作了一个一分钟摆30次的摆,那么摆钟是怎样利用这样的摆来带动指针一直以相同速度转动的呢? 活动二:观察摆钟的齿轮操纵器 老师这里有一个摆钟,让我们拆开摆钟,看个究竟吧! 问题1:谁来说说,你都看到了什么,有什么发现? 图2 齿轮操纵器示例 问题2:摆锤和齿轮操纵器是如何协同运作的呢? 图3 摆锤和齿轮操纵器工作原理	完成活动一: 1. 回顾上节课所学习的单摆结构。 2. 回顾一分钟摆动30次的单摆需要通过改变摆的哪些条件完成。 3. 想象如果装上一个指针,简易单摆会怎么样。 完成活动二: 1. 观察摆钟内部构造。 2. 认识齿轮及齿轮操纵器。 3. 讨论摆钟的结构由哪几个部分构成。 4. 讨论摆锤和齿轮操纵器如何协调工作。	活动一设计意图: 1. 通过观察实物及课件,知道齿轮操纵器控制齿轮转动的原理。 2. 通过复习上节课内容,增强对于摆的认识。 3. 让学生发挥想象,锻炼学生想象能力。 活动二设计意图: 1. 通过观察现实摆钟,学生的观察能力可以得到培养和提高。 2. 小组讨论摆钟的结构,培养小组的合作意识。为下一步设计摆钟奠定基础。

教学环节	教师活动	学生活动	设计意图
设计搭建	活动三：利用乐高学具安装分钟计时器 问题1：思考如果要搭一座可以立在桌子上的计时器,需要搭建哪些关键部位? 问题2：分钟计时器的底座需要用到哪些零件? 问题3：分钟计时器的核心部位需要用到哪些零件? 问题4：齿轮操纵器可以用什么代替?	1. 学生分小组,用比一比、画一画的方式设计分钟计时器。 2. 选择搭建底座所需要的零件,选好后开始合作搭建底座。 3. 选择搭建计时器机身所需要的零件,选好后合作搭建。 4. 根据图纸和搭建视频组装完成分钟计时器。	1. 让学生用比一比、画一画的方式设计摆钟,目的在于培养学生的设计能力。 2. 由于搭建计时器所需要的零件小而多,时间又比较紧张,选好零件开始搭建可以做到紧张有序。 3. 分钟计时器的搭建对于学生来说有些复杂,利用图纸和搭建视频可以减少学生的搭建困难。
展示成果	活动四：展示搭建成果 请各小组展示搭建好的分钟计时器,并分享搭建经验。	展示搭建的分钟计时器并介绍自己小组的搭建过程。	经过设计和搭建过程,每个小组都希望在同学面前进行展示。这个环节可以让学生互相学习,培养学生展示分享自己作品的能力。
实验拓展	用搭建成功的计时器进行实验并填写实验记录单。 表1　实验记录单 | 摆锤所在位置	预测(单位:秒)	实测(单位:秒)
---	---	---
不加长摆线,摆锤在底端		
保持摆线长度不变,向上移动摆锤		
保持摆锤位置不变,加长摆线长度				学生小组合作开展实验,并完成实验记录单。	让学生在实验中明白摆动次数和什么有关系,进一步掌握之前所学的知识。

四、实践成效

1. 课堂上比较顺利地实施了自己的教学设计,讲解环节和学生动手搭建环节的把控还是比较到位的。课堂气氛较活跃,学生都能积极参与。

2. 本节课当堂收获 6 件乐高分钟计时器作品。通过动手制作、展示等活动,学生们充分地"做中学"、"做中思",百分之九十以上的同学均能够理解到摆钟的内部结构及其工作原理,本课的教学重点切实得到了落实。

3. 此次授课,我将乐高 9686 教具运用于分钟计时器的搭建。将乐高套件运用于科学课,对于科学课来说是一个大胆的创新及尝试。学生对乐高非常有兴趣,整节课每位同学都参与了分钟计时器的搭建。

附课堂教学片断:

图 5　活动三:搭建分钟计时器

图 6　活动四:展示搭建成果

图 7　实验拓展示例

(云南省昆明市高新一小附属磊鑫外国语学校　王　馨;

云南省昆明市盘龙区教师进修学校　张向红)

样例16： 感受丰富多彩的民族民间舞蹈

一、背景目标

1. 教材相关背景

本节课所属的教材及内容为：沪音版《艺术》高中一年级第二学期第三单元"肢体语言　心灵律动"。

2. 学习目标

（1）知识目标

① 认知民间舞的来源及其特点。

② 了解与感知生活中民间舞的特点。

③ 认知舞台上的民间舞的艺术美与舞蹈的表现形式。

④ 认知舞蹈的灵魂是民族文化。

（2）能力目标

① 参与跳两段民间舞"火把节"与"秧歌舞"，体验民间舞带来的乐趣，感受民间舞的民族风情。

② 感受与感悟《安塞腰鼓》浓浓的生命激情及《可爱的一朵玫瑰花》细腻、美好的情感。

③ 赏析《可爱的一朵玫瑰花》的艺术美，获得审美愉悦。

（3）情感目标

① 通过体验与赏析民间舞，激发与培养学生对民间舞的热情与兴趣。

② 通过多民族的舞蹈掠影的欣赏，增进学生的民族情感，增强对民族文化的自信。

二、设计创意

1. 深入教材内容，提炼舞蹈认知

以学生为主体，整合高一两册教材的舞蹈内容，整理与提炼舞蹈认知思路：舞之源——舞之魅（生活中的民间舞）——舞之美（舞台上的民间舞）——舞之魂，四个层次层层递进，有助于学生清晰地、整体地认知舞蹈。

2. 创设体验性民间舞，"动"中乐学

抓住舞蹈艺术的体验性与实践性特征，设计"以动觉为先，文字为辅"的民间舞体验，以点燃学生

舞蹈热情的"火把节"导入课题,还通过学扭"秧歌舞"进行体验。学生通过这两段民间舞的体验来了解民间舞,认知民间舞,激发与培养对民间舞的热情与兴趣,产生积极欣赏民族民间舞的愿望。

3. 制作"丰富多彩的民族民间舞掠影",点亮学生眼球

欣赏"丰富多彩的的民族民间舞掠影",感受多民族的风采,丰富与积累对多民族民间舞蹈的感性认知,开阔学生的艺术视野。欣赏"丰富多彩的民族民间舞掠影"是对本课的小结,升华审美情感,点亮学生的眼球,同时也点题。

三、导学过程

(一) 整体呈现

教学环节	教师活动	学生活动	设计意图
课堂导入	1. 提前准备好教学用具(红绸)与音乐。 2. 设问:"哪位同学来分享一下你了解的'火把节'内容?""哪位同学用红绸模拟篝火?" 带领学生一起跳"火把节"民间舞。 3. 设问:"舞蹈带给你怎样的体验?"	学生交流"火把节"的相关内容(此内容为课下探究的内容),教师和其他学生补充。 学生跟着教师一起跳"火把节"舞蹈,个个喜笑颜开。 表达:"体验到参与民间舞的开心与快乐,感受到彝族人民节日庆祝时的热烈情绪与民族风情。"	通过体验参与"火把节"民间舞,导入本课课题。 体验参与民间舞的快乐与感受舞蹈的热烈情绪与民族风情。 以激情似火的"火把节"点燃学生的舞蹈热情,激发与培养学生对民间舞的喜爱与兴趣。
舞之源	1. 设问:"舞蹈表达了什么内容? 动作模拟了什么形态? 请为其起个名称。" 引导学生观赏《雀之恋》《山鹰》片段。 2. 设问:"发现老师的动作源自哪里?" (1) 跳一段蒙古族《故乡情》。 (2) 示范几个维吾尔族舞蹈动作,结合图片讲解。 讲解:"这个维吾尔族动作是'托帽',托住小花帽。" (3) 示范几个哈萨克族舞蹈动作。	观赏视频片段。 思考与表达: (1) "舞蹈动作模拟了孔雀的形态,表达了孔雀相恋,名称为'孔雀的恋爱'或者'孔雀的爱情故事'。" (2) "舞蹈动作模拟了雄鹰的形态,起名为'高山上的雄鹰',表达了威猛、勇敢的精神。" (3) "蒙古族舞蹈给人	通过欣赏舞蹈视频《雀之恋》(傣族)、《山鹰》(塔吉克族)的片段与教师示范蒙古舞《故乡情》,以及几个维吾尔族和哈萨克族的特色动作,引导学生探究动作模拟了什么,源自什么。了解舞蹈来源于生活,又服务于生活,是高于生活的提炼。

教学环节	教师活动	学生活动	设计意图
	讲解:"在哈萨克族中,猫头鹰是神圣之物。猫头鹰羽毛被哈萨克人看作吉祥之物,同时也象征勇敢和坚定。在姑娘未出嫁之前,头饰上都插有猫头鹰羽毛。这个翻腕动作与玩羽毛有关。" 　3. 引导学生了解舞蹈动作的产生与民族习俗相关。 　4. 小结:舞蹈动作有来自对大自然动植物的模仿,有表现生产、生活方式的,也有体现民族习俗的。舞蹈是传达生产、生活情景的行为,用肢体动作来抒发、表达情感。	'高'、'远',一种开阔的感觉;动作模拟了鸟飞、大雁飞、挤牛奶、骑马等特色动作,抒发了对大自然和家乡的热爱。" 　(4)"舞蹈动作来自大自然和生活。"	
舞之魅	1. 教师演示"秧歌的演化"。 　(1)师:"你们看老师跳的是什么舞? 它是怎么产生的?"(演示)→插秧 　(2)带领学生学扭秧歌舞,体验自娱美。 　(3)小结:秧歌是流传于我国北方汉族的一种民间歌舞。这种边歌边舞的形式最初与人们的田间劳作相伴,后来成为走会或花会的重要组成部分。在传统的元宵节的农村广场,人们最喜欢舞起秧歌,欢庆佳节。人们在舞动中会不断地创新,在流传中不断地变异,不同地域的风格色彩也不同。在陕北有一种节庆秧歌很有名,你们知道是什么吗? 　2. 引导学生欣赏《安塞腰鼓》。 　(1)设问:最感染你的是什么? 这种舞蹈有什么特点? 　(2)引导学生分析。 　3. 引导学生欣赏电视散文《安塞腰鼓》。 　4. 引导学生小结"民间舞"。	了解秧歌的产生。 学扭秧歌舞,体验自娱美。 欣赏《安塞腰鼓》片段。思考与表达:"舞出了生命的激情"、"情感的宣泄与释放"等。 欣赏电视散文《安塞腰鼓》。思考与表达:"具有浓郁的地方特色"、"一方水土养育一方儿女"等。 小结民间舞:在人民群众中广泛流传,产生于民间,受民俗文化的制约(生存环境、风俗习惯、生活方式、民族性格、文化传统、宗教信仰等),形成具有鲜明的民族性(民族风格)和地方特色的传统舞蹈形式。	通过实践、观赏,体验参与民间舞的快感,感知民间舞的特征与魅力所在。拓展不同的艺术形式(电视散文)进行欣赏,进一步升华审美情感,感受舞蹈表达情感之美的同时体验文学语言、朗诵、音乐之美,使学生深入了解其人文内涵。

教学环节	教师活动	学生活动	设计意图
舞之美	1. 导言：当艺术家将民间舞进行有主题的创作，经过艺术加工、提炼，展现在精美的舞台上时，它会变得怎样？ 2. 赏析作品《可爱的一朵玫瑰花》。 （1）情境：有一位哈萨克族青年朝思夜想一个姑娘，终于鼓起勇气，带着能诉说他心声的冬不拉，来到了姑娘的窗下，接下来会发生什么？ （2）初赏设问：青年接到玫瑰后是怎样的情绪与情感？引导过程：学生表达→"演员用肢体如何表现这种情感？"→ （3）小结：舞蹈是表达情感的艺术，用肢体传达心灵的律动。 （4）复赏设问：除了肢体语言外，还有哪些元素渲染氛围？ 灯光：暗——明亮——红； 音乐：欣喜、冬不拉主奏、快速、强——弦乐——人声"啊"；道具；服装；背景（绽放的玫瑰点题）。 （5）引导：表达欣赏感受。 （6）板书： 图 1　舞元素 3. 设问：《可爱的一朵玫瑰花》舞蹈的表现形式是什么？ 小结：独舞，又称"单人舞"。由一名演员表演，具有独立内容和意境的舞蹈形式，多用来抒发人物的思想感情。结构精炼，感情丰富，演员要具有较高的技巧和较强表现力。	初赏《可爱的一朵玫瑰花》。 思考与表达： （1）"激动、欣喜，是通过演员接到玫瑰（抓的动作），地上翻两滚——放在冬不拉旁，马步蹲跳——旋转——欣赏（远看、渐近看、趴地看）——抛起等动作来表现的。" （2）"珍爱、陶醉，是通过演员跪下、口含玫瑰、怀抱冬不拉、一摇一摆、醉态地走等动作表现的。" 复赏：结合肢体、表情、音乐及舞美，进一步感受舞蹈作品蕴含的艺术美。 表达感受："演员'醉'了，我也'醉'了。舞蹈塑造了一个激情饱满，热爱生活的积极向上、帅气、阳光的男青年形象。他表达了对美好爱情的向往与追求，这美好的情感让演员演绎得使人陶醉其中。" 了解表现形式：独舞、双人舞、三人舞、群舞、舞剧、歌舞、音乐舞蹈史诗等。 师生共同小结：在民间舞的基础上进行有主题的创作，是源于生活，又高于生活的一种艺术提炼，它带给我们美的欣赏价值。	在欣赏中了解舞蹈是抒发情感的艺术，赏析《可爱的一朵玫瑰花》的艺术美，了解相关基本知识，在复赏中充分感受作品中蕴含的艺术美。 学会欣赏舞台上的艺术舞蹈。

教学环节	教师活动	学生活动	设计意图
舞之魂	1. 教师带领学生梳理与总结对舞蹈的认知。 PPT出示： **图2　舞蹈的认知层次** 2. 自主探究：请课下探究一种你感兴趣的民族民间舞蹈，学跳几个特色动作，了解其动作的产生，并将其编创为一段舞蹈。 3. 拓展欣赏：CCTV电视舞蹈大赛；中国舞蹈大赛(荷花杯)；上海市艺术舞台上的表演；春晚舞台上的舞蹈；优秀作品：《吉祥颂》《酒歌》《奔腾》《酥油飘香》《花儿为什么这样红》《苗山节拍》等。 4. "舞之魂"的补充： "例如，《山鹰》塔吉克族的舞蹈，塔吉克族大多聚集在新疆的塔什库尔干地区，地处世界屋脊帕米尔高原东部，过着半定居半游牧的生活，被称为'高原上的雄鹰'。民间流传有'鹰舞'，模仿了鹰的动作。'鹰'在塔吉克文化中的地位非同一般，鹰是勇敢、正义、忠贞、纯洁的象征，积淀着极为深刻的历史与文化的内涵。"(边讲解边做几个"鹰手位"动作。)	随老师一起梳理与总结对舞蹈认知。 **【舞之源】** 舞蹈源于生活，又服务于生活。 **【舞之魅】** 参与民间舞，我们在感受鲜明的民族性与地域风格的同时，体验自娱自乐之美，既健身也丰富我们的生活。 **【舞之美】** 将生活中的民间舞进行有主题的、有创意的加工，加上舞美等素素，打造了精美的、充满艺术美的艺术舞蹈，带给我们一定的审美与欣赏价值。我们要学会欣赏这一类作品，提高艺术审美能力。为同学推荐几种欣赏途径与作品。(见拓展欣赏) 表达(课下探究)： "傣族人民喜爱和崇尚孔雀，把孔雀视为善良、智慧、美丽、吉祥和幸福的象征。傣族的《孔雀舞》有着很长历史，并被纳入了宗教的礼仪之中。因此，每年的佛教节日和迎接新年时，都一定要表演《孔雀舞》。" **【舞之魂】** "每一种民间舞的背后都折射出其民族的历史人文，民族文化是舞蹈的灵魂。"	梳理与总结对民间舞的认识："舞之源"、"舞之魅"、"舞之美"、"舞之魂"的要点；在梳理中锻炼学生的概括能力；提高学生审美能力，增强其人文知识。
德育渗透	1. 导言："今日生活在我国广大地域中的56个民族，经过漫长的岁月和丰厚的文化积淀，拥有不同的生态环境、历史和文化背景。下面我们来欣赏我制作的三分	观赏"丰富多彩的民族民间舞掠影"。	

教学环节	教师活动	学生活动	设计意图
	钟'丰富多彩的民族舞蹈掠影'。" （1）圈舞（藏族） （2）《欢笑的银铃》（苗族） （3）《踩云彩》（彝族） （4）《邵多丽》（傣族） （5）《呀拉索》（藏族） （6）《在那遥远的地方》（维吾尔族） （7）《酒歌》（蒙古族） （8）《带羽毛的姑娘》（哈萨克族） （9）《花儿为什么这样红》（维吾尔族） （10）《黄土黄》（汉族） （11）《离太阳最近的人》（塔吉克族） （12）"木卡姆"艺术形式（维吾尔族） 2. 小结：这些不同民族所流传下来的民间舞,或雄浑刚健,或阴柔婀娜,或源于祭祀仪式,或为寻求爱情友谊,经过漫长的历史发展与文化积淀,形成了具有我国特色的优秀传统民族文化。56 个民族铸就了一个强大的中华民族,热爱、传承与发展我国优秀的民族传统文化是我们中华民族学子的责任与使命,正如歌中所唱:"56 个兄弟姐妹是一家,56 种语言汇成一句话:爱我中华。"	表达: （1）"这些舞蹈令我目不暇接,感叹我国有着丰富多彩的民族民间舞,不同地域、不同色彩,我们应该学习并传承这丰厚的民族文化。" （2）"我国历史悠久,地大物博,多民族共同生活在一个大家庭,我们应积极学习、传承与发展我国优秀的传统民族文化。"	欣赏民族民间舞掠影,进一步感受丰富多彩的民族民间舞蹈之美,激发学生对中华民族文化的认同感与文化自信,增进民族情感。

（二）导学流程

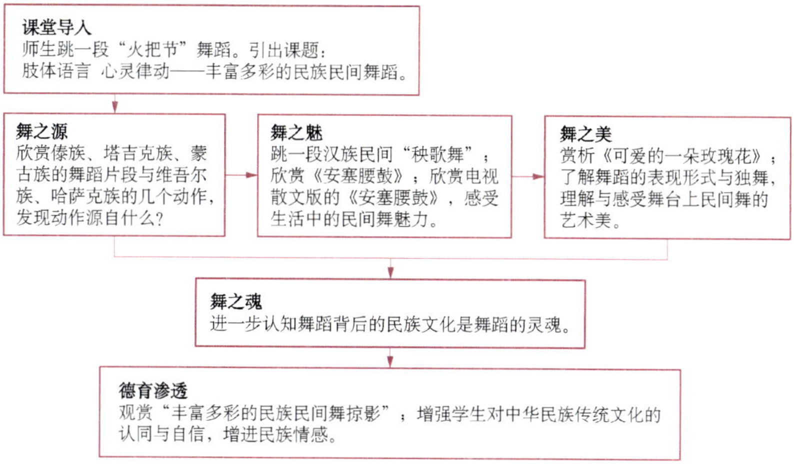

课堂导入
师生跳一段"火把节"舞蹈。引出课题:
肢体语言 心灵律动——丰富多彩的民族民间舞蹈。

舞之源
欣赏傣族、塔吉克族、蒙古族的舞蹈片段与维吾尔族、哈萨克族的几个动作,发现动作源自什么?

舞之魅
跳一段汉族民间"秧歌舞";欣赏《安塞腰鼓》;欣赏电视散文版的《安塞腰鼓》,感受生活中的民间舞魅力。

舞之美
赏析《可爱的一朵玫瑰花》;了解舞蹈的表现形式与独舞,理解与感受舞台上民间舞的艺术美。

舞之魂
进一步认知舞蹈背后的民族文化是舞蹈的灵魂。

德育渗透
观赏"丰富多彩的民族民间舞掠影";增强学生对中华民族传统文化的认同与自信,增进民族情感。

图 3　导学流程图

四、实践成效

从课堂观察与反馈来看：整节课学生都充满了快乐体验。不论是参与体验民间舞，还是欣赏民间舞，学生表现出对民间舞学习的热情与兴趣，充分感受了祖国各民族丰富的民间舞与民族文化的魅力。例如，跳了"火把节"舞，A学生说了自己的体验："跳起来很开心，感受到了彝族少数民族风情。"了解了秧歌舞与欣赏《安塞腰鼓》和《可爱的一朵玫瑰花》（哈萨克男子独舞）等舞蹈后，B学生发言："真是一方水土养育一方儿女，不同地域有着不同的地域风格，不同地域的不同民族更有着各自独特的风格。"在梳理舞蹈认知时，C学生说道："舞蹈能抒发思想感情，是表达心灵的律动，它源于生活，又服务于生活，还是高于生活的一种提炼。"

从后续的学习来看：当艺术课中涉及民族音乐与舞蹈时，学生都会很有兴趣地、积极主动地辨别是哪个民族的音乐和舞蹈，学习专注度提高。高一新生进校舞蹈队时，大部分学生表明：不想学民族舞，只想学习街舞、爵士舞等。此课上完二个月后，教学蒙古族舞蹈《鸿雁》时没有学生说不喜欢，都很专注地学习，能积极体验舞蹈传递的情感及其文化。

此课涉及十几个民族的舞蹈，打开了学生的眼界，确实吸引了他们对民族文化的关注，在传播与传承民族文化的同时增进了民族情感。

附课堂教学片段：

图4 师生共跳"火把节"舞蹈　　　　图5 学生学跳"秧歌舞"

图6 教师引导学生梳理与总结对舞蹈的认知

（上海市嘉定区中光高级中学　丁志红）

样例 17: Travelling in 10 years' time

一、背景目标

在传统听力教学中,由于学生语言水平参差不齐,部分学生容易产生孤立无援的心理体验。此外,听的过程具有非常明显的内在化特点,教师难以判断学生是否在聚精会神地听,也往往因为无法及时发现问题而没有提供及时的引导。另外学生往往较难产生真实语境下的交际需求。基于以上原因,教师在初中英语听说课中尝试导学案,希望导学案设计能为学生听说学习提供帮助和支持,使他们更积极主动地参与听说学习,体验真实情境下运用英语进行交流所带来的成就感。

本节课选自牛津上海版《英语》六年级下册"Module2 Unit 7 Travelling in 10 years' time",课型为听说课。导学案的设计贯穿整堂课,以城市交通的变化为主线,为学生听说学习创设真实语言环境。通过一节课的学习,学生最终能通过记录关键信息来捕捉文本大意和细节,能利用思维导图促进思考和表达,能使用比较级与交通设施和交通工具相关词汇谈论花园城市和上海交通的变化。

二、设计创意

学生在教师的引导下,围绕城市交通变化这条主线,完成每个环节的导学内容,具体设计流程和目的如下。

1. Video: traffic facilities and means of transport

结合导学案,教师播放一分钟视频,学生边欣赏边记录关于交通设施和交通工具的词汇。在分享环节,教师可以适当板书来帮助学生记录信息。活动既有趣味性又有挑战性,起到了激发兴趣、点明主题、引入词汇的作用。

2. Travelling by bus in Garden City in the past and at present

导入环节,教师对前一课时所学的阅读内容进行复习,促进学生旧知识和新知识发生联系。学生通过使用 all of/most of/some of/none of 复习量的表达。结合导学案,教师启发学生使用 more/fewer 对所学内容进行概括,对花园城市过去与现在的公交车进行对比,得出"changes"的主旨大意。

e. g. In the past, **all of** the bus drivers were men. Nowadays, **some of** the bus drivers are women. →There are <u>more</u> women drivers.

In the past, **none of** the buses were air-conditioned. Nowadays, **most of** them are air-conditioned. →There are <u>more</u> air-conditioned buses.

In the past，**all of** the buses were single-decker buses. Nowadays，**some of** them are double-decker buses. →There are <u>more</u> double-decker buses.

In the past，**all of** the passengers had to buy tickets from bus conductors. Nowadays，**most of** them use public transportation card instead. →There are <u>fewer</u> bus conductors.

3. Travelling by bus in Garden City in 10 years' time

学生根据所学，结合导学案，通过小组合作探究，使用关键词 all of/most of/some of/none of/more/fewer，畅想10年后花园城市的公交车。思维导图的使用，提高了学习效率，有利于发散性思维的培养和逻辑能力的提升。

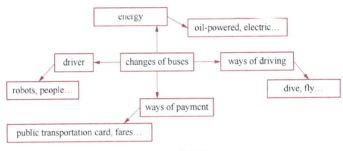

图 1 思维导图

4. Travelling in Garden City in 10 years' time

由于教材中听的内容较少，导学案的设计既重视学生语言形式层面的积累，也注重学生深入理解文本意义，使听的过程具有一定的层次性。此环节的导学案共有三个步骤，从听后对内容的初步概括，到填写关键词，再到句子的归类，使不同层次的学生都能基本胜任适合自己的学习任务，并在教师的指导和同伴的示范下，有所习得和进步。在听后"说"的部分，教师请学生以对话的形式谈一谈花园城市交通的变化。

5. Travelling by bus in Shanghai in 10 years' time

说完了花园城市，教师很自然地将话题带到了上海交通的变化。在有了一定词句积累的基础上，让学生写一写10年后上海交通的变化，既对已学句型进行运用，又让他们结合生活实际发挥想象，展现创新思维，这对学生想象力的培养、逻辑思维的养成、合作能力的提高以及对家乡情感的抒发起到了积极的作用。

三、导学过程

[导学一]

> **Watch a video and write as many words or phrases about transport as possible.**
>
> Traffic facilities(交通设施)：
>
> _____
>
> _____
>
> Means of transport(交通工具)：
>
> _____
>
> _____

1. 学习过程

学生记录视频中关于交通设施和交通工具的词汇,由于词汇是打乱的,学生需要边听边对名词进行归类。在记录信息时,部分学生对自己熟悉的单词选择用缩写的方法,对具有挑战性的单词详细记录,这让他们比其他人更好地完成了听写任务。核对信息时,教师可将补充词汇记录在黑板上,给予中等偏下的学生学习支撑,同时还可请完成质量较高的学生介绍一下方法。核对的过程既是答案的呈现,也是学习方法的互相借鉴。

学生在写的过程中提高了听的有效性,导学案将学生学习的过程可视化,教师需要关注这些可视化的信息,并给予学生有针对性的指导。

2. 参考答案

Traffic facilities：overpass，road，street，traffic light，train crossing

Means of transport：bus，cable car，car，dump truck，fire truck，helicopter，motorcycle，police car，sailboat，subway，tractor

[导学二]

> **Travelling by bus in Garden City in the past and at present**
>
> (1) There are _____ women drivers.
>
> (2) There are _____ double-decker buses.
>
> (3) There are _____ air-conditioned buses.

(4) There are _____ bus conductors.

(5) We use comparative degree to tell _____.

1. 学习过程

学生根据已有的语境,用 more 和 fewer 归纳出城市花园交通的变化。通过语言的输入和情境化的使用,他们尝试自己总结比较级的语用功能,即人们通常使用比较级谈论事物的变化。"changes"的概括还是比较难的,虽然只有部分学生归纳出了答案,但无疑学生的学习是探索和发现的过程,得知了答案后的他们也有豁然开朗的感觉。

2. 参考答案

(1) more;(2) more;(3) more;(4) fewer;(5) changes

[导学三]

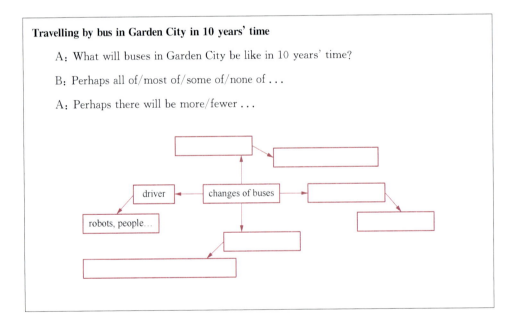

Travelling by bus in Garden City in 10 years' time

A:What will buses in Garden City be like in 10 years' time?

B:Perhaps all of/most of/some of/none of ...

A:Perhaps there will be more/fewer ...

1. 学习过程

学生在教师的指引下,通过小组合作的形式,使用本课的重点句型"all of/most of/some of/none of ..."、"there will be more/fewer ..."来畅想花园城市未来10年公交车的变化,思维导图则帮助他们厘清了表达的思路。

教师在巡视的过程中发现,学生的想象无边,他们所缺的并非是说什么,而是如何说。他们希望能用英语表达无人驾驶、电能、微信等信息,这时教师作为"helper"(帮助者),需要给他们语言的支撑,提高他们表达的自信。

2. 参考答案

driver: people, robot, unmanned . . .

ways of payment: fare, public transportation card, Wechat, Alipay . . .

energy: oil-powered, electric, solar . . .

size: big, small . . .

type: single-decker, double-decker . . .

ways of driving: dive, fly . . .

[导学四]

Travelling in Garden City in 10 years' time

(1) What are they talking about?

_____

(2) Listen and fill in blanks.

Miss Guo: What will travelling in Garden City be like in 10 years' time?

Alice: Perhaps _____ of the people will travel by _____.

Peter: Perhaps _____ of the people will travel by _____.

Kitty: Perhaps there will be _____ traffic jams.

Joe: Perhaps there will be more _____.

(3) Read the text after the tape and put what Alice, Peter and Kitty said in the right place.

Changes of travelling in Garden City in 10 years' time	
Means of transport(交通工具)	
Traffic conditions(交通情况)	
Traffic facilities(交通设施)	

---

1. 学习过程

此环节的导学案设计体现了学生学习的层次性。前两个任务,学生需听录音概括对话的主旨和填写事实信息,内容相对简单,完成任务的过程也让他们享受了学有所得的成就感。第三个任务更具挑战性,他们需要在理解的基础上将信息归类,教师选择英语水平一般的学生回答问题,虽然对他们来说具有难度,但在思考和自我修正中,他们的思维得到了提升。

2. 参考答案

(1) They are talking about traveling in Garden City in 10 year' time.

(2) none, ferry, most, underground, underground stations.

(3) Means of transport：Perhaps people will travel by ferry. /Perhaps most of the people will travel by underground.

Traffic conditions：Perhaps there will be fewer traffic jams.

Traffic facilities：Perhaps there will be more underground stations.

[导学五]

Travelling in Shanghai in 10 years' time

S1：Travelling in Shanghai in 10 years' time will be _____ because _____

_____.

S2：Also, it will be _____ to travel in Shanghai in 10 years' time because _____

_____.

---

1. 学习过程

学生联系生活实际,畅想未来 10 年上海交通的变化。此环节,学生将综合运用之前所学的词汇、句型和话题。部分学生出现了中心词与原因逻辑不符的现象,教师需要引导学生关注句与句之间的逻辑关系。

反思整堂课,教师应在前面的授课中有选择地追问学生原因,例如"Most of the students will travel by underground"和"There will be more underground stations"两句句子间就存在逻辑关系,教师可以适时追问。

2. 参考答案

A：Travelling in Shanghai in 10 year's time will be more convenient because there are more underground stations.

B：Also，it will be more comfortable to travel in Shanghai in 10 year's time because all of the buses will be air-conditioned.

在本节课的课后，让学生填写"Word Bank"。学生的自主学习能力是指学生能够管理自己的学习行为，"Word Bank"可以帮助学生自我监控，记录有价值的信息。每个学生的生词表都有所不同。生词的记录有利于学生管理自己的学习行为，了解自己的学习需求，对自主学习能力的培养有积极的作用。

Word Bank

四、实践成效

导学案设定的教学目标为学生学习提供了一定的指导与支撑，使学生的学习行为及思考行为更具有针对性和方向感。通过导学案的设计，教师将听力活动与口语活动以及写作活动有机整合在一起，在提高学生听力水平的同时，也提升其英语交际能力。学生在积极参与的过程中愉快地学习，掌握语言知识，培养语言能力，养成良好的学习习惯，提升思维品质。相信随着导学案在初中英语教学中有效地应用和推广，教学质量也将不断提升。

（上海市杨浦区鞍山实验中学　张倩）

样例18： 走向共同富裕的道路

一、背景目标

本导学案首先根据本节课需要的知识进行复习回顾，通过多媒体展示四幅图片并提出设问，引导学生复习上一节课所学习的几种经济形式，并通过讨论"他们的收入"引入本课所学内容。本课分为两个自学指导：自学指导一，在学生课前调查的基础上，结合上节课内容，以小组讨论形式交流不同经济形式所对应的不同分配方式，人们通过不同方式获得收入；自学指导二，要求学生阅读课本解决问题，并设置探究活动"生活视点　引发思考"。在解决怎样让创造财富的源泉不断涌流的问题上，引用了习近平在全国科技创新奖励大会上的讲话，引导学生尊重劳动、尊重知识、尊重人才、尊重创造。同时，通过小林的创业经历，指导学生学习她的创业精神，立志为社会主义现代化建设作贡献。

（一）选题背景

"走向共同富裕的道路"是人教版九年级《思想品德》第七课第二框（书第93页到第95页）的内容。主要学习我国现阶段基本分配制度，理解让一切创造社会财富的源泉充分涌流，造福于人民的必要性，体会中国特色社会主义制度的优越性。学生通过学习相关知识，认识到我国社会主义社会的分配制度和共同富裕是社会主义的根本原则，明确财富的创造和社会的发展有赖于劳动、知识、科技和人才。

（二）教学目标

1. 知识目标：社会主义初级阶段的基本分配制度；尊重劳动、尊重知识、尊重人才、尊重创造，一切劳动、知识、技术、管理和资本的活力竞相迸发，一切创造社会财富的源泉充分涌流。

2. 能力目标：体会共同富裕是一个先富带后富、共奔富裕路的过程；体会"在分配中，既要提倡奉献精神，又要落实分配政策"的辩证统一性。

3. 情感态度与价值观目标：从促进生产力发展、发挥社会主义优越性的角度，认同"确立劳动、资本、技术、管理等生产要素，按贡献参与分配的原则"；从科学技术是第一生产力、财富的创造和社会的发展有赖于劳动、知识、科技等角度，培养"尊重劳动、尊重知识、尊重人才、尊重创造"的意识。

（三）教学重难点

1. 教学重点：社会主义初级阶段的基本分配制度。

2. 教学难点：理解共同富裕的实现需要一个过程。

二、设计创意

本导学案的整体设计循序渐进，为了便于学生学习共同富裕的相关知识，先对第一框体中的经济形式进行了复习，在最后习题呼应了此环节，更好地帮助学生理解和掌握共同富裕、分配制度等知识点。在教学过程中，更多地贴近学生生活，从学生家庭角度入手，来解决实际问题，激发学生对本节课的兴趣，进而增强对本节课的学习信心。

三、导学过程

（一）复习回顾

老刘家的蔬菜大棚

小李和几个朋友合伙开了服装厂

小张是钢铁厂的职工

小赵在外资企业上班

图 1　多媒体展示复习内容

问：以上资料涉及了上节课所学的哪些经济形式？他们的收入是通过哪些方式获取的？

(二) 自学指导一

1. 阅读课本 P95，解决问题

(1) 社会主义初级阶段的分配制度、分配原则是什么？

(2) 思考并讨论：你的家人或你熟悉的人是怎样获得收入的？他们的工作单位属于哪种经济形式？其收入体现了哪种分配方式？（四人小组合作，将讨论内容填入表格）

表 1　小组讨论经济形式与分配方式

家庭成员	工作单位	经济形式	主要收入	分配方式

2. 探究活动一：判断总结　加深认识

多媒体展示：

(1) 王某购买了某公司的股票，年终获红利1万元。

(2) 李某是某个体餐馆的老板，年终上缴税款、扣除成本后，获利5万元。

(3) 张某的一项专利技术使用权被某公司购买，获利20万元。

学生讨论，并将图2空格填写完整。

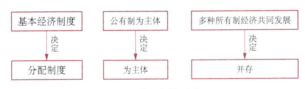

图 2　关于经济形式

多媒体呈现：我国的分配制度

材料一：1993年，党的十四届三中全会明确提出了"效率优先、兼顾公平"的分配理念。

材料二：党的十八大明确提出，到2020年，实现国内生产总值和城乡居民人均收入比2010年翻一番；调整国民收入分配格局，着力解决收入分配差距较大问题，使发展成果更多更公平，惠及全体人民，朝着共同富裕方向稳步前进。

问:在分配中我们应防止哪些问题?

在自学指导一中,所设计的环节均是贴近学生生活的,例如,让学生说一说家人的工作单位、收入等,学生兴趣较为浓厚。对于表格中关于分配方式的回答,由于学生此时对概念稍微有些模糊,所以会出现一些错误。为了加深学生对知识点的认知,又加入了探究活动一,学生经过这个环节的训练,对概念的理解比较准确了。

(三)自学指导二

1. 阅读课本 P96—97,解决问题

(1)怎样实现共同富裕?

(2)国家为实现共同富裕采取了哪些具体措施?

(3)怎样才能让创造财富的源泉不断涌流?(社会、个人)

2. 探究活动二:生活视点　引发思考

多媒体呈现相关材料:

材料一:2014 年 10 月 17 日是我国首个国家"扶贫日";当天,中国大陆的不少"果粉"也买到了期盼已久的 iPhone 6 手机。这两则新闻事件放在一起,耐人寻味。按照农民人均纯收入 2300元的扶贫标准,2013 年我国对应的贫困线为 2736 元。"贵族手机"iPhone6 的售价大体上是贫困线标准的 2 倍,而去年我国 iPhone 手机销售量已突破 4000 万部。

国家统计局统计显示,去年全国城镇居民收入最高的 20% 群体,人均可支配收入达 56389元,规模约为 1.5 亿人。同时我国还有 8246 万贫困人口,扶贫开发、共同富裕任重道远。

问:从以上材料中,你发现了什么问题? 对解决这一问题提出你的建议。

材料二:娃哈哈集团经过二十几年的发展,成为一个年产销值达数百亿的饮料龙头企业。娃哈哈集团响应国家西部大开发战略,在西部和边远贫穷地区投资 80 多亿元,建立了 60 多家分公司,累计实现销售收入 900 多亿元,上缴税金将近 50 多亿元。

有专家指出,这种"造血"式的扶贫,不仅使地方财政收入增加,当地人民生活得到实惠,相关产业受到拉动,更重要的是为贫困地区带去了娃哈哈先进的管理思想、观念和技术,促使了贫困地区传统落后观念的转变,从根本上提升了自我发展的能力。

问:(1)在实现共同富裕的道路上,娃哈哈集团采取了哪些措施,有何效果?

(2)国家除了西部大开发战略之外,还有哪些促进共同富裕的战略,有何意义?

多媒体出示:习近平在全国科技创新奖励大会上的重要讲话(视频)

（1）以上材料说明什么？你在生活中应该怎样做？

（2）怎样才能让创造财富的源泉不断涌流？作为青少年的我们又该为国家经济发展作出什么样的贡献呢？

多媒体出示材料：

"85后"姑娘小林回到家乡创建绿色农业园，得到了当地相关部门的支持。不仅给她提供了小额贷款，按政策还给她免除了一年的企业所得税。小林每天起早贪黑，观察植物习性，请教农学专家，学习农学书籍，制订施肥计划，做了厚厚的一本农学笔记。她在种植园采用标准化钢架大棚无公害种植法、太阳能灭虫灯和生物防控措施等，使葡萄园喜获丰收。

问：社会为小林创业提供了哪些有利条件？小林在创业过程中体现了怎样的素质？小林的事迹给你带来哪些启示？

自学指导二主要还是为了提升学生分析问题、解决问题的能力。在实际上课中，有关课本、案例中的问题学生回答较好，在涉及一些课外知识的问题上就表现得有些欠缺。例如，对于问题"除了西部大开发战略，还有哪些促进共同富裕的战略"，学生因相应的课外知识匮乏，因此回答不是很理想。

（四）当堂测试

1. 在我国，按劳分配作为分配方式的主体，是由（　　　）

A. 公有制在我国国民经济中占主体地位决定的

B. 我国生产力发展水平不平衡的特点决定的

C. 我国人口众多这一基本国情决定的

D. 生产要素的多样性决定的

2. 国家技术发明奖以及其他国家科学技术进步奖的设立说明（　　　）

① 我国重视科教兴国战略和人才强国战略的实施

② 我国已经把发展科技作为一切工作的中心

③ 我国在贯彻"尊重劳动、尊重知识、尊重人才、尊重创造"的方针

④ 我国鼓励一部分知识分子先富起来

A. ①②　　　　　　B. ③④　　　　　　C. ①③　　　　　　D. ②④

3. 2009年中国对外贸易进出口总额为22072.7亿美元，预计全年出口很有可能超过德国成为世界第一大出口国，但从出口产品的结构、自主创新能力以及产业核心竞争等角度来看，中国还远称不上"贸易强国"。要改变这种格局就应该（　　　）

① 尊重知识、尊重劳动、尊重人才、尊重创造

② 让一切创造财富的源泉不断涌流

③ 鼓励自主创新,科技创新

④ 关起门来搞建设,拒绝依靠外国的支持和帮助

A. ①②③　　　　B. ①③④　　　　C. ②③④　　　　D. ①②④

4. 某市在青少年学生中广泛开展"创业实践六小活动"(创业小故事、创业小诗文、创业小课题、创业小设计、创业小实践、创业小明星),为他们提供自我实践、自我成长、自我发展的平台,深受同学们欢迎。这说明了(　　)

① 在当今社会,尊重劳动、尊重知识、尊重人才、尊重创造已蔚然成风

② 党和政府为创业创造了良好的环境

③ 只有创业才能创造更多的社会财富

④ 作为个人,应该从小树立创业意识,培养创业能力,实现自我价值

A. ①②④　　　　B. ①②③④　　　　C. ②③④　　　　D. ①③④

5. "天下皆贫我独富,我富也贫;天下皆富我也富,此为真富。"在这种致富观指引下,华西村已在全国建立了四个"华西村",这说明(　　)

① 先富带动后富,走向共同富裕

② 允许和鼓励先富,但要防止两极分化

③ 防止贫富悬殊,实现贫富均等

④ 只有同时同步富裕,才是真富

A. ①③　　　　B. ②④　　　　C. ①②　　　　D. ②③

全班人数为30人,测试题共为五道题。当堂测试难度不高,主要是立足于基础知识,让学生当堂学会,当堂掌握。从数据反馈来看,学生第一、二、四题的正确率很高,此部分题属于课本识记类,学生掌握较好;第三题正确率较好,有一名学生出现错误,原因主要是读题不仔细。第五题有四名学生出现错误,主要原因是对于同时同步富裕不等于共同富裕这个概念存在模糊认识,教师已经加以强调和纠正。

最后,教师作小结:我国实行按劳分配为主体、多种分配方式并存的分配制度,确立劳动、资本、技术和管理等生产要素按贡献参与分配的原则。我们要增强创新能力,准备将来在"四个尊重"的良好社会氛围中大胆创业,在社会主义经济大舞台上大显身手。

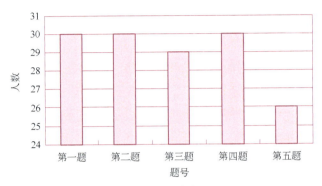

图3　当堂测试结果

四、实践成效

(一) 教学反思

在教学设计和实施过程中都充分发挥学生的主体性,避免以往因教案设计的主观性而忽视了学生这个学习的主体。通过提问、组织课堂讨论,让学生积极参与到教学中,正确处理好教与学的关系,成功地进行了师生的角色转换,使老师真正成为学生构建知识的支持者、辅导者、合作者。同时,也体现了思想政治课的教育功能,通过知识的讲解,让学生在讨论、交流中提高认识,指导其今后行为。在老师的牵引点拨下,整个课堂气氛活跃,取得了满意的效果。讲练结合,利用做练习理解新知识,同时也教给了学生一些解题的技巧。

(二) 数据佐证

1. 本节课学生思维活跃、积极性高,成效显著。探究与分享让同学们真正参与课堂,明显提升了学生对于本节课堂的兴趣。自学部分前置,大多数学生都能较好地完成。

2. 在活动探究部分,无论是对分配制度分配原则的探究,还是在讨论怎样让创造财富的源泉不断涌流的问题上,同学们的热情都很高,教学效果显著。最后的达标检测环节显示,学生基本理解了本课的知识点。

（新疆维吾尔自治区乌鲁木齐市沙依巴克区乌鲁木齐市第四十六中学　龚芳）

样例 19： 赏析《藏羚羊跪拜》

一、背景目标

《藏羚羊跪拜》是沪教版《语文》六年级第一学期第五单元第三篇课文。本节课需要学习的主要内容是具体感受藏羚羊身上体现出来的母爱及理解老猎人复杂的人性，需达成的目标有以下三方面。

1. 知识与技能：学习运用细节描写表现人物心理的方法；

2. 过程与方法：理解老猎人复杂的人性，感受藏羚羊的母爱；

3. 情感态度与价值观：领会文章对珍惜大自然生命的呼唤。

二、设计创意

该导学案较有创意之处在于对课文标题、课文中的易忽略处、课文中的矛盾点、课文中的疑难点、课文中的重复处、课文中的空白处等方面精心设计问题，形成一条有机的问题链，环环相扣，引导学生自主学习取得了良好效果，极大地提高了学生的课堂参与度，达到了教学目标。

三、导学过程

提问设计	问题链	设计意图	学生学习表现
对课文标题的提问设计	1. 藏羚羊究竟向谁跪拜？ 2. 为什么跪拜？ 3. 结果如何？ 4. 怎么跪拜的？	课题是作者反复揣酌定下来的，或点明中心，或概括全文内容，或是行文线索等。因此，第一课时教学时，切莫忽略了对课题的关注。对课题的提问要有利于引导学生层层深入挖掘课文内涵，而非为了问而问或仅仅回答是或否那样简单粗浅。《藏羚羊跪拜》这个课题值得推敲。跪拜是一种礼节，即跪在地上磕头，非常隆	四个小问题并不难，学生马上就在文本中找到相关词句。 通过前三个小问题，学生抓住"跪拜"一词，把准了主要内容。 第四个小问题，学生马上将目光转移到课文最震撼人心的情节——跪拜。（这也是我设计的目的之一，可以水到渠成地引导学生品读"跪拜"时的关键语句） 怎么跪拜的？学生在感悟关键性语句的表达作用时，抓住四个连续的动作：望、行、跪、流；抓住神态：乞求的眼神。

提问设计	问题链	设计意图	学生学习表现
		重。藏羚羊是生活在青藏高原的一种珍稀动物。尽管珍稀,可毕竟是动物,而不是人;即便是人,没有特殊情况也是不会轻易就向谁"跪拜"的,何况动物?然而,本文的标题却明明白白地写着:藏羚羊跪拜。那么,藏羚羊究竟向谁跪拜?为什么跪拜?结果如何?怎么跪拜? 四个小问题看似平淡,实际上已将学生的思路引向教学的特定轨道。这四个小问题使得作者在标题中设置的悬念,自然成为促使学生阅读全文探其究竟的诱因。	这些词句传神地写出了藏羚羊在竭力乞求老猎人放它一条生路,旨在突出藏羚羊伟大的母爱和牺牲精神,深化文章"母爱"的主题。
对课文易忽略处的提问设计	1. 老猎人举枪瞄准藏羚羊,那只肥壮的藏羚羊没有逃走,这不符合一般规律。按照常识,动物意识到危险时早已逃之夭夭,那藏羚羊为什么非但没有逃跑,反而冲着老猎人跪拜呢? 2. 老猎人"无名无姓,云游四方",作者不写老猎人姓名,有什么用意呢?	在学生易忽略处,而其实是值得玩味之处设计问题,以利于学生加深对课文的理解,也进一步培养学生品读文本时的敏锐性。	针对第一个问题: 有的学生就说"这是作者胡编的情节";有的学生沉思不语;有的学生似有所悟。 在整体阅读后,学生很快找到了依据。一学生回答:"这是一只怀孕的母藏羚羊,文中反复出现的'肥壮'一词和后文中老猎人对藏羚羊开膛扒皮发现其子宫里静静卧着一只成形的小藏羚羊等处,都印证了母藏羚羊怀着小藏羚羊已到了快分娩时期,逃跑对它而言非常不便,也逃不远,所以它采取了跪拜的方式求老猎人放生。" 我追问:母藏羚羊面对危险采取的跪拜方式高度体现了文中的哪句话?对此,我们有什么感受? 学生经过讨论一致认为,母藏羚羊的行为体现了文中"天上飞的鸟,地上跑的鼠,都是通人性的"这句话。他们纷纷表达自己的感受,一学生是这样表述的:"母藏羚羊的'人性'没有战胜人类身上的'兽性',老猎人还是扣动了扳机,在回荡的枪声中对我们产生了强烈的震撼力。人与动物都是大自然的一分子,我们有什么权力剥夺它们的生命?人类应该反思自己的行为,学会对生命的尊重与关爱!"

提问设计	问题链	设计意图	学生学习表现
			针对第二个问题： 有学生回答："因为这是一个听来的故事，而且发生的年代距今有好些年了，所以作者不知道老猎人的姓名。" 我对学生的回答予以了表扬，同时提醒学生进一步加强整体阅读。 有学生很快找到一句关键句："那时候，枪杀、乱逮野生动物是不受法律惩罚的。"学生先后补充完整：说明杀藏羚羊的现象在当时很普遍，人们也认为很正常。不写老猎人姓名说明作者的用意不只是写一个人，而是这一个人具有代表性。告诫人们要尊重生命，要与大自然和平共处。
对课文矛盾点的提问设计	"杀生与慈善在老猎人身上共存"，"杀生"与"慈善"是一对矛盾的词语，怎么会在老猎人身上共存呢？	看似矛盾的地方，实则是作者匠心所在。抓住这些地方提问，不但能激起学生的探究愿望，而且能把课文理解得更透彻。这个问题就在引导学生细细揣摩老猎人复杂的人性。这是课文的难点所在。	"老猎人用猎物换来的钱救济藏家人，为朝觐的藏家人含泪祝愿，都表现了他的慈善。"学生几乎脱口而出。 "老猎人的慈善仅仅表现于此吗？"我追问。 学生也很快找到了他对藏羚羊慈善的细节，如(面对藏羚羊的乞求、下跪、眼泪)心头一软；夜里久久难以入眠，双手一直在颤抖着；开宰扒皮后，他吃惊地叫出了声；他埋掉了藏羚羊母子和杈子枪等。"但他为什么最终扣动了扳机？"我进一步追问。 经过热烈的讨论，学生明确了老猎人是用人的善良对待人的，用人的残忍与冷酷对待动物的，文中的"那支磨蹭得油光闪亮的杈子枪斜挂在他身上，身后的两头藏牦牛驮着沉甸甸的各种猎物"等细节描写都表明他的手上沾满了动物的鲜血。尤其是流着长泪的母藏羚羊向他跪拜下来，尽管他"心头一软，扣扳机的手不由得松了一下"，但杀生是他的职业本能，他还是"双眼一闭，扳机在手指下一动"，杀死了母藏羚羊。人性的复杂与矛盾，在老猎人身上表现得淋漓尽致。 但正因为慈善是老猎人的真实本性，藏羚羊以生命为代价的一跪唤醒了老猎人内心深处的良知，他终于意识到

提问设计	问题链	设计意图	学生学习表现
			动物也是活生生的生命,与人类一样是自然的一部分,也享有平等的生存权利。"天下所有慈母的跪拜,包括动物在内,都是神圣的。"在神圣的母爱面前,老猎人的良心受到谴责,他内疚、悔恨,决心不再杀害无辜的生灵。因此,老猎人在掩埋了藏羚羊的同时,也埋掉了权子枪。他的行为是合理的、可信的。
对课文疑难点的提问设计	总设:《藏羚羊跪拜》花了大量笔墨写老猎人,可为什么题目为"藏羚羊跪拜"呢?(先回答下面两个问题) 分设: 1. 老猎人的内心情感是怎样变化的? 2. 怎么理解"天下所有慈母的跪拜,包括动物在内,都是神圣的"?	这里的"疑难点"是指学生有疑问又难以解决的问题。有疑问有难处才会有争论,有争论才能辨别是非,也才能引起学生探求知识的兴趣。特别是经过教师的引导,同学之间的交流,使问题得到解决后,不仅使学生心理、精神上得到满足,而且增强了学生学习的自信心。 《藏羚羊跪拜》花了大量笔墨写老猎人,可为什么题目为"藏羚羊跪拜"呢?对于这个问题,很多学生在预习中提出,但能解决问题的几乎没有。一经教师提出,正好符合学生的兴奋点。	解决总设这个问题时不是一步到位,而由两个小问题铺设。 1. 老猎人的内心情感是怎样变化的? 学生自由读文,找出相关段落和语句。学生通过分析人物的外在动作、神态,去领会人物内心世界的微妙变化,体会文章主旨。"眼睛一亮→丝毫没有犹豫→心头一软→双眼一闭、久久难以入眠、双手一直颤抖→怀着忐忑不安的心情,手仍在颤抖,吃惊地叫出了声、屠刀咣当一声掉在地上"等关键性词语,可品读出老猎人的心理变化过程:刚看到肥肥壮壮的藏羚羊时的兴奋喜悦,面对藏羚羊的深情跪拜时,"心头一软","手不由得松了一下",看出来老猎人动了侧隐之心,杀死藏羚羊后夜不能寐,开膛时忐忑不安,知道真相后心灵震撼。就是这样一个情感渐变的过程,层层铺垫,使得老猎人最后的转变成为合乎逻辑的抉择。 2. 怎么理解"天下所有慈母的跪拜,包括动物在内,都是神圣的"? 学生先理解母爱是神圣的。母亲是儿女生命的源泉,母亲能在儿女危险时奋不顾身。任何爱无法与母爱相媲美,所以母爱是神圣的。藏羚羊是有感情的、通人性的,虽然它无法用语言表达,但是它却用了跪拜的方式向人乞求放它一条生路。这崇高、庄严的一跪感人至深,深刻体现了神圣的母爱。 由这两个小问题铺设,学生在我引导下解读文本,最后由学生总结:"猎人的内心情感是随着故事情节在慢慢变化的,使他变化的正是藏羚羊的母爱。所以写老猎人就是为了突出藏羚羊伟大的母爱,这种深沉的爱是动物与人类相通的媒介。"

提问设计	问题链	设计意图	学生学习表现
对课文重复处的提问设计	为什么两次写到藏羚羊的姿势和眼泪？	多次重复的内容,是为了强调某种写作意图。 当学生领悟了这种写作意图后,学生的情感自然被激发出来,与作品很容易形成共鸣。	学生从不同角度品评这一"跪拜"的举动: 有的说,这是一次无奈的跪拜,因为它不幸撞到老猎人面前,也没法逃了; 有的说,这是一次神圣的跪拜,为了能让孩子活下来,它向猎人跪拜乞求,母爱是神圣的; 有的说,枪还是响了。藏羚羊依然跪在地上,为了腹中的小羚羊,母爱的泪水挂在脸上。临死前,母藏羚羊怕自己卧倒后会压着腹中的孩子,所以即使临死也没ɛ保持这种特殊的跪卧姿势来保护还没出生的孩子…… 学生先后补充完整并总结:作者将藏羚羊的每个动作都刻画入微,就是要完成一个悲怆而伟大的"母亲"形象的塑造。两次写到藏羚羊的姿势和眼泪就是为了相互照应,增强跪拜的悲壮性,凸显母爱的伟大,也为下文老猎人的思想发生变化作铺垫,表明藏羚羊的跪拜姿势和眼泪对他的心灵产生了极大的震撼。
对课文空白处的提问设计	藏羚羊跪拜的场面,这是母羚羊的最后哀求,可惜它无法用语言表达出来,让我们想象一下,如果你是这只藏羚羊,你在这最后的时刻,会怎样对老猎人说呢？	课文中的空白,为我们提供了广阔的想象空间。为了让学生更深刻理解课文内容,可以启发学生想象,填补文章的空白,学生就易走进文章的"心灵",从而领会到文章的思想感情。 这个问题就是要让学生深入藏羚羊的内心世界,去想象藏羚羊跪拜时的语言,倒地时的心理。藏羚羊的爱、藏羚羊的恨都可以通过学生的想象尽情地宣泄出来,学生就能与作品的情感达到高度的共鸣。	学生从不同角度进行表述,列举两个例子(经过全班学生的一起修改): 1. 从藏羚羊跪拜时这个角度表述:不要!不要开枪!求求你,猎人!我的宝宝就要出生了,求求你,放它一条生路,让它来到这个世界,闻一闻青草的芬芳吧!求求你,求求你了!我给你跪下,放过我的孩子吧! 2. 从藏羚羊倒地时这个角度表述:为什么?为什么?我和我的孩子到底有什么罪?你凭什么剥夺我孩子的生命?我那可怜的、还未出生的孩子呀,妈妈对不起你!没能好好保护你!我恨,我恨!

四、实践成效

《藏羚羊跪拜》的故事情节并不复杂,但要深入把握主旨,对六年级学生而言不是一件易事。为深入把握主旨,关注学生内心体验,促进学生在阅读实践过程中表达自主感受的能力,我精心设计问题,并形成问题链,助推学生的自主学习。

针对课文标题设计的四个小问题,可谓"步步为营",成功激起了学生的学习兴趣,使教学顺畅地进入特定轨道。随着问题的深入,学生对课文内容与主旨的理解也慢慢渐入佳境。即使有一定难度的问题,他们一经我的点拨,也能较精准地找出关键词句,课堂上出现了"你方唱罢我登场",纷纷举手发言的局面。

值得一提的是,学生在分析关键词句进行朗读时,注入了充沛的情感体验,他们的朗读大多委婉动听,也使听众融入了凄悲之境,为接下去的深入感受作了很好的铺垫。

对课文空白处的提问设计,是属于启发联想的环节。在我的启发下,学生借藏羚羊之口,将自己在阅读过程中积累的情感充分表达出来,而听众也深受感染与共鸣。

我和学生一起沉浸并且融入了文本,情感产生了共鸣,我们一起为母藏羚羊悲痛,一起为它的跪拜致敬,同时一起为人类的行为忏悔和自责。学生总结时所说的:"人与动物都是大自然的一分子,我们有什么权利剥夺它们的生命? 人类应该反思自己的行为,学会对生命的尊重与关爱!"这句话铭刻在课堂上每个人的心中。

整堂课中,学生求知欲强烈、注意力集中、思维活跃、参与面广;教师与学生之间、学生与学生之间情感交流充分,处于互动积极的状态;师生共同感受到了因实现教学目标而获得的成就感与满足感。

(上海市嘉定区启良中学　顾丽华)

样例20: 了解金属材料

一、背景目标

运用导学案的教学,是教师和学生共同来完成的一项双边活动,它是以导学案为载体,以教师的指导为主导,以学生的自主学习为主体,师生共同合作完成教学任务的教学模式。

在导学案中增加评价设计的要求,旨在更好地指导学生自主学习,即课前引导学生预习,课堂上引导学生自主探究,"模拟"科学家去探索问题,养成良好的思维品质,积极主动地获取知识，提高学生的独立认知能力和探究能力，提升教学有效性。

因此，我设计了有评价方案的导学案。

《课程标准》对本节内容的要求有：

（1）知道金属的物理特征，认识常见金属的主要化学性质，了解防止金属腐蚀的简单方法。

（2）知道一些常见金属（铁、铝等）矿物；了解用铁矿石炼铁的原理。

（3）知道在金属中加入其他元素可以改变金属材料的性能，认识这种方法的重要性；知道生铁和钢等重要合金；认识金属材料在生产、生活和社会发展中的重要作用。

（4）认识废弃金属对环境的污染，知道回收金属的重要性。

对此，我设置了以下教学目标：

（1）通过日常生活广泛使用金属材料等具体事例，认识金属材料与人类生活和社会发展之间的密切关系。

（2）了解常见金属的物理性质，知道物质的性质在很大程度上决定了物质的用途。

（3）知道合金的组成，了解生铁和钢等重要合金。

（4）会区别纯金属和合金，认识合金比纯金属具有更广泛的用途。

本课的重难点如下：

（1）学习重点：金属的物理性质及性质决定用途，常见的合金。

（2）学习难点：合金的优越性能。

二、导学过程

（一）预习案（自主探究）

知识点一：金属的物理性质和用途

表 1　金属的物理性质和用途

金属的主要物理共性	举　　例
（1）金属有_____	可做项链戒指的金属是_____，铁、铝等大多数金属都呈_____色，铜呈_____色，金呈_____色。
（2）金属能_____	常用于制造电线和电缆的金属有_____、_____。
（3）金属能_____	常用炊具是金属制品，如_____锅、_____锅。
（4）金属有_____	铝可以被打成铝箔、铁可以拉成丝。

知识点二：金属之最

年产量和用量最大的前三种金属是_____、_____、_____。地壳中含量最多的前两种金属是_____、_____。熔点最高的金属是_____,熔点最低的金属是_____。硬度最大的金属是_____。导电性最好的金属是_____。

知识点三：合金

合金是指_____。

知识点四：金属的生锈

表 2　探究铁生锈的条件

实验内容	实验记录
1. 日常生活中,我们会看见修车老伯给满是铁锈的车打磨,看上去不太容易,你的问题是?	
2. 实验器材	
3. 制定实验方案	

评价要求：预习"金属材料",完成课前预习的题目,上网查找资料,梳理思路,制定实验方案。

自我评价：_____

组员评价：_____（评价正确的打★）

如下知识点我还没有搞懂,需要求助同学：_____

(二) 展示案(释疑互动)

1. 释疑

新课教学前让学生展示预习内容,发挥小组评价的作用,让学生在互助学习中掌握基础,即在组长组织下,组内成员提出自学中的疑难,通过组内交流讨论弄明白问题后,个人修改、完善导学案(限时)。

评价要求:能和其他组员交流预习中的疑难地方,寻求帮助,并能帮助其他组员解决疑难题目。

自我评价:＿＿＿＿＿＿(自我评价正确的打★)

小组评价:(1)通过小组讨论,我搞清了如下知识点:＿＿＿＿＿＿

(2)请让帮助你的组员出一道具有相同考点的题目:

(3)你的解答过程如下:

(4)组长批改,评价＿＿＿＿＿＿(评价正确的打★)

---

2. 小组合作完成实验:探究铁生锈的条件

表 3　探究铁生锈的条件

实 验 内 容	实 验 记 录
1. 实验现象	
2. 根据实验现象得出结论	

各小组推荐代表展示本小组的实验成果,其他小组同学进行全方位的点评,使问题得到深化和纠正,教师最后进行总结。在展示过程中,学生要注意倾听并及时作好记录或进行修改,形成全班的共识(限时)。

评价要求:(1)实验步骤合理具体,实验操作规范。

(2)能大胆流利地向全班同学展示本组的实验成果。

自我打分:＿＿＿＿＿＿(满分为 100 分)

实验中需要修改的地方有:＿＿＿＿＿＿＿＿＿＿＿＿＿＿＿

其他组对本组的评价是:＿＿＿＿＿＿＿＿＿＿＿＿＿＿＿

(三)讨论案(合作交流)

自主阅读课本上有关合金的内容,小组讨论如下问题:

(1)什么是合金?

（2）合金的性质与其组成金属有何不同？

（3）合金的应用范围怎样？

（4）我们常用的合金有哪些？

（5）哪些合金最有前途？

（6）交流成果：经过探究，你认为纯金属与合金相比，谁的性能更优越？_____。日常生活用的更多的是_____（填"纯金属"或"合金"）

评价要求：（1）能自主阅读课本上有关合金的内容并找到问题的答案。

（2）能和组内同伴分享交流自己的想法。

自我评价：_____

组长评价：_____（评价正确的打★）

（四）达标案（检测反馈）

合上书和笔记，自主完成。课后教师将导学案收齐进行二次批阅，有问题进一步解决。

1. 金属铝可用作高压输电导线，是由于金属铝（　　　）

A. 具有金属光泽　　B. 导电性好　　C. 密度小　　D. 质软

2. 灯泡中选择金属钨做灯丝，而不选择铝或铁的主要原因是金属钨的（　　　）

A. 价格低　　B. 资源广　　C. 外观美　　D. 熔点高

3. 铝能压成铝箔，这是因为（　　　）

A. 铝具有良好的导热性　　　　B. 铝的密度小

C. 铝的延展性良好　　　　　　D. 铝的熔点较低

4. 焊锡是锡铅合金，把铅加入锡中制成合金的主要目的是（　　　）

A. 增加强度　　B. 降低熔点　　C. 增加延展性　　D. 增大硬度

评价要求：能在规定时间内完成题目并且正确率高。

自我评价：_____（注：评价正确的打★）

1. 未做出的题目涉及的知识点有：_____

2. 通过查找笔记和向组员求助的方法，我已经搞清了如下的知识点：

_____

教师打分：_____（满分为 100 分）

三、分析反思

学者史蒂芬·柯维认为："你不可能在一夜间成为一个行动正确的人,这是持续一辈子的自我更新的过程。过去错误的行动态度是:'不到破损不堪,决不轻言修补。'现在正确的行动态度则是:'如果没有任何破损,那是你检查不够周全的缘故。'"具有评价设计的导学案能够促进学生持续不断地提高自主学习能力,形成积极主动的学习态度,成为具有独立认知能力的反思性人才。

因此,用具有评价设计的导学案进行课堂教学的意义如下:

1. 制定评价要求,引导学生自主学习

美国著名心理学家罗杰斯指出:"当个人意识到那种标准对他很重要,他力争达到那些目标和实现那些目标时,他才真正知道应承担对他自己和他的各方面所负起的责任。"因此,评价要求在有助于形成学生独立认知能力的同时,也帮助他们成长为自主探究型的学习者。

评价要求引导学生采用自主学习的方法,给予学法指导,提升学生解决困难的能力。学生以评价设计的导学案为依据,以学习目标和重难点为主攻方向,根据评价要求建议的学法指导,主动阅读教材。学生通过自学发现问题,确定疑点,并记录下来。自主学习贯穿课堂始终,只要学生能够自学的内容,教师绝不先讲。在预习新课实验"探究铁生锈的条件"时,学生按照评价要求的建议自主上网查找资料,观看网上视频,利用技术助力学习。在互动讨论中,评价要求建议学生自主阅读课本上有关合金的内容并找到讨论问题的答案,这促进学生提升自主认知的能力。

2. 进行自我评价,促进学生独立反思

美籍教学教育家波利亚曾说:"如果没有了反思,我们就错过了解题的一次重要而有益的机会。"培养学生自我评价的习惯可以帮助他们对自己学习过程进行监控,促进学生积极思考问题,端正学习动机,客观评价自己的弱点,学会为自己的学习成效承担责任,努力成为自律的学习者。另外,还能够提高学生的学习能力,使学生在学习过程中形成探究性、研究性的学习思维,提升独立认知能力。

预习新课后,学生通过练习题对自学成果进行检测,自我评价自学的效果,找出还没有掌握的知识点,随后针对自己的知识盲区进行突破解决。在合作释疑中,学生在和其他组员交流预习中疑难的地方,寻求帮助,也尝试帮助其他组员解决疑难题目,这营造了小组互帮互助的学习氛围,也大大促进了学生的口头表达能力和自我反思的能力。学生通过课堂练习,能发现没有掌握到位的知识点,便于及时查缺补漏。在互动讨论环节,学生通过自我评价,考察自己是否具备良好的自学能力以及与同伴交流表达的能力。在实验探究中,学生自我评价实验成果,思考实验失败的原因,反复改进直到实验成功。

3. 开展小组评价,激励学生不断思考

学生评价学生时虽然有时候词不达意,但是他们是同龄人,而且处于学生这种相同的角色,更容易接受评价。大部分学生表示,同学的评价让他对化学课堂更感兴趣。相互评价其优点和不足时,更多地让学生在竞争的意识下,毫无保留地将本组的看法表达出来,既提高了学生的语言组织能力,又培养了他们的口语表达能力。小组互评是尊重学生个性的体现,能够激发学生自我提高、自我发展、自我完善的个体意识。

各小组派代表交流分享实验过程,展示实验结果,其他小组的同学对其进行评价,指出其中错误的实验步骤和不规范的实验操作,激励学生不断思考、不断改进,促进学生弥补知识点的漏洞,提高学习效率。另外,在互动讨论中,各组组长对其组员在讨论交流中的表现进行评价,这不仅提高了学生的口头表达能力,而且形成了竞争,促使组员尽快找到答案,提高自学效率。

四、实践成效

1. 收获

上了这节课,我有以下两点体会:第一,通过评价设计的导学案,可以充分调动学生的学习积极性,发挥学生的主体作用,提高学生的表述能力;第二,在传统课堂中,教师往往没有能够很好地做到面向全体学生,弄不好会产生"一个同学在讲,其他同学在听"的场面,所以我采用自评和互评相结合的形式,即在课堂上一个小组的代表介绍完该小组的学习成果后,全班同学对其成果进行评价、发问,由该小组的同学自由回答。评价设计的导学案能加深学生对某一问题的看法,并提高学生的思维表达能力,以及对知识的组织、归纳和应用能力。

本单元测验中有一道关于铁生锈条件的实验题:

某化学兴趣小组进行铁生锈的实验探究活动,

(1) 该兴趣小组将洁净无锈的铁钉分别置于图1所示装置中,经过一段时间观察,_____(填装置序号)装置中出现了明显的锈迹。他们的结论:铁生锈是因为铁与空气中的_____等发生了化学反应。

(2) 甲同学提出了疑问:空气中的氮气、二氧化碳没有参与铁的生锈过程吗? 请设计实验为甲同学释疑:_____。观察并记录现象即可证明。

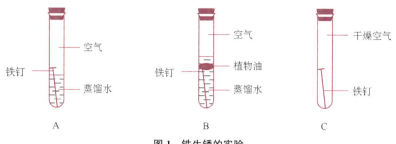

图1　铁生锈的实验

上届学生中有 45% 的学生做错了,同类型的题目之前反复做反复讲,但效果不佳。这届学生依照导学案学习了本节新课后,我发现只有 9% 的学生答错,比上届好多了。

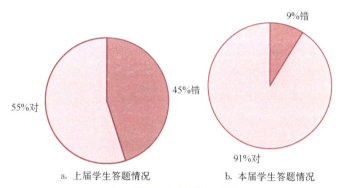

a. 上届学生答题情况　　　　　b. 本届学生答题情况

图2　两届学生答题情况比较

可见,使用评价设计的导学案的教学效果比传统教学中教师反复讲解、学生被动理解好很多,它促使学生自主检验知识点的漏洞,巩固考点,加深记忆,提高学生独立认知的能力。

2. 困惑

在实施评价设计的导学案过程中,我发现还有一定的问题:一是学生的基础较差且参差不齐,一节课时间往往完不成任务;二是学生合作释疑需要很长的时间,时间不够;三是课堂展示过程中学生表达能力欠缺,有待提高。

(上海市杨浦区黄兴学校　陈懿)

样例 21: 解读黄土高原

一、背景目标

本堂课出自人教版《地理》八年级下册第六章第三节。

(一) 教学目标

1. 知识与技能

(1) 了解黄土高原的地理位置、成因。

(2) 掌握黄土高原水土流失严重的自然因素和人为因素。

(3) 了解一些有关黄土高原文明的特点,知道她曾孕育了华夏文明。

2. 过程与方法

(1) 通过阅读地图说明黄土高原的位置,描述黄土高原所跨的省级行政区,培养学生读图、析图的能力。

(2) 通过探究"风成说",初步了解黄土高原形成的原因和过程。

3. 情感态度与价值观

认识人地和谐发展的理念,树立珍惜资源和保护环境的观念。

(二) 教学重难点

1. 学习重点

(1) 黄土高原的自然地理特征。

(2) 黄土高原水土流失严重的原因。

2. 学习难点

黄土高原上黄土物质的形成原因。

二、设计创意

本课以观看视频纪录片的形式导入黄土高原的自然景观特征,让学生对黄土高原千沟万壑的地形特征有一个直观的感受。然后在学生的好奇心驱动下,前置自学部分的习题,培养学生从课本中独立阅读地图、提取信息、整合信息、解决问题的能力。

之后展示学习目标,让学生在明确任务的同时,有目的地读图。教师开展相关活动,锻炼学生阅读地图的能力，并辅以大量的图片信息。通过活动培养学生对地理学习的兴趣。最后通过梳理归纳并当堂完成检测习题，对本课所学加深印象。整个教学过程在良好的氛围中开展，很好地达到教学目标，学生顺利掌握相关知识。

三、导学过程

（一）导入新课

观看纪录片《航拍中国》陕西一集中介绍黄土高原的内容，请同学们思考：你所看到的黄土高原属于我国的哪个地区？这个地方让你印象最深刻的是什么？

（二）前置自学

结合刚才观看的视频，阅读教材文字部分。

读图 6.25"黄土高原的地形"，完成下列问题：

1. 黄土高原的地形特点是_____，_____。地貌类型有_____、_____、_____。

2. 黄土高原水土流失严重的原因：

土壤：黄土结构_____，多孔隙和垂直方向的裂隙。

气候：降水主要集中在_____月和_____月，且多_____。

地面状况：地表_____，_____，地面_____大。

植被：_____使地表植被破坏，森林覆盖率低。

耕作方式：_____——不合理的耕作制度。

世界上黄土分布最广泛的地区
- 1. 位置范围
  - 东起_____，西至_____，北连_____，南抵_____
  - 跨越_____、_____、_____、_____等省区
  - 它位于我国地势的第____阶梯
- 2. 黄土高原的成因：_____说 ⟹ 结论：黄土高原黄土物质是由_____风从_____等地的_____吹过来受到_____、_____山脉的阻挡沉积下来的
- 3. 黄土高原的主要地貌 _____ _____ ⟹ 人口和耕地主要分布在_____ 这里的民居主要是_____

图 1 提纲

（三）合作探究：黄土高原的位置和范围

找出太行山、乌鞘岭、长城、秦岭以及黄土高原所跨的省级行政区。

1. 区域、阶梯及"四至"。

2. 所跨省区。

（板书：位置——东起太行山脉，西至乌鞘岭，北连内蒙古高原，南抵秦岭。主要跨越的省区——跨越了晋、陕、宁、甘等四省）

学生读图 6.25，找出黄土高原的位置和跨越的主要省区，小组派代表回答老师提出的问题。

（培养学生读图能力，并能根据地图信息回答问题）

（四）讲授：文明的摇篮

在黄土高原这片土地上，奔流着中华民族的母亲河——黄河。黄河流域是中华民族古代文明的发祥地之一。

1. 请学生在书本第 24 页图 6.25"黄土高原的地形"上用笔描出黄河的轮廓。（"几"字形轮廓）

2. 利用多媒体，放映有关华夏文明的视频。

（板书：文明的摇篮——灿烂的古文明、革命圣地、黄土风情）

3. 学生活动：动手在图 6.25 上描出黄河的轮廓。看视频，获取书本之外的有关黄土高原的信息。

4. 设计目的：让学生了解这片土地曾孕育了中华民族的古代文明，是我们中华民族发祥地之一。让学生尽可能多角度地获取课本以外的知识信息，拓展学生的思维空间。进一步加深学生对黄土高原是华夏文明摇篮这一认知的印象。

5. 导入本课时第二部分。学生看阅读材料（书本第 26 页），然后讨论黄土高原的形成原因，并将讨论结果和观点向大家汇报。

学生看书，思考黄土高原的形成原因，并积极发言。

（培养学生自主学习和探究的能力）

（五）讲授：风吹来的黄土

（板书：黄土高原的形成原因——风成说。）

1. 利用动画和视频分别向学生展示黄土高原"风成说"原理。

2. 结合"活动"，请学生讨论并回答支持"风成说"的依据。

活动第 2 题留到课后思考。

（看视频,思考问题,参与讨论,寻找答案。培养学生自主学习和探究能力）

3. 讲授：风吹来的黄土

请同学们看书本第26页有关黄土地貌的内容,了解黄土高原地貌的特征。

黄土塬：顶部平坦开阔,四周被流水侵蚀形成沟壑。

黄土梁：塬面受流水侵蚀,沟谷发育,分割成长条状的山梁。

黄土峁：梁进一步被沟谷切割分离,形成孤立的馒头状山岳。

黄土川：沟谷进一步发育成川。

（板书：黄土高原的地貌景观——沟壑纵横）

引导学生了解黄土高原地貌特征及其形成原因。

（培养学生探究学习的能力）

（六）探究：严重的水土流失

黄土高原的地表千沟万壑、支离破碎,是世界上水土流失最大的地区之一,结合教材图6.32,分析黄土高原水土流失的自然原因和人为原因。

1. 小结：原因

（1）自然原因：①黄土土质;②地表裸露;③夏季降水、坡陡。

（2）人为原因：①过垦过牧导致生态环境恶化;②修路采矿等活动破坏地表。

2. 教师提问：水土流失又造成了哪些后果呢?

3. 小结：后果

探究分析黄土高原水土流失的自然原因,通过实验比较有力地说明问题。

（七）思考：水土保持

1. 引导学生结合前面的分析找出解决的措施。

小结：（1）生物措施与工程措施结合;（2）合理安排生产活动。

2. 师生共同总结知识点,教师强调重难点。

小组讨论水土流失的后果,完成活动题。结合教材第30页"活动"题的图文资料,讨论黄土高原水土流失的治理措施。（提高学生逻辑推理能力,培养分析解决问题的能力,明确知识,加深印象）

（八）达标检测

1. 关于黄土高原地面景观的叙述,正确的是（　　　　）

A. 地表千沟万壑、地面破碎,沟谷密度大

B. 平地大,沟谷多,地面沟壑纵横

C. 高原坦荡,沟谷两侧常出现直立的陡崖

D. 高原波状起伏,平地少,斜坡多

2. 目前黄土高原存在的最大的环境问题是(　　　)

A. 酸雨　　　　　　B. 沙尘暴　　　　　　C. 水土流失　　　　　　D. 沙漠化

3. 造成黄土高原水土流失严重的人为原因是(　　　)

A. 人们开垦、采矿、修路等活动,使地表疏松

B. 冬季风强盛,使土壤颗粒被大风吹走

C. 冬季风把中亚、蒙古等地的戈壁、沙漠中的粉沙尘土吹来并沉积下来

D. 黄土自西北到东南,土粒越来越细

4. 关于黄土高原的形成,已得到广泛支持的说法是:(　　　)

A. 冰川　　　　　　B. 地震　　　　　　C. 风成说　　　　　　D. 火山灰堆积

5. 有关黄土高原水土流失严重的原因的叙述,不正确的是(　　　)

A. 地表光秃裸露,缺少植被的保护

B. 黄土结构疏松,易溶于水

C. 气候越来越干燥,降水量越来越小

D. 降水集中在七八月份,且多暴雨

6. 读"黄土高原地区略图",完成下列要求:

(1) 黄土高原东起 B_____,西至 C_____,北连 H_____,南抵 A_____。

(2) 黄土高原地区所跨 D_____、E_____、F_____、G_____等省区。

(3) 关于黄土高原的黄土来源得到广泛支持的假说是_____。

(4) 流经黄土高原的主要河流是_____。

(5) 该地区的主要民居是_____。

(6) 黄土高原地表最突出的特征是_____,它是由于严重的_____造成的。

四、实践成效

纪录片视频的播放明显提升了学生对于本节课的兴趣,因此大多数学生都能较好地完成前置自学部分。但对于细节问题,例如水土流失的自然原因,部分学生完成得并不好。

在活动探究部分,学生读图过程清晰完整,能够做到自主梳理黄土高原的边界。在黄土高原地貌特征的整理归纳上,学生对于塬、梁、峁、川的演变过程存在较大问题,不能明确辨析题目中各种地形属于哪种,因此教师在课堂上加上了绘图讲授,效果较好。在讨论黄土高原成因论证的环节,同学们的积极性很高,分组产生了多种答案。通过各种例证,最终学生自主得出成因——"风成说",使学生印象深刻,活动取得良好的效果,教学效果显著。

在最后的达标检测环节,随机抽选的所有学生都能正确地回答出问题。因此教学目标达成。原预想的教学难点黄土高原的成因,被学生很好地掌握;反倒是黄土高原的地貌类型部分,学生较难理解。在今后的教学中,应当注意类似的问题,利用集体备课,作好充分准备。

(新疆维吾尔自治区乌鲁木齐市沙依巴克区乌鲁木齐市第四十六中学　许进涛)

样例 22：　认识正弦函数、余弦函数的周期性

一、背景目标

本节课是高中数学的一节教学内容,教材选自上海教育出版社《数学》高一第二学期第六章的 6.1 节。本节内容是一个教学重点,也是一个教学难点。重点在于它是函数的周期性引入课,由于周期函数的引入,函数的性质就具有了完整性,函数性质的相互关联就能够很好地展现。难点在于需要学生在直观认知的基础上通过定性、定量来抽象出周期函数的概念,而数学抽象素养的培养对于学生而言很重要,同时需要长期坚持培养。

本节课应实现如下教学目标:

1. 直观认识周期现象。

2. 经历周期函数概念抽象概括的过程,培养数学抽象素养。

3. 理解并掌握周期函数的定义,加深对周期函数本质属性的理解;理解最小正周期的研究意义。

4. 经历正、余弦函数周期性的证明过程,体会从特殊到一般再到特殊的研究方法。

5. 能够概括出形如 $y = A\sin(\omega x + \varphi)$、$y = A\cos(\omega x + \varphi)$

(A、ω、φ 为常数,且 $A \neq 0$,$\omega \neq 0$)一类三角函数的最小正周期的求法,体会数学推广的意义。

6. 渗透数学史内容,理解历史上数学活动的本质,感知数学是严谨的,不是一成不变的,有一个逐步完善的过程,培养正确的数学观。

本节课的教学重难点是：

1. 教学重点：对周期函数概念的理解及本质的把握。

2. 教学难点：求解形如 $y = A\sin(\omega x + \varphi)$、$y = A\cos(\omega x + \varphi)$ 的三角函数的最小正周期。

二、设计创意

本节课在教学设计上突出两个创意点。

第一个创意点是采取主体性教学模式，将课前、课中、课后作为一个完整的体系，充分发挥学生的主体性。其中，课前除了教师的积极参与，学生也积极参与其中，作好课前准备。学生的准备重在阅读教材内容之后提出他们的疑惑点和思考点，而这些内容也将成为本节课将解决的问题，以学定教。课中加强师生对话交流，促进数学理解，形成并运用周期函数的概念。课后印发阅读材料，加强学生的自主学习，并促进学优学生的深入思考，既关注学生全体又关注学生个体的发展。

第二个创意点是在教学过程中融入数学史的相关内容，选取适当的数学史料帮助学生理解数学难点，同时激发学生的学习积极性和热情，培养正确的数学观，以学定教，怡情促知。

此外运用思维导图清晰地呈现数学史料丰富的内涵，极具震撼力。

三、导学过程

（一）学贵有疑，以学定教

1. 设计意图：数学学习需要培养学生的数学阅读能力、数学理解能力、提出问题的能力，因此课前的学习也至关重要，让学生提前进入学习情境，在课堂上带着问题、带着思考参与其中。

教师设计相应的问题，学生进行课前学习。

2. 导学案设计：

（1）请谈谈你对周期现象的理解？举例说明。

（2）你认为存在周期函数吗？如有，请举例，可画出具有周期性的函数图像加以说明。

（3）阅读教材 P86—87 的内容后，你有些什么样的问题？

3. 课前展示学生以小组为单位汇总的问题（如图 1 所示）。

（二）以情促教，怡情促知

1. 设计意图：好的教学环境、好的教学氛围、好的情绪、好的学习动机都会促进学生实施有效学习，让学生学有所得。教师积极创设民主、和谐的教学氛围，舍得把时间和权力交给学生，

图1　学生问题汇总

通过师生之间的有效交流、互动,构筑一个学习共同体,此时的课堂是一个有生命力的活动场。

2. 具体呈现

(1) 问题创设,问题探究

阅读教材中的引言:三角函数也称为圆函数,它来自圆周运动,而圆周运动是一种周而复始的周期运动。三角函数是重要的周期函数模型。

提出问题:三角函数会具有什么样的周期性呢?

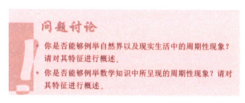

图2　关于周期性的问题讨论

请学生谈谈对周期性的直观认识,学生小组交流,思维碰撞。

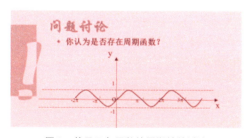

图3　关于三角函数的周期性的讨论

由现象到本质,理解三角函数的周期性。

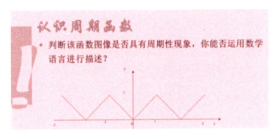

图4　关于周期函数的定义

抽象概括出周期函数的定义。

(2) 以史助学,文化之魅

教师呈现已整理好的数学史内容,介绍三角函数的周期性这一概念的发展历史,激起学生的学习热情。

与数学家对话环节极具冲击力。

Daniel（1899）一般地,对于函数 $f(x)$,如果存在常数 k,对任意一个 x 值,都有

$$f(x) = f(x+k)$$

我们就把 $f(x)$ 称为周期函数,满足该等式成立的最小的数 k 称为该函数的周期。

Bohann（1904）给出了以下定义,若 $y = F(x)$,且满足 $F(x_1) = F(x_1 + h)$,则有:

$$F(x_1) = F(x_1 + h) = F(x_1 + 2h) = F(x_1 + 3h) = F(x_1 + 4h)$$
$$= F(x_1 - h) = F(x_1 - 2h) = F(x_1 - 3h)$$

即对于函数 $f(x)$,如果存在非零整数 n,对任意一个 x 值,都有

$$F(x) = F(x + nh)$$

这样的函数称为周期函数,其中 h 为周期。

例如,对于正弦函数,对任意整数 n 和任意一个 θ 值,满足:

$$\sin\theta = \sin(\theta + n \cdot 2\pi)$$

则称正弦函数为周期函数,且其周期为 2π。

Dresden（1940）进一步地改善形式化定义，对其定义域进行了界定。对定义域为 D 的函数 $f(x)$，如果对任意 x，都有 x 和 $x+P$ 均属于定义域 D，同时满足：

$$f(x+P)=f(x)$$

则称 $f(x)$ 为周期为 P 的周期函数。

图 5　数学家对周期函数定义的演变

通过师生互动、生生互动，课堂上有效的对话交流对教学难点的突破起到了强有力的辅助作用。

（3）理解概念，问题求解

例 1：求下列三角函数的周期：

a. $y=\sin\left(x+\dfrac{\pi}{3}\right)$　　b. $y=\cos 2x$

c. $y=3\sin\left(\dfrac{x}{2}+\dfrac{\pi}{5}\right)$　　d. $y=2\sin\left(-\dfrac{1}{3}x+\dfrac{\pi}{3}\right)$

推广：对形如 $y=A\sin(\omega x+\varphi)$、$y=A\cos(\omega x+\varphi)$（$A$、$\omega$、$\varphi$ 为常数，且 $A\neq 0$，$\omega\neq 0$）的一类函数，总结出求最小正周期的方法。

深入理解周期函数定义式 $f(x+T)=f(x)$，体会从特殊到一般再到特殊的研究方法。

（4）知识拓展，深入学习

学生进行课堂小结，谈一谈本节课的学习体会和收获。教师补充周期函数的相关知识，促进学生的课后有效学习。

教师对周期函数进行补充说明：①研究函数周期的意义；②对函数周期的解析；③周期函数的周期与最小正周期的区别与联系。

教师补充三角函数周期性的发展史材料。

四、实践成效

通过显示课堂实录和课后学生反馈的信息，发现学生乐学、会学、愿学，本节课的教学效果

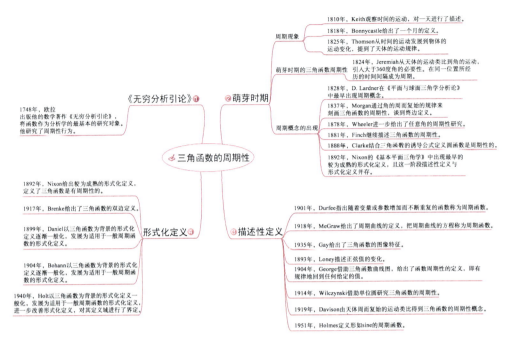

图 6　三角函数周期性的发展史

很好。

(一) 部分课堂实录

1. 问题探究环节

PPT 演示：

(1) 你是否能够列举自然界以及现实生活中的周期性现象？请对其特征进行概述。

(2) 你是否能够列举数学知识中的周期性现象？请对其特征进行概述。

学生进行讨论：

生 1：哈雷彗星周期 76 年。

生 2：自动扶梯上去下来的时间间隔。

生 3：地球的公转和自转。

师：还有星期的间隔。能否概括一下它们的特征？

生 4：所有的都是每隔一定的时间会重复出现。

生 5：无限循环小数，例如 1/3；还有终边相同的角，角的周而复始的变化。

师：例如还有被 3 整除余 1 的数，分别为 1、4、7 等。那么函数会有周期性吗？

评析：这一环节，学生给出了生活中与数学有关的周期性现象，能够直观认识周期现象。

2. 史料辨析环节

师：最早提及周期函数的是欧拉，欧拉 1748 年在《无穷分析引论》中谈及了一个周期性行为，之后周期概念持续发展，直到 1940 年 Dresden 提出比较完善的周期函数形式化定义，对其定义域进行界定，前后花了近 200 年的时间。而在课堂上我们用了 22 分钟就研究了周期函数的定义。接下来我们开始与数学家进行对话（呈现三个数学家的资料）。

图 7　欧拉《无穷分析引论》PPT 展示

（教师下发历史纸质资料供学生研讨）

师：请同学们关注 Daniel 给出的周期函数的定义。这个定义是在 1899 年提出的，它与刚才我们学习的定义有什么不同吗？或者有什么不完善之处？

生 1：这个定义没有强调定义域 D 的要求，同时没有强调 $k \neq 0$。

生 2：这里说的是最小的数，实际上应该是最小的正数。

师：这位同学补充得非常好。他对最小的数提出疑问，认为周期函数应该存在最小的正数。

那么试问同学们,周期函数是否一定存在最小的周期呢?

(生若有所思)

师:我们一起来研究下常值函数,任何实数都是它的周期,但它没有最小正周期。对于另外两个定义,你们可以课后进行探究一下。

图8　课堂实录

(二) 部分学生的信息反馈

问题:你认为这节课中,数学史给了你什么帮助与启示? 对课上所呈现的历史上不同的定义和思维导图中周期函数的历史,你有何看法?

生1:在学习数学的过程中,我们总不能一步成功,数学史让我们明白数学应当坚持不懈。数学史中的定义让我们从各个角度分析了数学学习,思维导图更直观准确地展现了本节课知识点,很喜欢老师的设计。

生 2：本节课印象最深的地方是数学老师让我们"与数学家们"对话。从 18 世纪开始，数学家就在探索周期函数，从诸多不足到逐步完善，数学史本身就是一个漫长的过程。

生 3：周期函数定义的历程，因为数学家通过自己的努力一步一步地得到今天的结论，长达约 200 年。我认为很不容易，很了不起。同时我们要关注一些言语上的细节，一个小条件都可能使这句话不正确。而这节课的数学史让我更深入地了解到定义中 $T \neq 0$ 等条件的重要性。

生 4：感觉三角函数中的周期性很奇妙，发现生活中原来存在这么多关于周期性的现象，增加了我对数学的好奇心。

生 5：周期函数虽然是单调的，可是它的每一个函数值都遵循一定的规律。当你发现这是一个周期函数时，你再也不用害怕。因为它的未来是已知的、简单的，同时也要感谢它对数学建模的帮助。而老师课上的推导过程十分严谨，且文献引用的是英文名，一般大学课本里才会这样，这种严谨的数学素养是我们应该学习的。

（上海市浦东新区华东师范大学附属东昌中学　向荣）

样例 23：　理解辛亥革命

一、背景目标

"辛亥革命"出自人教版高中《历史》必修一第四单元"近代中国反侵略、求民主的潮流"第 13 课。辛亥革命是近代第一次资产阶级革命，上承农民阶级的太平天国运动，下启无产阶级的五四运动，是 20 世纪中国三大历史性巨变之一，促进了中国政治民主化。

（一）教学内容

1. 辛亥革命爆发的背景。了解辛亥革命的基本概念，近代前期中国民族危机加剧、各种救国思想及实践的探索，20 世纪初中国民族资本主义发展状况、思想发展状况，资产阶级革命党的组织建设和军事准备情况以及武昌起义爆发的有利时机。

2. 辛亥革命的过程。掌握武昌起义的爆发、中华民国建立、《中华民国临时约法》颁布、袁世凯篡夺辛亥革命胜利果实等基本史实。

3. 辛亥革命的历史意义及局限性。理解辛亥革命胜利的历史意义及失败的原因，结合时代背景分析其局限性和历史教训。

（二）教学目标

1. 知识与能力：通过本课的学习，学生需掌握辛亥革命的爆发背景、主要过程和重大历史意义，并能深入剖析辛亥革命失败的原因，辩证、客观地看待辛亥革命的局限性。通过探究活动，培养学生自主性学习和合作性学习的能力，逐渐养成发现问题、探究问题、解决问题的思维习惯和能力。

2. 过程与方法：通过合作探究的方式，组织引导学生阅读教材和相关史料，对比、分析历史事物之间的联系，提高学生分析问题的能力和掌握正确分析评价历史问题的途径和方法。

3. 情感态度与价值观：通过本课的学习，使学生认识到辛亥革命推动了中国民主政治的发展，中国政治民主化的趋势是不可阻挡的；认识到近代中国社会的进步是由无数仁人志士的鲜血铺垫而成的，激发学生的爱国主义情感和不断进取的意识；使学生的情感升华到"为中华民族的伟大复兴而奋斗"的理性高度，帮助学生树立正确的人生观和价值观。

（三）教学重难点

1. 教学重点：辛亥革命爆发的原因、《中华民国临时约法》、评价辛亥革命。

2. 教学难点：三民主义、辛亥革命的局限性。

二、设计创意

1. 整合教材，突出主题，优化结构。本课内容在人教版中是按照"武昌起义"、"中华民国成立"、"中国民主进程的丰碑"三个子目组织布局的，知识结构上存在交叉重叠，不利于学生理解。为此，我以"百年辛亥 变与不变"为主题，将原本按照背景—过程—影响直线模式叙事的教材内容重新整合为"一、绝境与生机：武昌首义"（背景与过程）、"二、变与不变：共和国之梦"（历史评价）、"三、反思与感悟：路在何方"（失败原因和教训）三个部分，突出"变与不变"这一主题，使得结构设置更符合学生的逻辑思维。

2. 史料研读，合作探究，攻破重难点。本课重点是辛亥革命的历史评价，为帮助学生全面认识辛亥革命的历史作用和局限性，客观审视辛亥革命给中国带来的历史剧变与不变，我适当地淡化了辛亥革命爆发的背景，将主要时间放到辛亥革命的评价上。为此，我精心挑选了四组史料，组织学生从政治、经济、思想文化、社会习俗等方面探究辛亥革命给中国乃至世界带来的剧变与不变。在充分发挥学生主体作用的情况下，让学生在自主学习、研读史料、合作探究的过程中感受不同史料对比带来的冲击，从而培养其批判性思维，形成客观的历史认识。

三、导学过程

（一）绝境与生机

阅读教材第62—63页,概括辛亥革命爆发的背景。

（1）时代背景:_____签订后,民族危机进一步加深;清政府实行_____和_____失败,政治危机更加严重。

（2）经济和阶级基础:_____和_____客观上促进了民族资本主义的发展,民族资产阶级力量壮大,登上历史舞台。

（3）思想基础:_____思想的传播。

（4）组织基础:资产阶级_____和_____的建立。

（5）军事基础:革命党人发动一系列_____,推动全国革命进入高潮。

（6）有利时机:四川的_____,湖北防务空虚。

武昌起义从打响第一枪到占领湖广总督署只用了8小时;武汉三镇保卫战坚持41天,迎来全国十余个省区的独立。从武昌首义到中华民国建立仅有80天。（从起义爆发到清帝退位历时仅123天）

（二）剧变与不变

1912年元旦,孙中山在南京宣誓就任临时大总统,宣告中华民国正式成立,3月颁布《中华民国临时约法》。孙中山先生称其为"中国有史以来未有之变局,吾民破天荒之创举也"。

1. 根据以下材料分析:《中华民国临时约法》体现了哪些政治原则?

材料:

第一章:中华民国之主权属于国民全体。

第二章:中华民国人民一律平等,无种族、阶级、宗教之区别;人民得享有人身、居住、集会、结社、通信、信仰等自由。

第三、四、六章:参议院行使立法权;临时大总统及国务员行使行政权;司法权由法院独立行使。

第五章:国务员（内阁总理）于临时大总统提出法律案、公布法律及发布命令时,须副署之。

——《中华民国临时约法》

辛亥革命后,政治统治原则的变化:由君权神授变为_____,专制集权变为_____,"人治"变为_____,确立了民主政治。

2. 根据以下四组材料探究:辛亥革命究竟有没有引起中国社会的变革?

第一组材料:从政治角度看变与不变

材料一:辛亥革命推翻了中国2000多年的封建帝制,建立了资产阶级共和国,颁布了《中华民国临时约法》,按照三权分立的原则构建政治体制。

——岳麓版教材必修一第15课"辛亥革命"

材料二:袁世凯复辟帝制。

第二组材料:从经济角度看变与不变

材料三:1912—1919年,中国新建厂矿企业达470多家,投资近1亿元,加上原有扩建新增资本达1.3亿元以上,相当于革命前50年的投资总额。

——《中国近代经济史统计资料选辑》(中国社会科学出版社,2012)

材料四:一战后不久,中国"铁厂积货如山,无人过问,至于闭炉停机。纱厂结账,大多无利……其他工业,也皆消沉"。

——《中国近代工业史资料》(生活·读书·新知三联书店,1957)

第三组材料:从思想角度看变与不变

材料五:1915年,袁世凯公开复辟帝制,遭到全国人民的强烈反对,83天后被迫取消帝制。1917年,军阀张勋拥戴清朝废帝溥仪登基,在全国人民的怒斥声中,12天后复辟丑剧就草草收场。

——人教版《中国近代史参考》(上册)

材料六:谭延闿,进士出身,时任湖南军政府的民政部长,却对"民国"概念茫然无知,发布文告时认为秘书署"中华民国湖南军政府民政部"是误书,大笔一勾,改成"中华国民",张贴全城,闹成大笑话。

——《湖南文史资料选辑》(湖南人民出版社,1961)

第四组材料:从社会风俗角度看变与不变

材料七:冯玉祥回忆说,当初他的军队,许多士兵剪辫的时候,都是痛苦不已,而且都把剪下来的辫子郑重地包好,收藏起来。

——张鸣《辛亥:摇晃的中国》(广西师范大学出版,2011)

材料八：

依据所给材料，教师引导学生思考问题：你认为辛亥革命是成功还是失败？

学生1：辛亥革命给近代中国带来巨大变革，是成功的民主革命。

由材料一可知，辛亥革命结束了中国两千多年的封建帝制，建立了近代以来第一个资产阶级民主共和国，使得三权分立、主权在民、天赋人权等政治原则在中国践行，中国政体发生巨大变化。与此同时，"三权分立"、"主权在民"的思想大大冲击了中国传统社会奉行的忠君唯上、尊卑有序等思想，民主共和、自由平等观念广为传播并逐渐深入人心。由此才有材料五中我们看到的，袁世凯复辟、张勋复辟遭到全国人民的唾弃，不得民心，最终草草收场。在经济方面，随着资产阶级民主共和国的建立，扫清了民族资本主义的发展障碍，中华民国采取了奖励实业的政策，民族资本主义逐渐发展，进入"黄金时期"。材料三显示新建企业如雨后春笋般出现，投资总额的急剧增加可以印证这点。在风俗习惯方面，从材料八中可以看出来，中华民国推行了一系列移风易俗的措施，如断发易服、废止缠足、文明礼仪等，使得风俗习惯日益近代化、文明化。这所有的剧变都是辛亥革命带来的，所以说辛亥革命是成功的。

学生2：辛亥革命并未给近代中国社会带来本质变革，是失败的。

我们判断革命是否成功的标准是：是否完成革命任务。如材料一所说，辛亥革命推翻了清王朝,结束了封建帝制,但从材料二可知,中华民国建立之后,袁世凯篡夺革命果实,复辟帝制,北洋军阀实行黑暗统治,并没有真正结束封建制度,民主共和有名无实。辛亥革命后的中国依然是半封建半殖民地国家,社会性质没有发生本质变化,一场革命任务都没完成的革命不能算是成功的革命。而且辛亥革命的发动仅限于资产阶级革命派和新军,革命队伍中还混入了很多封建旧官僚、立宪派,广大民众并没有真正参与,对"民国"、"民主共和"概念一知半解,甚至是一无所知,如材料六所说的湖南军政府民政部长谭延闿对"民国"的概念都茫然无知,由此可知辛亥革命脱离群众,并没有让民众真正懂得何为"民主",何为"平等"。在经济发展方面,中华民国虽然采取了奖励实业的政策,刺激了民族资本主义的发展和黄金时期的到来,但忽略了此时有利的国际环境——列强忙于一战无暇东顾才是民族资本主义得以发展的重要因素。当一战结束,列强卷土重来,民族资本主义便迅速萧条,如材料四所说"尽消沉"。在风俗习惯方面,中华民国虽然实行了断发易服等移风易俗的措施,但从材料七可知,民众"剪掉头上辫子易,去除心中的辫子难",封建思想根深蒂固,封建陋俗难以根除。综上所述,辛亥革命并没有给中国政治、经济、思想、风俗习惯带来根本性变化,革命任务没有完成,社会性质没有变化,革命是失败的。

教师点评:刚刚几位同学的论证都有理有据、见仁见智,充分利用了给出的材料,并结合所学知识,从不同角度对辛亥革命的成败和影响进行阐述,做到了论从史出,史论结合。从刚刚的论证可知,由于大家选取的史料和认识的角度不同,得到的结论也不同,但结论本身没有对与错之分。这就是历史评价,受史料、研究立场和研究角度的影响。这就要求我们在历史评价时尽可能地掌握充足的史料,全面、客观、公正地认识历史事件和历史现象。综合几位同学的论证,我们可以知道,辛亥革命给近代中国政治、经济、思想和风俗习惯带来巨大变革,推动了近代中国民主化进程,但也有其自身的局限,如没有完成反帝反封建的革命任务,没有改变半殖民地半封建的社会性质,没有发动群众等,诚如中山先生所说,"革命尚未成功,同志仍需努力"。

(三) 反思与感悟:路在何方

1. 阅读以下材料,思考:孙中山的共和梦有没有实现?

"民国之政治,比之满清尤为不及","把持国事者,均系军阀武人,争权夺利,祸国误民,有国家共和之名,无国家共和之实"。

——1924 年孙中山在黄埔军校的演讲

2. 根据以下材料,思考:为什么"共和有名无实"?

材料:武昌起义后,江苏巡抚程德全宣布脱离清政府独立,自任都督,挂起"中华民国军政府

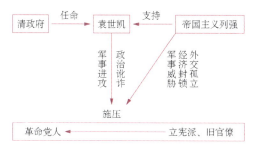

江苏都督府"的旗子,并"用竹竿挑去了抚衙大堂屋上的几片檐瓦,以示革命必须破坏"。江苏就这样"和平光复"了。这样的"光复"充分反映了当时的旧官僚乘机投机革命的情况。

3. 总结

(1) 辛亥革命失败的原因:

客观原因:<u>中外反动势力过于强大;</u>

主观原因:<u>民族资产阶级的软弱性和妥协性;</u>

根本原因:<u>半殖民地半封建的中国,民族资本主义发展水平低,发展不充分。</u>

(客观原因找外部因素,主观原因找领导阶级、自身因素,根本原因找经济基础)

(2) 教训:<u>在半殖民地半封建的社会,资产阶级的救国方案是行不通的,只有彻底地反帝反封建,实现民族独立才能实现国家富强。</u>

<u>由于民族资本主义在近代中国发展不充分,民族资产阶级具有软弱性和妥协性,不可能领导中国取得反帝反封建革命的胜利。</u>

(3) 感悟:在半殖民地半封建社会,中国民族资本主义势必会受制于本国的封建势力和外国资本主义的双重打压,在夹缝中生存,所以民族资产阶级力量难以真正壮大,在发动革命时难免会存在软弱、妥协的倾向,不可能领导中国革命走向胜利。因此,民族独立是国家现代化的前提。

(四) 本课总结

辛亥革命推翻了清王朝,结束了中国数千年的君主专制统治,创建了中华民国,颁布了中国历史上第一部资产阶级共和国性质的《中华民国临时约法》,使人民获得了一些民主权利,开创了完全意义上的近代民族民主革命。但是辛亥革命以同旧势力的妥协而告终,没有从根本上改变中国半殖民地半封建社会的性质,中国人民依然生活在贫穷、落后、分裂、动荡、混乱之中。从这个意义上说,辛亥革命失败了。辛亥革命的失败,给中国先进分子以巨大的刺激和深刻的启发,使他们觉悟到必须另谋新的救国救民之路。

四、实践成效

本课的重点在于对辛亥革命作出客观、全面的历史评价,通过提供对比鲜明、反差较大的史料,辛亥革命成败这一问题更富有探究性,很好地激发了学生的探究欲望和兴趣。课堂上,围绕辛亥革命给中国带来的剧变与不变和辛亥革命的成与败,小组讨论很是激烈。由于选择史料和研究角度的不同,不同小组之间产生争论,小组内部不同成员之间也有分歧。有的学生选择"辛亥革命给中国带来剧变"的史料来印证革命是成功的;也有的学生选择"辛亥革命后中国社会并无较大变化"的史料来印证革命是失败的;还有的同学能综合分析所有史料,对辛亥革命作出较为客观、全面的评价。此环节安排起到了史料对比研读、辩论争鸣的效果,学生不仅切身感受到了辛亥革命带给中国的剧变与不变,还避免了对辛亥革命知识性的记忆和标准化的评价。

在点评过程中,教师顺势引导学生正确看待对同一事物的不同历史评价,认识史料、研究者个人立场、研究角度、时代因素对历史评价的影响,从而帮助学生掌握了历史评价的基本方法,达到了提高史学素养的作用。

在探讨辛亥革命失败原因时,学生在利用给出史料的基础上对辛亥革命失败原因有了自发、深入的思考,能够透过材料中的一般现象,分别提炼出革命失败的外部因素和自身因素,从而准确地找到革命失败的客观原因和主观原因。同时,能够秉承唯物论和历史唯物主义所提倡的理念,还原到当时历史时期和时代认识历史事件,正确认识经济基础对上层建筑的决定作用,挖掘出革命失败的根本原因是在半殖民地半封建的中国民族资本主义发展不充分,历史分析能力进一步提高。总体来说,本课学生参与度高,重难点都得到突破,课堂效果好。

(新疆维吾尔自治区乌鲁木齐市沙依巴克区乌鲁木齐市第四十一中学　牟晓娜)

样例 24：利用 Scratch 制作龟兔赛跑

一、背景目标

(一) 教材分析

为培养学生的计算思维,让学生对于程序设计有初步了解,我们在初中教学中引入 Scratch

这个图形编程工具，希望通过此软件的学习让学生初步认识程序设计的过程和方法，为学生开启学习程序设计的大门。Scratch 是一门简单直观的程序设计工具，对初中生而言，借助此工具可以很容易地创造出交互式程序、动画故事、游戏等。本课出自新纲要云南省实验教材《信息技术》八年级第 12 册第一单元 Scratch 程序设计第二课。

（二）学情分析

对于新鲜事物，初中生有很强的好奇心，学习兴趣浓厚，但集中注意力时间不够长，而且在小学课程中从未接触过 Scratch 软件，对程序设计也缺乏了解。因此我利用学生对 Scratch 的新鲜感来调动学生的学习积极性，对任务进行分解，从易到难，使学生感觉到程序设计并不是一件难事，而是很有趣的，充分发挥学生的主观能动性和创造力。通过制作一个生动有趣的动画，让学生在操作实践中了解利用 Scratch 制作程序的方法，激发学生后续的学习兴趣。

（三）教学目标

1. 知识与技能

（1）理解 Scratch 中角色、舞台、造型、脚本的作用；

（2）学会使用"平滑移动"、"点击绿旗开始"、"切换造型"等指令完成脚本的编写。

2. 过程与方法

（1）学会分析故事中的要素（角色、地点、事件），学会利用这些要素构建 Scratch 程序的方法；

（2）通过龟兔赛跑程序的制作，掌握 Scratch 的基本编程过程。

3. 情感态度与价值观

（1）感知 Scratch 的魅力，培养学生对于程序设计的兴趣爱好；

（2）激发学生想象、创新的意识。

二、设计创意

本节课由故事引入课堂，通过制作"龟兔赛跑"这个动画来贯穿整节课的教学，这样可以提升学生的学习兴趣和参与积极性，能够全身心地投入到学习中来。

在任务的设计上由易到难，逐层提升作品的完成度。首先完成一个角色的移动，然后完成两个角色的移动并通过参数的修改实现移动速度的快慢，最后引入造型变换，完成龟兔赛跑动画。让学生在不断获得的成就感当中体验到学习的乐趣，同时，兼顾每个层面的学生，让不同能力的学生都能够做出作品。

整节课包含了程序设计的一般过程，从开始的故事要素提取（分析问题），分步骤完成作品（分解、解决问题），优化作品（调试改进问题）。让学生在完成作品过程中体验程序设计的流程，培养学生程序设计的思维方法，为今后系统地学习程序设计作好铺垫。

三、导学过程

（一）整体呈现

导学环节	教师活动	学生活动	设计意图和目的
故事导入，分析展示	⁎　让学生简单复述故事龟兔赛跑，并通过提问的形式和学生一起分析故事中的角色、地点和事件。 　　展示用 Scratch 完成的"龟兔赛跑"动画，引出 Scratch 这个程序设计工具。	学生根据教师给出的故事进行分析，并在教师的提问下逐一说出自己的答案。	通过分析让学生理解角色、地点、事件是构成一个故事的要素。 通过 Scratch 动画的展示，让学生知道可以利用这些要素构建动画，吸引学生的注意力，激发学生的学习兴趣和参与积极性。
情境迁移，初始界面	回顾 Scratch 的界面组成，引导学生去发现角色与角色，舞台与时间地点，事件与指令之间一一对应的关系。 图 1　Scratch 界面	学生观察 Scratch 的界面，思考并找出 Scratch 中能够与之前角色、地点、事件对应的部分。	认识 Scratch 的界面和基本要素，并能够通过之前故事分析中对角色、地点、事件的认识来理解 Scratch 中角色、舞台、脚本的一一对应关系。解决第一个教学重点。

导学环节	教师活动	学生活动	设计意图和目的
小试身手，添加角色和修改舞台	教师向学生演示角色乌龟的添加和舞台的修改。	学生动手操作完成任务一：添加两个角色并自主选择舞台进行修改。	让学生学会Scratch中角色的添加和舞台的修改，通过完成任务进一步加深对于这两个要素作用的认识。
添加指令，编写脚本，实现角色移动	教师以导演拍戏为例介绍如何用指令来编写脚本，并演示操作如何完成乌龟角色的移动。 图2　角色移动示例 注：（1）介绍移动指令中坐标和时间参数修改的作用，并教给学生利用鼠标获取坐标的方法。 （2）在学生操作时，教师要强调脚本要根据角色来编写。	学生动手操作完成任务二：乌龟和兔子的移动，并让学生自己尝试修改指令中的参数来实现兔子获胜。	1. 利用知识迁移的方式让学生学会用指令来编写脚本，实现角色的移动。 2. 掌握"平滑移动"指令，会运用绿旗按钮和停止按钮控制脚本的运行。 3. 让学生明白角色和脚本的对应关系，知道脚本是根据角色来编写的。突破本节课第一个教学难点。
学习造型变换，还原故事，完成动画	教师以引导的形式带领学生回顾龟兔赛跑故事内容，通过对兔子睡觉情节的描述引出造型变化的问题。 教师操作演示造型的添加和变换造型指令的使用。 图3　造型添加和变换示例	1. 学生动作操作，添加兔子的造型。 2. 任务三：学生自主修改兔子角色的脚本，还原故事情节，实现动画。 图4　学生修改角色脚本示例	以演员演戏换造型为例引入Scratch中造型的概念以及如何利用指令更换造型，以此解决另一个教学难点。 在完善动画的过程中进一步加深如何利用指令来编写脚本，让学生初步理解程序设计的基本过程。完成第二个教学重点。同时鼓励学生做出不同的作品，激发学生的自主创新意识。

导学环节	教师活动	学生活动	设计意图和目的
	然后让学生自主研究,修改兔子指令,完成整个龟兔赛跑的故事。	3. 对完成任务三的同学,给出拓展任务,让其研究优化的指令有什么作用。	
展示评价,问题分析	询问了解学生自我评价的情况。 挑选2—3个学生作品进行展示点评。分析作品的主要问题和创新部分。	让学生对自己的作品进行打分。 有创新部分的作品邀请学生自己来作介绍。	通过问题展示,让未完成的学生清楚自己的问题所在,通过创新部分的展示,鼓励学生去大胆尝试创新。
归纳总结,加深认识	1. 利用课件总结本节课的学习内容,归纳用 Scratch 编写程序的基本思路和过程; 2. 给出两个 Scratch 的其他作品,进一步指出 Scratch 的功能,并点明 Scratch 是一个程序设计创意工具,利用好这个工具,可以创造出更多有意思的作品。 师:美国的计算机科学家艾伦·凯说过"预测未来的最好方法是创造未来",希望同学们能利用好 Scratch 这个工具,开启你们的创造之路。	让学生自己归纳学到了什么,是否喜欢 Scratch,是否愿意继续学习 Scratch。	通过总结让学生既对本节课内容有一个全面的认识,加深对 Scratch 的认识;同时激发学生的兴趣,为以后的学习作好铺垫。

(二) 导学流程

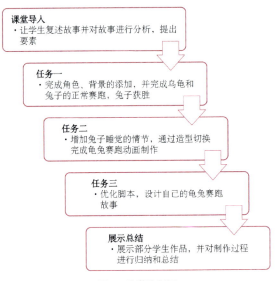

图 5　导学流程图

四、实践成效

通过由易到难的任务设计,学生在愉快的学习中完成了作品,并学会了 Scratch 中如何移动角色和变换造型,体会到了程序设计的一般过程,激发了学习程序设计的兴趣,达到了预设的教学目标。

课堂教学兼顾了各个层面学生的学习,让每个同学都能完成作品。在保证基本任务完成的同时,也鼓励同学进行创新和改进,最终完成的作品创意十足,呈现出不同的效果,极大地激发了学生的创造力和想象力。

(云南省昆明市第十中学　李骏)

样例25:"科学探究"章节复习课

一、背景目标

本节课是牛津上海版初中《科学》七年级第二学期主题一的复习课。本专题主要包括四个部分:认识科学,走进科学实验室,简单的实验技巧,进行简单的科学研究。对照近三年的学业考试试卷,其中第三大题为"实验与探究",主要对"过程与方法"的考查。

对于七年级的学生而言,通过两年的科学课程学习,已具备一定的科学探究能力,能够在老师的指导下逐步地进行探究活动,但是完整的探究活动对于他们而言还是有一定的难度。考虑到他们思维活跃,对科学学习兴趣高,可以通过教师的引导来完成完整的科学探究过程。

基于以上分析,制定如下学习目标:巩固科学探究的基本要素、实验基本技能和方法及实验室安全的知识点,构建本章节知识网络,并能设计简单的科学探究活动来解决实际问题。

二、设计创意

作为一节复习课,整节课以一个完整的科学探究活动"蟋蟀的叫声与气温的关系"贯穿始终,让学生体验科学探究的过程,并针对学业考中的探究题,提高学生作出假设、设计方案、测量长度、记录数据、得出结论等一系列的探究能力。

课前由学生根据背景材料完成导学案"提出问题、形成假设、制订计划"部分,课上主要分析和探讨学生的训练情况。这样可将"旧知识"引入到"新情境"中来解决问题,着重在学生易出错处下功夫,提高针对性。同时对知识进行系统梳理,构建知识网络,提升学习迁移能力。

三、导学过程

(一) 科学探究

"唧,唧……"这是你在仲夏夜打开卧室窗户时经常听到的声音。一般在这样的夜晚,蟋蟀那柔和的、间断的"唧唧"声能使你安静地入睡,但今晚不同,天气十分炎热,窗外的所有蟋蟀今晚似乎都决定不让你入眠,不间断地发出几乎震耳欲聋的叫声,令人心烦。

1. 从此段背景中提出一个可以探究的问题:＿＿＿＿＿＿＿＿＿＿＿＿＿＿＿＿＿＿＿

2. 形成假设:＿＿＿＿＿＿＿＿＿＿＿＿＿＿＿＿＿＿＿＿＿＿

3. 制订计划:

＿＿

＿＿

请小组讨论以上这份实验计划,并提出修改意见。

＿＿

＿＿

＿＿

4. 收集证据

表 1 蟋蟀的叫声与气温的关系实验表

蟋蟀 温度	每分钟鸣叫次数		
	15℃	室温(20℃)	25℃
1	91	135	180
2	80	124	169
3	89	130	176
4	78	125	158
5	77	121	157

5. 处理信息

结论:＿＿＿＿＿＿＿＿＿＿＿＿＿＿＿＿＿＿＿＿＿＿＿＿＿＿＿

与我的假设＿＿＿＿＿(一致/不一致)

6. 表达与交流(课后完成)

假如你将参加一次有来自全世界研究蟋蟀的科学家参加的研讨会,请为大会写一篇短文来叙述你在蟋蟀实验中所获得的结论,其中包括你打算在研讨会上向其他研究蟋蟀的科学家请教的问题。

_____

_____

(二)试一试

某小组为探究影响种子萌发的因素,进行了如下实验。他们找来若干活的小麦种子(可萌发)和甲、乙、丙、丁四个培养皿,在每个培养皿内先放置棉花,再将一定数量(且等量)的种子置于棉花上,并给予不同条件。数天后的情况如表2所示:

表 2　温度对种子萌发的影响实验表

组别	因素			种子萌发情况
	温度	光照	水分	
甲	23℃	有	有	全部发芽
乙	23℃	有	无	没有发芽
丙	23℃	无	有	全部发芽
丁	23℃	无	无	没有发芽

1. 本实验的设计是基于假设:种子的萌发与_____(因素)和_____(因素)有关。

2. 如果要继续研究温度对种子萌发有没有影响,你认为设计实验时应控制_____(因素)相同,_____(因素)不同。

3. 实验中,每个培养皿内放置一定数量小麦种子的目的是_____。

四、课堂片段实录

片段一:提出问题

PPT 展示学生提出的问题:

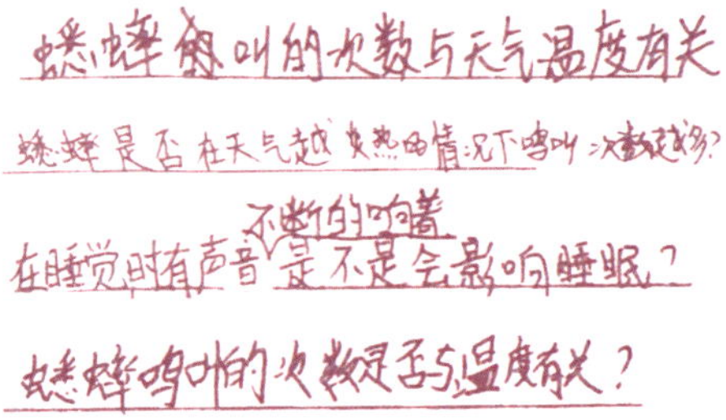

图 1　学生提出的问题

师：你们认为根据背景材料以上哪个问题提得比较合适？为什么？

引导学生分析主要问题：(1)提出的非科学问题；(2)表达错误或用词不规范等。

经过讨论、比较，选定本节课探究的问题：**蟋蟀鸣叫的次数是否与温度有关？**

片段二：形成假设

PPT 展示学生针对问题形成的几条假设：

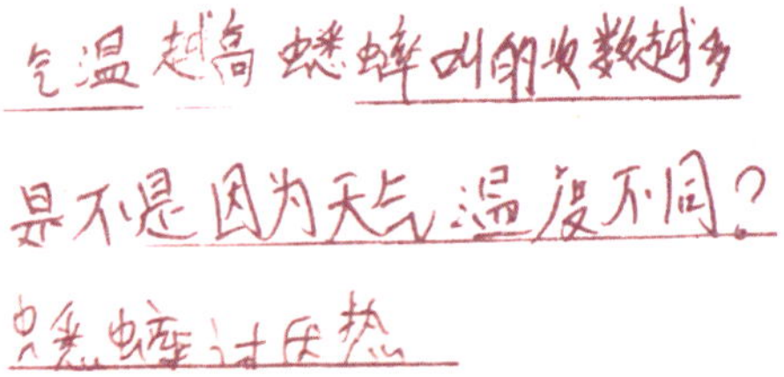

图 2　学生针对问题形成的假设

师：什么是假设？同学们提出的哪些可以作为本例的假设？

引导学生分析主要问题：(1)假设不是提问；(2)假设需要可检验。

经过讨论、比较，选定符合提问的假设：**温度越高，蟋蟀的鸣叫次数越多。**

片段三：制订计划

PPT 展示班级某一位学生制订的计划：

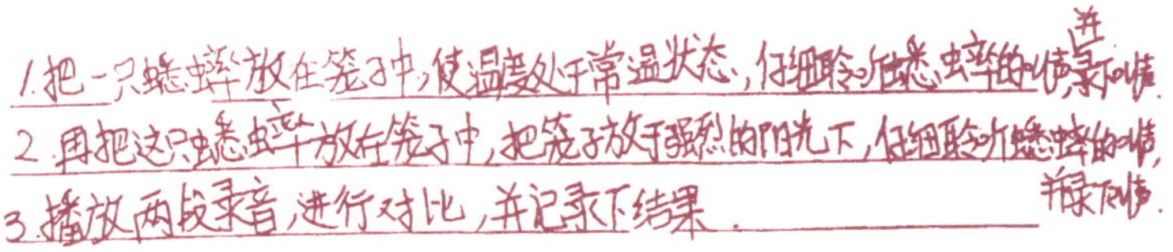

图 3　某位学生制订的计划

师：请就三个关注点——蟋蟀的数量、不同温度的设置、其他因素如何保持相同，提出这份计划的修改意见。

学生分小组讨论，修改计划，分享修改意见。

(1) 蟋蟀的数量：需要多于 1 只蟋蟀进行测试，避免实验的偶然性。

(2) 控制变量法：在实验时必须控制除了温度以外的其他因素。

(3) 不同温度的设置。

师：为了能实现不同的温度，有个别同学想到了几个办法：加热、加冰块等，这些办法哪些可以采用？

生：盖棉被、加冰块……

师：一般来说，当温度低于 7℃ 时，蟋蟀由于行动迟缓，不再鸣叫或叫声变迟缓，而当温度超过 32℃ 时，蟋蟀又需要大幅减少鸣叫次数以节省能量。因此，在设计实验时，应注意实验操作的可行性。

师：有几位美国的初中生选取了 15℃、20℃（室温）、25℃ 三组温度，当我们将 15℃、25℃ 下蟋蟀的鸣叫次数与室温条件下进行比较时，运用的科学方法是什么？

生：对照法。

师：在本次实验 15℃、室温、25℃ 三组中，哪组为对照组，哪组为实验组？

生：室温组为对照组，15℃、25℃ 为实验组。

五、以"导学案"为载体的复习课反思及启示

复习课难上的原因，往往在于教师认为复习课就是复习巩固，或训练学生的解题能力，常采用讲授式的教学方式，而学生只能对旧知识一味地被动接受，自然会觉得"没意思"。随着新课改理念在教学中的不断深入，初中科学复习课也应改变课堂教学模式，倡导以学生为主体，倡导"做、想、讲"相统一的学习经历，倡导"自主、合作、探究"的学习方式。因此，本节课利用导学案进行复习课教学，正体现了这一教学理念，既教会学生自主复习的方法，同时也提高了复习的效率。

有效的导学案应以教学目标为中心。不同的教学内容适合采用不同形式的学习训练来巩固、复习。科学探究的基本要素并非要求学生去死记硬背，而是要灵活应用。因此，在设计导学案时，应当创设前后呼应的问题情境，通过课前、课中、课后的训练，使学生提升科学探究能力。

1. 课前训练

背景资料	"唧,唧……"这是你在仲夏夜打开卧室窗户时经常听到的声音。一般在这样的夜晚,蟋蟀那柔和的、间断的"唧唧"声能使你安静地入睡,但今晚不同,天气十分炎热,窗外的所有蟋蟀今晚似乎都决定不让你入眠,不间断地发出几乎震耳欲聋的叫声,令人心烦。

第一次设计的导学案(部分)	第二次设计的导学案(部分)
1. 提出问题:气温对蟋蟀的鸣叫声有影响吗? 2. 形成假设:_____ 3. 制订计划: ① 选择三个_____的容器,在容器中分别装入 5 只同种蟋蟀、等量树叶,并插入_____。 ② 控制三个容器内的温度分别为_____、_____、_____。 ③ 同时记录三个容器内的 5 只蟋蟀每分钟鸣叫的次数,并求出平均值。	1. 从此段背景中提出一个可以探究的问题:_____ 2. 形成假设:_____ 3. 制订计划:_____

在第一次试讲时,制订计划部分为"填空"的形式,虽然为学生提供了学习支架,完成起来非常轻松,但学生的思维也被禁锢了,缺乏积极思考。之后,将制订计划部分全部留白,看似提高了难度,成了"不可能完成的任务",但让学生不得不进行独立思考。最终,答案中存在的各种各样的考虑不周和错误,反而成为课堂教学的资源。

2. 课中训练

课堂时间有限,所以在例题选择时需谨慎。本课在完成"科学探究"部分内容后,为了让学生能够应用复习的知识点,选择了一道 09 年学业考试卷的真题。本题主要考查的就是"样本数量确定"及"控制变量法",紧扣课堂内容。通过对例题的精讲,引导学生归纳一般解题策略,在面对"陌生"的题目时也不会不知所措,提升学习迁移能力。

3. 课后训练

课后思考题:假如你将参加一次有来自全世界研究蟋蟀的科学家参加的研讨会,请为大会写一篇短文来叙述你在蟋蟀实验中所获得的结论,其中包括你打算在研讨会上向其他研究蟋蟀的科学家请教的问题。

课后训练延续了课堂的情境"夏夜蟋蟀鸣叫",既让学生体验了科学探究的最后一步——表达与交流,又让他们对课堂的学习内容进行回顾,起到了巩固的作用。

(上海市杨浦区思源中学　任佳)

样例 26： 设计新疆少数民族的马甲

一、背景目标

本节课为人美版《美术》五年级上册第 25 课。

1. 教学目标

（1）知识与技能：学习关于新疆少数民族马甲的知识，马甲的用途，能用所学进行设计并制作马甲作品。

（2）过程与方法：通过设计、剪贴、添画等方法体验美术活动的乐趣，培养观察能力和动手操作能力。

（3）情感态度与价值观：通过学习新疆少数民族的马甲，产生对家乡的热爱之情及增强民族团结意识。

2. 教学重点

学习关于新疆少数民族马甲的知识，马甲的用途，能用所学进行设计并制作马甲作品。

3. 教学难点

通过设计、剪贴、添画等方法体验美术活动的乐趣，培养观察能力和动手操作能力。

4. 教具准备

收集少数民族马甲图片资料、课件、卡纸、剪刀、乳胶、彩笔、各色手工纸、废牛奶纸袋等。

二、设计创意

在教学设计中，教师从马甲用途入手，让学生了解马甲在生活中的作用；再由大到小、由浅到深、由粗到细层层深入，引导学生分析马甲的颜色和图案；然后深入分析马甲图案中连续纹样、单独纹样、角隅纹样的运用；最后，从小到大分析马甲的款式，让学生了解马甲的组成和设计因素。教学过程思路清晰，目标明确。其中教师播放的如何做马甲的视频，让学生更直观地了解如何运用材料和工具以及制作马甲的详细过程和方法，在整个教学过程中起到了画龙点睛的作用。

教学环节	教学过程	设计意图
导入新课	师：同学们，看看老师今天的穿着有什么特殊之处？ 生：少数民族马甲。 师：今天老师穿着一件漂亮的哈萨克族马甲。新疆是一个多民族聚居的地区，许多少数民族都有穿马甲的习惯，马甲是他们服饰中重要的一部分。今天我们就一起来了解新疆少数民族的马甲。 （板书课题：新疆少数民族的马甲）	用哈萨克族马甲引出课题，激发学生学习兴趣。
自主学习1	（1）（课件展示维吾尔族、哈萨克族、柯尔克孜族图片） 师：同学们，这些民族你们认识吗？ 生：维吾尔族、哈萨克族、柯尔克孜族。 师：在新疆，维吾尔族、哈萨克族、柯尔克孜族等民族都有穿马甲的习俗。马甲也叫"坎肩儿"，即无袖无领，穿在内衣外的短衣服。它起到对人的前胸后背保温的作用。 （2）（课件出示维吾尔族、哈萨克族、柯尔克孜族的马甲图片） 师：同学们，请你们观察一下新疆少数民族马甲都是什么颜色的？他们喜欢用什么图案做装饰？ 生：少数民族喜欢用红、蓝、黑等颜色。维吾尔族喜欢用花卉图案。哈萨克族喜欢用银色图案、植物纹样。柯尔克孜族喜欢用鲜艳的颜色和几何图形。	认识新疆少数民族，了解马甲的知识和用途。引导学生观察维吾尔族、哈萨克族、柯尔克孜族马甲的颜色和图案，并比较不同民族之间马甲图案的不同之处。
自主学习2	植物纹样 动物纹样 几何纹样 图1　不同的装饰纹样 师（总结）：新疆少数民族马甲中，女款多用红、蓝、黑等颜色配上鲜艳	分析马甲结构和装饰特点，引导学生观察马甲图案分布的对称特点，及连续纹样、角隅纹样、单独纹样的运用。

教学环节	教学过程	设计意图
	的图案,男款多用黑、灰、蓝三色。在图案上他们喜欢用植物纹样、动物纹样、几何纹样,但又因民族而各异。常年生活在沙漠绿洲中、从事农牧业的维吾尔族热爱大自然、热爱生活,纹饰内容丰富、造型多样精美,以各种花卉、植物纹样为主,如巴旦木纹,象征着多子、家族兴旺的石榴纹,还有菊花纹、卷草纹等。 　　华丽粗犷的哈萨克族马甲,以黑色和紫红色为主。纹样不如维吾尔族细密、丰繁,以抽象和概括的手法将自然中的物象图案化、形式化。其中基本的装饰纹样有角纹、旋涡纹、花草纹,尤其偏爱角纹。角纹纹样来源于鹿角、羊角、牛角等。 　　柯尔克孜族马甲装饰纹样的色彩呈现出单纯而鲜艳、朴实而典雅的特点,他们喜欢用羊角纹,展翅高翔的雄鹰翅纹,常用的三角、方形等几何纹。 　　(1)师:请仔细观察少数民族马甲的图案分布有什么特点? 　　生:左右对称。 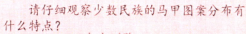 **图2　马甲图案分布特点** 　　(2)师:图中三件马甲的图案装饰有什么相同之处? 　　生:都装饰在衣服边缘。 　　师:装饰在衣服边缘的纹样,一般由一个或多个纹样反复排列组成,我们把它叫作连续纹样。 　　(板书:连续纹样)	

教学环节	教学过程	设计意图

图 3　连续纹样示例

（3）师：下面的马甲圆圈标记的图案是装饰在马甲的什么位置？

生：马甲的中间位置。

师：装饰在中间的是与四周无关系的、独立完整的纹样，我们把它叫作单独纹样。单独纹样又可以分为对称式、均衡式。

（板书：单独纹样）

图 4　单独纹样示例

（4）师：图中马甲的图案装饰在哪里？

生：衣角。

师：装饰在衣角的纹样叫作角隅纹样。

（板书：角隅纹样）

教学环节	教学过程	设计意图
	 图 5　角隅纹样示例	
自主学习 3	师：请同学们观察一下图中的马甲，除了图案不一样，还有什么地方不同？ 生：衣领、衣角形状不同。 师（总结）：少数民族的马甲除了花纹绚丽多彩外，款式也是多种多样的。领口、衣襟的独特设计让马甲更具魅力。 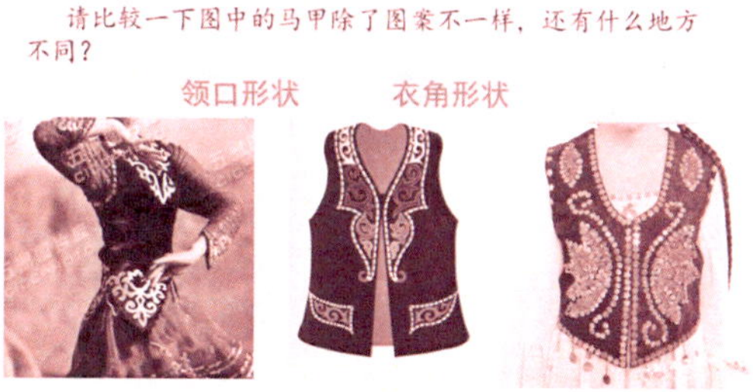 图 6　马甲的领口与衣角设计	引导学生观察马甲衣领、衣角的不同形状，了解马甲款式设计的重要性。
自主学习 4	师：请同学们想一想，如果设计一件少数民族马甲，我们要考虑哪些方面的因素？ 生：色彩、图案、款式。 （板书：色彩、图案、款式）	通过之前对少数民族马甲的颜色、图案、款式的分析，让学生总结设计马甲的要素：颜色、图案、款式。

教学环节	教学过程	设计意图
合作 探究1	（1）师：如果让你设计一件马甲，你还能想到什么材料？在设计方面还有什么新颖的想法？ 　学生小组讨论。 　生：材料还可以用珠光纸、水晶贴等，加流苏设计等。 　师：同学们的想法真不错，很新颖，也很有创造力。听了同学们的想法，我也想做一件少数民族马甲，大家看看我是怎么做的。 　（播放制作视频） 图7　马甲制作视频片段	通过小组讨论，发散学生思维，激发其想象力、创造力。 　通过观看制作视频，让学生了解制作材料及工具，直观地感受制作过程和方法。

教学环节	教学过程	设计意图
	（2）师：同学们，在片中老师用了哪些方法制作马甲？ 生：运用了对折、剪贴、添画的方法。	
合作探究2	学生进行艺术实践，教师要求： ① 以小组合作的形式，运用剪贴、添画的方法设计一件新疆少数民族马甲。 ② 作品材料新颖独特，色彩和图案有民族特色。 （教师巡回指导）	通过艺术实践，体验创作乐趣；并通过小组合作的形式培养学生互相交流、共同合作、互相帮助的团队精神。
展示评价	评一评：谁的作品材料新颖，色彩和图案有民族特色。 学生自评、互评。 教师点评总结。	培养学生的审美能力和欣赏能力，评价以鼓励为主，让学生体验创作成功的乐趣。
课后拓展	播放新疆风景和少数民族生活视频。 师：美丽的湖泊、辽阔的草原、神秘的喀斯特地貌、巍峨的雪山、吐鲁番的葡萄、哈萨克叼羊、蒙古族马奶酒、塔吉克鹰笛，这里就是我们可爱的家乡，美丽的新疆。	通过优美的语言、壮丽的风景、动听的西域风情的乐曲，让学生从视觉、听觉感受新疆独特的美，从而激发其民族团结、热爱家乡的情感。

四、实践成效

通过上课激趣导入，和大量图片视频的深入细致分析，学生了解了马甲的结构和设计要素，制作热情高涨。通过动手操作，学生的思维得到了发散，想象力得到了激发，创造力得到了开发。学生作品设计新颖、材颖独特、图案多样、色彩丰富,教学效果显著。

(新疆维吾尔自治区乌鲁木齐市沙依巴克区乌鲁木齐市第七十三中学　温静)

样例 27：　品读美文《松鼠》

一、背景目标

《松鼠》是沪教版《语文》六年级第一学期的一篇课文,属于科学小品文,具有很强的知识性、科学性、趣味性。课文描述了松鼠漂亮、驯良、乖巧的特点,介绍了松鼠的外形、生活习性、性格。文中准确、生动的语言渗透着作者对说明对象——松鼠的细致观察,字里行间充满着作者对这小生命的挚爱,能唤起学生内心珍爱生命的美好情愫,也能进一步激发学生阅读说明文、探索大自然奥秘的兴趣。因此本课的教学目标锁定在体会说明文语言准确、生动的特点;通过朗读、圈划关键词句等方法了解松鼠特征;树立动物是人类的朋友,人类应珍爱、善待动物的观念。

又由于《松鼠》一文的特色之一是抓住特征,运用文艺性笔调,生动、形象地向人们介绍松鼠,因此确定本课教学重点是:抓住事物特征,体会说明文语言准确、生动的特点。但由于六年级学生之前只是粗浅接触过说明文,理解能力相对较弱,在语言运用上较多凭感觉和兴趣,对语言缺少细细斟酌和品味的能力,故将教学难点确定为:通过观察、比较、探究,体会准确、生动的语言风格。

多年的教学实践研究证明,要达成这些教学目标,运用学案导学,转变学生学习方式,少教多学才是最明智的选择。学案导学是以问题为杠杆,既重视教师指导、点拨、示范的教的过程,更关注学生主体意识、主动学习、能力迁移、自主探究的学的过程;以教为前导,以学为主体,着眼于提高课堂教学效率和课堂教学的四维目标,即传授知识(基础目标)、培养能力(主体目标)、发展智力(深化目标)、塑造人格(主体目标),关注学习经历,少教多学,培养学生核心素养。

二、设计创意

《松鼠》这一课的设计理念是:以学定教,少教多学,顺学而导,以疑促读,读中感悟。整堂课通过朗读、圈划的阅读方法,自主探究、合作学习等方式,自主预学、疏通文句——自主探究、把握文脉——合作学习、深入研读——释疑点拨、自我矫正——归纳总结、拓展延伸的学案导学模式,推进课堂教学生成。

课题：松鼠　　主备人：严志英　　审核：徐华　　日期：第12周

班级_____　　学生姓名_____

【学习目标】

1. 知识与技能：体会说明文语言准确、生动的特点。

2. 过程与方法：通过朗读、圈划关键词句等方法体会松鼠特征。

3. 情感态度与价值观：树立动物是人类的朋友，人类应珍爱、善待动物的观念。

【学习重点】

抓住事物特征，体会说明文语言准确、生动的特点。

【学习难点】

通过观察、比较、探究，体会准确、生动的语言风格。

【课前预学】

1. 简介作者布丰。

_____

2. 注音

帽缨形（　　）　　翘（　　）　　榛子（　　）　　榉实（　　）　　橡栗（　　）

蛰伏（　　）　　圆锥形（　　）

3. 解释

xùn liáng（　　）_____

jiǎo jiàn（　　）_____

líng lóng（　　）_____

tián xiǎn（　　）_____

【自主探究】

4. 松鼠是一种怎样的小动物，具有哪些方面的特征？圈划出中心词。

_____

5. 松鼠的这些特征对应哪些段落？课文是按什么顺序说明的？

_____

【合作研讨】

6. 课文是怎样准确、生动地说明松鼠的三个特征的？圈划出关键词句并作分析。

第二段：中心词_____

　　关键词_____　　分析_____

　　关键词_____　　分析_____

　　关键词_____　　分析_____

　　关键词_____　　分析_____

第三段：中心词_____

　　关键词_____　　分析_____

　　关键词_____　　分析_____

　　关键词_____　　分析_____

第四、五段：中心词_____

　　关键词_____　　分析_____

　　关键词_____　　分析_____

　　关键词_____　　分析_____

7. 比较阅读。

　　松鼠，又称灰鼠、普通松鼠。哺乳纲，啮齿目，松鼠科。体中型，长20—30厘米，尾20多厘米，尾毛蓬松。体毛多灰色，有的赤褐色，腹面灰白色，冬季耳尖生出毛簇，耳壳灰黑色。前后肢均发达，前肢4指，后肢5趾，指（趾）端钩爪锋利，便于攀登。行动敏捷，善于在树枝间穿行、跳跃，嗜食松子、胡桃等果实，有时也食昆虫和鸟卵，冬季有贮集食物的习性，为森林害兽。可用树叶等筑巢，有时也用鸦、鹊废巢安身。每年产仔1—4窝，每窝5—10仔。尾毛可做笔，毛皮可制衣。我国东北分布最多，西北等地也有出产。

　　上文介绍了哪些关于松鼠的知识？用简洁的语言概括。课文与上面短文"松鼠"的语言特点有何不同？为什么？

　　_____

　　_____

　　_____

【归纳总结】

8. 本课说明对象_____ 说明对象特征_____ 说明方法_____

说明顺序_____ 说明语言_____

9. 学习了《松鼠》,你有何启示?_____

三、导学过程

(一)整体呈现

教学环节	教师活动预设	学生活动预设	设计意图
自主预学 疏通文句	出示松鼠图片,问:你喜欢松鼠吗?	交流喜欢松鼠的理由。	欣赏图片,激发求知欲望,为下面学习作铺垫。
	你了解作者布丰吗?补充相关资料。	布丰(1707—1788)法国博物学家、作家、进化思想的先驱者,从小受教会教育,爱好自然科学。他用了4年时间完成了36卷的《自然史》。	以导学案引导学生课前上网查询有关作者布丰的资料,学会筛选归纳信息,同时培养学生对自然科学的热爱。
	正音释词	帽缨(yīng) 形翘(qiào) 榛子(zhēn) 榉实(jǔ) 橡栗(lì) 蛰伏(zhé) 圆锥形(zhuī) 驯良(xùn liáng) 矫健(jiǎo jiàn) 玲珑(líng lóng) 苔藓(tái xiǎn)	以导学案引导学生课前自主查词典解决生字生词,巩固基础知识。
自主探究 把握文脉	松鼠是一种怎样的小动物,具有哪些方面的特征? 松鼠的这些特征对应哪些段落?课文是按什么顺序说明的?	散读课文,圈划出中心词,自主学习探究,理清文章大致的脉络结构,把握总分结构。 由表及里的逻辑顺序。	以导学案问题链的方式,引导学生通过朗读、圈划关键词的方式,理清作者写作思路,掌握文章总分结构。 六年级的学生对于说明顺序还比较陌生,教师可以先讲解三种说明顺序,再结合文本让学生识别本课的说明顺序,掌握逻辑顺序这种说明顺序对于理清课文结构脉络的作用。

教学环节	教师活动预设	学生活动预设	设计意图
合作学习 深入研读	课文是怎样准确、生动地说明松鼠的三个特征的？圈划出关键词句并作分析。	运用多种朗读方式，圈划关键词，感受体验每一段是如何表现松鼠漂亮、驯良、乖巧等特征的。	此环节是课堂教学的重点，鉴于课文篇幅比较短小，在导学案的引导下，采用师生合作研读松鼠第一个特征，掌握文本表现松鼠特征的方法。后两个特征的分析由学生自主探究、合作学习解决，让学生沉浸到文本中，读→品→悟，逐步体会松鼠的特征。
释疑点拨 自我矫正	（出示补充阅读材料）这段文字中我们了解到松鼠的哪些特点？你喜欢材料中的松鼠还是喜欢布丰笔下的松鼠，为什么？	朗读松鼠段落，进行比较，体会说明文语言的准确性、生动性。	通过平实说明与生动说明的比较，让学生体会生动说明的作用。
归纳总结 拓展延伸	归纳本课说明对象、说明对象特征、说明方法、说明顺序、说明语言。	说明对象：松鼠； 特征：漂亮、乖巧、驯良； 说明方法：举例子、列数字、作比较； 说明顺序：逻辑顺序； 说明语言：准确、生动。	总结并巩固本课知识点。
	学习了《松鼠》，你有何启示？	动物是人类的朋友，人类应珍爱、善待动物。	拓展延伸，落实情感态度与价值观目标。
布置作业 巩固所学	仿照课文，抓住特征，用准确、生动的语言片段描述一种自己熟悉、喜爱的动物。	学生完成作业。	进一步巩固说明文总分结构和由表及里的说明顺序，以及准确、生动的语言。

（二）课堂实录

【片段1】自主预学、疏通文句

师：（出示松鼠图片）你喜欢松鼠吗？

（学生观看大屏幕）

师：你喜欢它的什么特点？

生：我喜欢松树的漂亮。

生：我喜欢松鼠的尾巴。

生：我喜欢松鼠可爱驯良的特点。

……

通过让学生观看松鼠的图片，激起学生对松鼠的喜爱。师生之间的交谈更激起了学生对松鼠的兴趣，从而引发学生进一步探究松鼠秘密的欲望。

师：想知道松鼠更多的秘密吗？有一位法国博物学家写了一篇有关松鼠的说明性文章，让我们一起走近松鼠，去了解这种可爱的小动物。这位博物学家是布丰，你了解他吗？

生：布丰(1707—1788)，十八世纪法国博物学家、作家。生于孟巴尔城一个律师家庭，原名乔治·路易·勒克来克，因继承关系，改姓德·布丰。布丰从小受教会教育，爱好自然科学。1739 年起担任皇家花园(植物园)主任。他用毕生精力经营皇家花园，并用 40 年时间写成 36 卷的《自然史》。布丰是人文主义思想的继承者和宣传者，惯常在作品中用人性化的笔触描摹动物。他写的课文中的《马》就被赋予了人性的光彩，它像英勇忠义的战士，又像驯服诚实的奴仆；像豪迈而犷野的游侠，又像典雅高贵的绅士。

师：请大家筛选出重要信息。

生：布丰(1707—1788)法国博物学家、作家、进化思想的先驱者，从小受教会教育，爱好自然科学。他用了 4 年时间完成了 36 卷的《自然史》。

学生上网查询作者有关资料时，往往很笼统。这时教师点拨，筛选重要信息点，包括作者的出生年月、国籍、时代背景、主要作品、作品风格等，指导学生学会筛选信息，有助于今后的学习。

师：快速阅读课文，标好节次，注意生字生词。

(学生散读课文)

师：谁来展示下预习成果？

(学生朗读词语，解释词语)

导学案中设计了简介作者布丰、掌握生字生词等任务。通过预学，学生在课前对所学内容有了较明确的了解，在预习中通过比较、归纳、实践等方法，形成一定的知识结构。而这些内容对于六年级的学生来说，完全有能力通过上网查询、查阅词典自主理解、掌握，课堂上不必花大时间去解决。导学案的作用就是给予学生自学的方向，运用导学案给学生引路，让其尝试预习思考,从中发现问题并尝试解决,最大限度地满足学生的求知欲、成功欲,有利于培养学生学习的独立性。正所谓:学生知道的可以不教。

【片段2】自主探究、把握文脉

师:看来同学们学得非常认真。通过读课文,你认为松鼠的特点是什么? 文中哪句话概括了松鼠的特点?

生:松树是一种漂亮的小动物,驯良、乖巧,很讨人喜欢。

师:你真聪明! 一下就找到了。哪位同学能用词语来概括松鼠的特点?

生:漂亮、驯良、乖巧。

师:那这些特点从文中哪里可体现出来?

生:我觉得第二小节是写松鼠的漂亮,第三小节是写驯良,第四、五小节是写乖巧。

师:那课文第六节写了什么?

生:生活习性。

师:那课文采用了什么说明顺序?

生:逻辑顺序。

学生运用自主朗读、圈划关键词等已掌握的阅读方法,基本理清了文章脉络。但对于课文第六节文字归纳为哪个特征产生了分歧。此时组织学生自主探究:本段文字主要说明了什么? 符合三大特征中的哪一特征呢? 学生一致否定,那么自然达成共识,本段是三大特征之外的一个补充说明。在此基础上再解决说明顺序也就很顺畅。自主探究得出结论:先从外形上介绍松树的漂亮,再介绍松鼠生活习性的驯良、性格的乖巧,最后补充说明其他生活习性,由表及里、由主到次,是符合人们认识规律的逻辑顺序。学生是课堂教学的主体,课堂教学要体现主体性。而字词是教学中不可忽视的环节。尽管是阅读课文,但让学生通过自学、小组交流学习的方法,汇报学习的效果,更能提高学生的自学能力,体现学生学习的主体性。这种自主探究的方式可让学生在课上充分发挥自己的主体地位,教师是引导者、合作者的角色。正所谓:学生能自主探究解决的就少教。

【片段3】合作学习、深入研读

师:想一想,课文围绕松鼠漂亮这个特点是从哪几个方面来描写的?

生:第二段写的是松鼠漂亮这个特点,从面容、眼睛、身体、四肢、尾巴这几个方面来写的。

师:作者是怎样来介绍的。(提示:可从词语、修辞、情感等方面来考虑)

生：我最喜欢松鼠的漂亮，"玲珑的小面孔，衬上一条帽缨形的美丽的尾巴，显得格外漂亮"这句话用了比喻的修辞手法，非常形象地写出了松鼠尾巴美丽的特点，所以我很喜欢。

师：这位同学是从修辞的角度来谈的，还有谁也喜欢松鼠的漂亮？

生：我也喜欢松鼠的漂亮，"矫健"、"轻快"、"敏捷"、"机警"这些词语形象生动地写出了松鼠富有活力的特点。

生："尾巴老是翘起来，一直翘到头上，身子就躲在尾巴底下歇凉。"这句话让我感觉松鼠很聪明，所以我喜欢。

生：我觉得"松鼠最不像四足兽了"这句话流露出作者对松鼠的喜爱之情，进一步加深了我对松鼠的喜爱。

师：说得非常好，第二段写出了小松鼠的漂亮，谁能有感情朗读一下这段，把它漂亮可爱的样子读出来？我们全班同学一起来读一下。

师：刚才几位同学分别从修辞、词语、情感的角度谈了对松鼠漂亮的喜欢的理由，松鼠的漂亮显而易见，那么它的驯良和乖巧分别体现在哪些方面呢？再读课文，思考这个问题。

生："它们虽然也捕捉鸟雀，却不是肉食兽类，常吃的是杏仁、榛子、榉实和橡栗。"因为它吃素，显得很善良。

师：嗯，松鼠的食谱里面可不包括庄稼粮食，对于人类来说，它是驯良的。

生："在晴朗的夏夜，可以听到松鼠在树上跳着、叫着、互相追逐的声音。它们好像很怕强烈的日光，白天躲在窝里歇凉，晚上出来练跑，玩耍，吃东西。"它只在晚上出来活动，不打扰人类的生活，也能体现它的驯良。

生："它们在树上做窝，摘果实，喝露水，只有树被风刮得太厉害了，才到地上来。"它很少到人生活的地方来，不打扰人类，也是驯良的表现。

师：同学们找得非常全面。那么哪些方面能体现松鼠的乖巧呢？

生：第四段。松鼠过水的时候，用一块树皮当作船，用自己的尾巴当作帆和舵；它还十分警觉。

生：它动作轻快敏捷。

生：它的叫声响亮，而且它还会生气。

生：还有第五段，写了松鼠搭窝。从地址的选择、搭窝的过程、窝口的设计等几方面说明松鼠是乖巧的小动物。

师：布丰除了说明松鼠的漂亮、驯良、乖巧之外，还有没有写松鼠的其他方面？

（板书：其他习性）

生：还写了松鼠爱干净。

生：还有松鼠的用途呢。

师：这些都在课文的哪一部分？

生：最后一段。

师：对。作者在介绍完松鼠的主要特征后，又补充说明了松鼠的其他特征及其用途，这样使整篇文章显得更完整了。

师：松鼠是一种漂亮的小动物，驯良、乖巧，而且还很有用。这样的小动物实在是——

生齐：很讨人喜欢。

师：文章中有哪些语句让你觉得松鼠很讨人喜欢呢？

生：玲珑的小面孔，衬上一条帽缨形的美丽的尾巴，显得格外漂亮。

生：它们好像很怕强烈的日光，白天躲在窝里歇凉，晚上出来练跑，玩耍，吃东西。

生：有人说，松树过水的时候，用一块树皮当作船，用自己的尾巴当作帆和舵。

生：要是被人家惹恼了，还会发出一种不高兴的恨恨声。

师：同学们有没有发现，这几位同学所找的语句都有一个共同的特点。

生：运用了拟人、比喻的修辞手法。

师：不错。这些拟人还有比喻的修辞手法，使得文章生动形象地体现了科学小品文语言的生动性。

师：本文是篇科学小品文，它的语言特点除了具有生动性、趣味性，还应该具有说明文语言的共同特点——准确性。你能从文中找出一些能体现说明语言准确性的句子或词语吗？

生："它们是十分警觉的，只要有人稍微在树根上触动一下，它们就从窝里跑出来，躲在树枝底下，或者逃到别的树上去。"这句中在"触动"这一动词前加上一个副词"稍微"，以表示这种"触动"程度之轻，体现了语言的准确性。

生："它们的爪子是那样锐利，动作是那样敏捷，一棵很光滑的高树，一忽儿就爬上去了。"这句话中连用两个"那样"，强调了松鼠爪子的锐利和动作的敏捷，用"很光滑"来修饰高树，更能衬托出松鼠爬树技巧的高超。

课文是怎样准确、生动地说明松鼠的三大特征的？圈划出关键词句并作分析。这是本课学习重点。为帮助学生顺利解决问题,师生共同完成松鼠第一大特征"漂亮"的赏析。老师设计小问题引导,如:课文从哪些方面来表现松鼠的漂亮特征? 运用哪些方法来表现? 学生在老师的引导下,朗读、圈划、归纳、理解课文运用形容词、比喻、拟人的手法,说明了松鼠精神、漂亮、活泼、调皮的外形特点。学生掌握了"渔"的方法后,读读、议议,合作研讨解决课文是怎样用准确、生动的语言说明其他两个特征的。学生在预学的基础上开展合作交流,深入研读,水到渠成地体会到课文用多种说明方法、多种描写方法准确、生动地表现松鼠的漂亮、驯良、乖巧的特征。运用导学案,引导学生不仅会学,还会讲,学生掌握的老师不再重复,即"少教";学生掌握不到位的,老师"精讲",即"多学"。这样有效地帮助学生形成系统化、条理化的知识结构体系。

【片段 4】释疑点拨,自我矫正

师:(出示段落)这段文字中我们了解到松鼠的哪些特点?

生:松鼠的名称、科目、体形、毛色、生理特点、生活习性、生育能力、用途等。

师:你喜欢材料中的松鼠还是喜欢布丰笔下的松鼠,为什么?

生:布丰笔下的松鼠。因为作者写得准确、生动。

师:那他是怎么做到写得准确、生动的?

生:离不开他认真细致的观察,更多采用比喻、拟人手法,生动形象地说明事物。

一般说明文都是用平实的语言来介绍科学知识,而本文却用描写的方法生动形象地介绍松鼠的知识。为什么同是说明文却是不同的语言风格? 这是大部分学生有疑问的地方,也是教学的难点。对于"疑",可通过教师点拨、学生共同商议解决,让学生进一步明白:不同风格的语言没有水平的高下之分,只是针对不同的写作需要而定。本文不仅希望读者通过阅读文章了解松鼠,还希望读者喜爱松鼠,和松鼠成为好朋友,因此,课文在准确说明的基础上,还追求形象生动、饱含情感。在这个过程中教师释疑点拨,学生自我矫正,是谓"多学"。

【片段 5】归纳总结、拓展延伸

师:通过学习,我们来归纳一下学习说明文的方法。

生:主要从说明对象、说明对象特征、说明方法、说明顺序、说明语言五个方面去阅读。

师:学习了《松鼠》,你有何启示?

生:动物是人类的朋友,要保护动物。

生:我们人类应珍爱、善待动物。

……

通过预学、自学、讨论、释疑几个环节后，学生对新知的认识水平又有了一定的提升。教师根据教学内容和学生的实际情况，精心设计了一定数量的结合现实问题的操作题，让学生限时完成，既及时检查了学生对目标的掌握程度，又让学生在训练过程中找到了自己的薄弱环节，做到进一步完善、归纳，对出现的问题再分析、领悟，最终达到巩固掌握甚至于熟练应用的目的。本课导学案设计了阅读说明文的基本方法，引导学生从把握说明对象、说明对象特征、说明方法、说明顺序、说明语言五个方面，通过学一课得一法，培养举一反三的学习能力。同时设计问题：学习了《松鼠》，你有何启示？让学生自由发表感想，树立动物是人类的朋友，人类应珍爱、善待动物的观念，有效达成本课教学目标。

四、实践成效

本课运用学案导学，引导学生自主预学、自主探究、合作研讨、自主解决力所能及的问题。在此过程中教师释疑点拨，学生自我矫正并归纳总结、拓展延伸，掌握学习重点、难点。教师切实关注学生学习经历，转变学生学习方式，有效地激发学生学习的热情，提高其课堂参与度，和学习效益，贯彻了"以学定教，少教多学"的教学理念。

1. 导学中的课堂——以学定教

运用导学案的课堂是把以"教"为重心转移到以"学"为重心，学生自主预学、自主探究、合作学习，教师释疑点拨，学生在教师引导下深入学习，自由学习，协同学习。导学案课堂教学模式下，学生在自主探究、合作研讨的学习过程中渐渐掌握知识，增强了学习的信心，激发了浓厚的学习兴趣，教学效率得到实质性的提高。这样的课堂从根本上改变了教师"一言堂"的课堂教学结构，学生由被动的知识获取者成为主动获取知识的参与者，变"让我学"为"我要学"。以学定教，让学生真正成为课堂的主人。

2. 导学中的导——教师少教

导学案的问题设计充分考虑到学生学习的趣味性、探究性和层次性，启发学生质疑、敢问、会问、善问，激发学习兴趣，培养探究品格，提高分析和解决问题的能力。值得注意的是，教师设置问题时要充分考虑到可能出现的意想不到的怪异或错误问题，要保护学生参与学习的热情，鼓励他们独特的思维，要允许学生犯错误，对问题有不同的见解，但同时要及时引导，合理评价，发现问题，及时更正。在问题导学中，教师已由课堂的主宰者转变为引导者、鼓励者，学生由接受者转变为参与者。教师少教，让学生真正成为课堂的主人。

3. 导学中的学——学生多学

学生在教师创设的问题情境下,课前带着问题"看",发现问题"思",疑点问题"查";课堂上带着问题"听",围绕问题"辨";课后抓住问题"练",寻找问题"究",最后一起解决问题。学生从课堂开始前就参与了学习,寻找相关知识,积极思考,互相讨论,知识共享,共同营造了一个主动进取、活泼向上、学习兴趣浓厚的氛围。学生多学,让学生真正成为课堂的主人。

导学案,以学生主动参与为前提,自主学习为途径,合作研讨为形式,关注学习经历,少教多学,培养核心素养。

(上海市嘉定区启良中学　严志英)

样例28：思考密度知识的应用

一、背景目标

"密度的应用"是沪教版九年级《物理》第一学期第六章第一节第三课时的内容。本节课是在学生已理解密度概念以及密度测定方法的基础上,教师引导学生采用科学探究的方法,通过演示实验、体验观察、分析归纳,让学生理解三种物质鉴别的方法,通过讨论交流,解释生活中主要从密度角度选择材料的事例,并初步了解密度知识在其他学科中的应用。

根据初中学生身心发展规律,立足学生的认知水平和能力,从兴趣出发,教师创设情景,引导学生主动参与,感悟密度知识在生产、生活、科技中的广泛应用,使学生从感性认识上升到理性思考。

二、设计创意

物理是一门以实验为基础的学科。从事初中物理教学近十年来,我发现不少学生对物理望而却步,很多学生对我说"物理难学"。实践经验告诉我,学生对物理实验课充满了热情,但对于普通的概念课、习题课,他们又变得沉默、消极。为什么面对不同类型的物理课,他们会判若两人? 我想,还是"兴趣"这根魔法棒在作祟。

那么,为什么我们不回归物理学科的本源,以实验为基础,以兴趣为抓手,让学生重溯物理之根本? 其实生活就是物理,物理就是每一个生活细节的代名词,只要仔细观察,就会发现生活中充满了有趣的物理知识。

九年级《物理》第一学期第六章第一节第三课时的主题是"密度的应用",以往此课时一般采取教师先讲解例题,后让学生利用密度公式进行计算的教学模式,通过反复训练实现教学目标。目标看似达成了,但是学生失去了体验的乐趣,缺乏一定的生活感受,只会做考题。

在杨浦区"国家型基础课程校本化实施"项目探索"创智课堂",提升思维品质这一活动中,我们进行了思考,并结合《上海市中学物理课程标准》和我校开展的"国家基础型课程校本化实施"项目,将"利用密度鉴别物质"、"密度的实际应用"两块内容进行整合,以拓展课的形式进行了尝试。

三、导学过程

(一) 导学流程

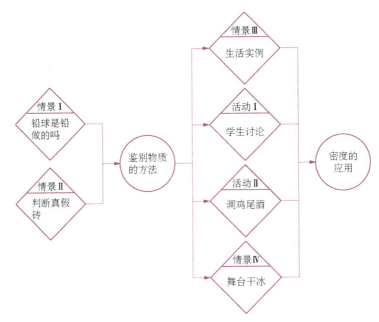

图 1　导学流程图

（二）整体呈现

1. 引入

情景Ⅰ：学生演示视频实验"铅球是铅做的吗"。

结论：$\rho_{铅球}$_____$\rho_{铅}$，所以铅球_____铅做的。（选填"是"或"不是"）

2. 新课

（1）情景Ⅱ：学生体验"判断真假砖"。

方法：相同体积比较质量；相同质量比较体积。

（2）情景Ⅲ：介绍生活中用氢气填充气球，用铝合金钛合金做航填材料，用铅铁制作飞轮等事例，知道密度知识在固体中的应用。

（3）学生活动Ⅰ：讨论举例生活中的例子，如：

① 配眼镜时，我们总希望它轻一点，因此在选择镜框和镜片时一般选择密度较小的材料，减小质量。

② 砝码一般用铁做，可以减小体积，方便使用。

③ 压路机的滚筒用密度大的材料制作，增加质量。

（4）学生活动Ⅱ：利用不同酒的密度不同，调制鸡尾酒，了解密度知识在液体中的应用。

① 提供五种体积相同、密度不同、颜色不同的酒，一架已经调平衡的天平，一个调制鸡尾酒的玻璃酒杯和一把勺子，任选两种酒，制定设计方案并调制鸡尾酒。

② 交流成功的经验，任选几种酒，根据自己总结的经验再次调制鸡尾酒。

（5）情景Ⅳ：视频实验"舞台干冰"，解释密度知识在气体中的应用。

3. 课后作业

利用水、糖，按不同比例调制密度不同的液体，配置不同的颜色，调制分层更多的"鸡尾酒"。

（三）教学亮点

环节一：利用情景，激发主动思维

课前"学习单"设计如下：让学生以小组为单位，

（1）观察生活中可能和密度知识有关的现象，并提出问题想办法解决；

（2）收集生活中利用密度选择材料的例子；

（3）观察油轻轻滴入水中后的沉浮情况。

在课前"学习单"的完成过程中，教师与学生一起实践，恰当而适时地对学生的观察进行积极的引导和点拨,逐步使学生达到新课程标准的要求:"能在观察物理现象或物理学习过程中发现一些问题,有初步的提出问题的能力。"

从各小组上交的学习单中可以看出,他们的确进行了观察和思考,提出了很多问题,如:运动会上的铅球是用铅做的吗?铁饼是用铁做的吗?电影场景中主人公可以穿墙而过,那墙用的是不是真砖?马路骗局,捡到的金子是不是真的？……他们希望老师能够帮助其判断这些问题是否有效,于是,我在其中选择了"铅球是否是铅做的"这一问题,利用学校现有的实验材料和器材,协助他们拍摄视频,记录实验的全过程,帮助他们解决疑问。

在拍摄过程中,如何测量铅球的体积成了摆在学生面前的一个问题。由于学生目前只学过用量筒测量小金属块的体积,因此有小组问我实验室里是否有大量筒。得知没有后,他们又商量测量对策,有的认为利用水桶和量筒通过排水法测量;有的认为球是规则形状,一定有测量方法,于是查阅资料,还自主学习了球的体积公式。最后经过集体协商,觉得用第二种方法比较容易操作。原本一个看似简单的测量体积的问题,没想到学生竟然各有各的想法,不同的想法又碰撞出了智慧的火花,并在交流中优化了方案,这也许就是"创智课堂"应有的特质之一了。

在课堂中,全班同学一起观看该小组拍摄的视频,这不仅给这组同学带来成就感,激发了他们探究物理问题的热情,而且同学们根据视频中给出的测量数据,利用密度知识计算 $\rho_{铅球}$,并与铅的密度进行比较,来判断铅球是否用纯铅做的。

同学们收集到的生活中利用密度选择材料的例子也非常全面。由于现代信息技术的发展,每个家庭都基本拥有了手机或电脑和网络,每组同学都通过各种检索方式获取信息。在完成任务的过程中,学生提高了获取和筛选信息的能力,并且能够在主动思考中将这些信息根据学习单的要求进行分类。例如眼镜框、镜片、赛车、羽毛球拍、网球拍、飞机外壳等都需要选择密度小的材料,以减小质量;铅块配重、压路机滚筒等都需要选择密度大的材料,以增加质量等。

环节二:主动探索,丰富学习经历

课上,学生对摆放在桌上的五颜六色的液体产生了浓厚的兴趣,当我说今天老师要让同学们体验一下调酒的滋味时,他们的脸上立刻表现出了惊喜、兴奋和不解。"老师,今天不上物理课了吗?"有学生问。"当然要上物理课,其实呀,生活中处处都有物理现象,调酒也涉及物理知识哦,有趣吧!"之后,我提出要求:让学生结合学习的密度知识以及自己的生活经验,分小组讨论调制鸡尾酒的方法。(1)调制鸡尾酒的过程中应该按怎样的顺序倒酒?(2)究竟需不需要区分鸡尾酒的密度,如果需要,应该如何区分不同酒的密度?(3)调酒的过程中要不要用小勺子?

小勺子该如何使用？

于是，大家全情投入"学做小小调酒师"的环节之中。在第一次利用两种酒调出鸡尾酒时，就出现了五花八门的"意外"情况：有问老师要砝码的；有问老师要量筒的；有用勺子当搅拌棒的；有用勺子一勺一勺往杯壁上舀的(在生活中，学生接触最多的就是用勺子来舀液体，这是经验带给他们的知识)；有将酒按密度从小到大倒入的，同时将勺柄当成引流棒的(这组的做法确实出乎我的意料，让我对这些孩子天生的创造力刮目相看)。在交流做法后，同学们取长补短，找到了调制鸡尾酒的最佳方案，再选择三到五种酒，进行第二次试验。同学们为了比较出各种酒的密度大小，通力合作，有时看到自己所剩的实验材料无法判断酒的密度大小时，还主动寻求其他小组的帮忙，分享实验信息。下课铃响后，学生表示还想继续调制其他组合的鸡尾酒，久久不愿离开。

物理知识源于生活，又为实际生活服务，这就是我设计这个教学环节的真正目的。课上学生的表现令我欣慰，又让我感到惊喜。也许这就是我想要的"创智课堂"。

图 2　学生调制鸡尾酒

环节三：主动思考，活化课本知识

下课后，为了满足学生探究的求知欲，我用实验代替了习题作为回家作业，要求学生利用水、糖和颜料，按不同比例调配密度不同的液体，自制"鸡尾酒"，并拍摄下来，传到 QQ 群上由全班同学共同打分评比，最后完成实验报告。学生在不知不觉中将知识学以致用，收效颇丰！

四、实践成效

这堂课，通过讨论实践——优化实验——体验感受——总结反思的自我学习过程，让学生成为"小小调酒师"，课堂中不断创生出智慧的火花，"主动学习"也不再是一句口号。从中，我有如下感受：

首先，由于各种原因，学生普遍存在生活经验不足、实践经验缺乏等情况。在课中，创设密度在液体中应用的实验，让学生身临其境，耳闻目睹，在失败中获得具体的直接经验，得到清晰的感性认知，并举一反三将其运用到气体中。这样的活动极大地调动了学生积极参与探究活动的热情，使学生真正体会到物理就在我们身边，就在我们生活中，从而很自然地对物理产生了亲近感，激发了学生创造性的智慧，提高了探索自然现象和日常生活中的物理规律的兴趣。通过此类活动习得的知识，学生印象深、理解深刻，其效果也是一般讲解所无法达到的。

其次，要学生创造性地学习，就要老师创造性地教。课堂对学生的吸引力，来源于教师创造性的课堂设计。把学生从"应试"之门领进"创智"殿堂，老师们需要努力转型：眼界要高，课程要着眼于启智学生；教学要实，真正让学生受益。课堂教学的改革是创智课堂的永恒主题，如何"创智"，不能只依靠教具的新颖或是浮于表面的课堂的轰轰烈烈，而要在学生主动学习和教学素材的充分利用等方面进行积极探究。这些探究在本节课的教学中有着很充分的体现，我们也希望通过"初中物理十大重点知识校本化实施学案研究"课题的不断深化和推广，能创生出更多、更好、更积极的"创智课堂"。

（上海市杨浦区鞍山初级中学　陈敏媛）

样例 29：　百分数

一、背景目标

本课教学内容为新人教版《数学》教科书第 82—83 页的内容及相关练习。

学生虽然在生活中已经接触到了一些百分数的知识，但是对百分数意义的理解不够深，特别困惑为什么引入百分数。教师应该结合学生熟悉的生活实际，让学生在生活实例中理解百分数的意义，能正确地运用它解决实际问题。

此外，学生对小数、分数的认识以及通分知识已有了解和掌握，为自主构建百分数的意义打下了扎实的基础。

1. 教学目标

（1）经历从实际问题中抽象出百分数的过程，通过比较体会引入百分数的必要性，理解百分数的意义，会正确地读、写百分数。

（2）培养学生观察、比较分析、综合概括的能力，理解百分数可以表示部分与整体的关系或两个数量之间的比较关系。

（3）感悟数学与日常生活是密切相关的，会运用百分数表述生活中的一些数学现象，并适时渗透爱国主义教育。

2．教学重难点

（1）教学重点：理解百分数的意义。

（2）教学难点：百分数与分数的联系与区别。

3．教学准备

课件；课前让学生搜集含有百分数的资料。

二、设计创意

使学生通过比较，体会引入百分数的必要性，初步建立除法、比、分数、百分数之间的联系，让学生初步感受百分数其实就是一个数是另一个数的几分之几的特殊形式。课前学生搜集生活中有关百分数的资料，通过多角度、多素材的交流，激活学生的生活经验，使学生建立新知和生活的联系。

三、导学过程

（一）感受百分数产生的必要性

1．教师引入

篮球是大家比较喜欢的体育运动，我们班喜欢打篮球的同学请举手。看来大家对篮球肯定有一定了解。学校篮球队要选拔新队员，你认为选几号队员比较合适？为什么？

（课件出示表格）

表1 篮球队员投球次数

队员	投中次数	投球次数
1号队员	13	20
2号队员	17	25
3号队员	31	50

2. 学生独立思考,交流汇报,并讨论谁的想法更合理

生:选 1 号不合理,虽然没投中的次数少,但三个人投球次数都不一样。选 3 号也不合理,虽然他投中次数多,但他投球次数也多。选 2 号合理,假设当他们都投 100 次时,2 号投中了 68 个。

师:假设 3 个人都投了 100 个球,那么 1 号投中 65 个,用分数怎么表示? $\left(\dfrac{65}{100}\right)$ 这个分数是哪个分数变的? $\left(\dfrac{13}{20}\right)$ 它表示什么? (投中次数是投球次数的 $\dfrac{13}{20}$) 也可以写成 13÷20 或 13∶20。我们可以先求出投中次数是投球次数的几分之几,如果不好比较,再通分成一百分之几,我们一起来算算。

板书:1 号队员 $13÷20 = \dfrac{13}{20} = \dfrac{65}{100}$

2 号队员 $17÷25 = \dfrac{17}{25} = \dfrac{68}{100}$

3 号队员 $31÷50 = \dfrac{31}{50} = \dfrac{62}{100}$

师: $\dfrac{65}{100}$ 、 $\dfrac{68}{100}$ 、 $\dfrac{62}{100}$ 还可以写成百分数的形式(板书 65％、68％、62％),今天我们就学习百分数的认识(板书课题)。

3. 理解命中率

师:65％ 就表示 1 号队员的投中次数是投球次数的 $\dfrac{65}{100}$ 。那 68％ 表示什么?

(教师指名说)

师:62％ 呢?

(同桌互说)

师:我们也可以说 1 号的命中率是 65％,2 号的命中率是 68％,3 号的命中率是 62％。

【设计意图:使学生通过比较,体会引入百分数的必要性,初步建立除法、比、分数、百分数之间的联系,让学生初步感受百分数其实就是一个数是另一个数的几分之几的特殊形式。】

(二) 百分数的读写

1. 让学生自学书本第 83 页"做一做"上面的内容,并思考百分数如何读写。

2. 读写练习，学生汇报、补充，师生互评。

【设计意图：百分数的读写比较简单，采取自学——交流——指导评议的方式，让学生自主学习，在读写的过程中意识到百分数在生活中应用广泛。】

(三) 理解百分数的意义

1. 生活中的百分数

(1) 教师提问：现在大家能熟练地读写百分数了。在生活中你见过百分数吗？(学生回答：见过)请和同桌交流你找到的百分数表示什么？

(2) 学生汇报，师生互评、生生互评。

【设计意图：课前学生收集生活中有关百分数的资料，通过多角度、多素材的交流，激活学生的生活经验，使学生建立新知和生活的联系。】

2. 利用图形，体会百分数表示的两种不同的数量关系

(1) 理解百分数表示部分与整体之间的关系。

课件出示：2002 年北京绿化面积为 40.5％，全校学生的出勤率是 95％，请在百格图里表示这两个百分数。

学生展示，并说说 40.5％、95％表示什么含义。在学生学会用图表示百分数后，请学生看图说出百分数。

(2) 理解百分数表示两个独立数量之间的关系。

课件出示：高铁速度和动车速度的对比图，请学生用百分数表示它们的关系。学生很容易看出动车速度是高铁速度的 80％，但需要引导学生发现高铁速度是动车速度的 125％。

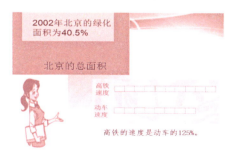

图 1　课件出示内容

师：为什么北京的绿化面积比100％少，而高铁速度却可以是动车速度的125％呢？

（学生思考交流）

师：百分数表示部分和整体之间的关系时小于或等于100％，表示两个独立数量间的关系时可以大于100％。

【设计意图：通过动手操作和直观的图帮助学生理解：当百分数表示部分和整体的关系时，小于等于100％；当表示两种独立的数量之间的关系时，不但可以小于等于100％，还可以大于100％，进一步理解百分数的意义。】

（3）灵活应用百分数。

课件出示练习，让学生思考交流评价。

【设计意图：使学生在具体情境中能选择合适的百分数，进一步理解百分数表示两个量之间的倍比关系。】

3. 归纳百分数的意义

师：通过刚才的交流，什么是百分数呢？

（学生概括总结）

板书：百分数表示一个数是另一个数的百分之几，也叫百分率或百分比。

【设计意图：让学生通过充分感知大量具体的实例，概括总结出百分数的意义。】

4. 百分数和分数的联系与区别

四人小组讨论百分数和分数之间的联系和区别，并汇报。

老师也进行总结，课件出示相关内容。

【设计意图：引导学生对百分数和分数进行比较，在厘清它们的联系和区别的基础上，进一步认识百分数的意义。】

（四）百分数的应用

1. 百分数和分数就像姐妹，有联系又有区别，百分数在生产、生活、工作中应用非常广泛。教师课件出示数学小知识，让学生适机进行爱国教育。

【设计意图：恩格尔系数是刻画富裕程度的一个指标。让学生通过阅读，了解它表示的是哪两个量的关系，进一步理解百分数的实际意义。】

2. 让学生看成语说百分数。

（五）全课总结

1. 学生回顾总结本课知识点。

2. 让学生用百分数评价这节课：愉快占（　　）％，紧张占（　　）％，遗憾占（　　）％。

最后，老师课件展示一句名言：天才＝99％的汗水＋1％的灵感。相信只要同学们肯付出，就一定有收获，加油！

【设计意图：全课总结让学生对百分数的学习有整体的回顾，同时学以致用，用百分数总结上这节课的心情，将学习推向高潮。】

（六）板书设计

百分数的认识

1 号队员　　$13 \div 20 = \frac{13}{20} = \frac{65}{100} = 65\%$　　读作：百分之六十五

2 号队员　　$17 \div 25 = \frac{17}{25} = \frac{68}{100} = 68\%$

3 号队员　　$31 \div 50 = \frac{31}{50} = \frac{62}{100} = 62\%$

表示一个数是另一个数的百分之几，也叫作百分率或百分比。

四、实践成效

要调动孩子学习的积极性，让其成为学习的真正主人。学生根据自己课前所收集的生活中的百分数进行交流学习，进一步多角度地理解百分数的意义。在此基础上，小组合作交流，将百分数和分数进行联系与比较，让学生体会到百分数的优越性。

本课践行课改新理念，体现教师的引领者、合作者角色。在课堂中渗透数形结合思想，借助百格图，更进一步理解百分数的意义，并在图中体会到百分数与分数的密切联系。通过在百格图中表示百分数，让学生明白百分数就是两个量相比较的结果。这样既尊重了教材编排的特点，又激发了学生学习的积极性。通过动手操作和直观的图帮助学生理解：当表示部分和整体的关系时，小于等于100％；当表示两种独立的数量之间的关系时，不但可以小于等于100％，还可以大于100％，进一步使学生理解百分数的意义。

（新疆维吾尔自治区乌鲁木齐市沙依巴克区乌鲁木齐市第二十二小学　尤玲娟）

样例 30：Sea water and rain water——The oceans

一、背景目标

本课课文(The oceans)选自牛津上海版《英语》六年级第二学期"Module3 Unit9 Sea water and rain water"的第一课时,重点是通过一些漂亮且直观的海洋动物的资料来介绍美丽的海底世界,让学生了解和探索海洋的秘密。学生通过课堂学习和活动,了解海洋动物对人类的重要性,唤起热爱大自然的热情。

二、设计创意

本课时以 READING 的形式出现。如果按照传统的阅读课方式教授,会使学生感到枯燥乏味。因此在教学设计时,需要充分开发阅读课的潜力,有效地利用文本资源。

我希望指导学生采用多种阅读方式理解文本,通过设计多样化的课堂活动,把听力、语法、发音、单词等知识融入到教学中,帮助学生更好地阅读并理解文本,让学生在学习过程中逐步学会使用 skimming(略读)、scanning(寻读)、extensive reading(精读)、intensive reading(泛读)等几种常用的阅读技巧。同时,力求使每个学生都有阅读、倾听和表达的机会,逐步学会与他人进行合作交流,并学会使用思维导图更深入地理解文本,自然而然地提高环保意识。

我在设计导学案时采用了以学生为中心的任务型教学法(task-based learning)。在教学过程中通过影像和 PPT 展示真实的情景,创设轻松的学习氛围。

三、导学过程

(一) 预习学案

1. Think and say(想一想,说一说)

Brainstorming：think of the words as many as possible about the water

2. Read and write(读一读,写一写)

表1　认识海洋

中文	词性	英语	音标
溪流			
湖泊			
虾			
危险的			
鲸			
海豚			
鲨鱼			
渔夫			
海星			
聪明的			

3. 自我评价

☆ I can write all the words.

☆ I can write ＿＿＿＿＿＿ words.（数字）

☆ I can't write these words：＿＿＿＿＿

4. Listen, circle and write(听一听,标出生词、词组或句子,并抄写下来)＿＿＿＿＿＿＿＿＿

＿＿＿＿＿＿＿＿＿＿　＿＿＿＿＿＿＿＿＿＿＿＿＿＿＿＿＿＿　＿＿＿＿＿＿＿

＿＿＿＿＿＿＿＿＿＿

(提示：听录音时,用"＿＿＿＿＿"标出生词、词组和不理解的句子)

5. 1st reading

Please answer：Yes or No?（根据课文内容,回答问题）

(提示：第一次阅读时默读,独立完成,能够理解文章的大概意思,并能回答是非题)

(1) Is only three quarters of the Earth is water?＿＿＿＿＿＿

(2) Are whales，dolphins and sharks sea animals?＿＿＿＿＿＿

(3) Are whales one of the largest animals on the Earth?＿＿＿＿＿＿

(4) Can you only find starfish in the oceans?＿＿＿＿＿＿

(5) Do fishermen hands to catch fish?＿＿＿＿＿＿

(6) Must we keep the oceans clean? _____

6. 2nd reading

Ask and answer(问一问,答一答)

(提示:第二次阅读时带着问题再大声朗读一次,将问题的答案在文章中以"﹏"划出,然后小组讨论答案,并将答案进行归纳,写到题后横线上)

(1) What can we get from the oceans? _ _____

(2) What should we do for the oceans? _____

7. 自主乐学,合作交流

小组内读背诵记忆生词、词组或句子,将不会读的词或句、不明白的句意、不懂的语法知识点写在横线上。

_____

_____

_____

(二) 精讲点拨

1. Lead-in

(1) Show some pictures of the river/stream/lake/sea/ocean.

(2) Ask some questions about water on the earth:

① How much water do we have on the earth?

② Where is water?

(3) Practice(练一练)

Almost _____ of the Earth is land. Almost _____ of the Earth is water.

2. Pre-task preparation

(1) Watch HDV about sea animals and plants.(看一看)

To arouse students' interest and raise awareness of the theme of 'The oceans'.(激发同学们的兴趣,引出主题"The oceans")

(2) 读一读

Students have two minutes to read the text by themselves to get the main idea of the text.

小组内朗读课文,搭档间大声朗读课文,注意语音语调,小组汇报竞赛展示齐读课文。

教师评定等级 A(3 分)/B(2 分)/C(1 分)。

3. While-task procedure

(1) Extensive reading(精读)

Ask students to read the paragraph 1 following the recording.

Do extensive reading and try to solve the problems with the help of group members.

① Whales are _____ _____ animals on the Earth.

② Dolphins are _____ _____ _____ _____ animals on the Earth.

③ Sharks are _____ _____ _____ _____ _____ animals on the Earth.

Language focus(难点操练)：one of the most . . .

Learn how to use adjectives to make comparisons："one of the most . . . "

Practice "one of the most . . . " in the context.

(2) Scanning(寻读)

Read the paragraph 3 - 4 again with questions in mind. Scan READING and find out various kinds of specific information.

Answer true or false.

① In the oceans，you can only find starfish and sea horses.

② Starfish and sea horses are not interesting animals.

③ People get seafood from the oceans.

④ Fishermen use hands to catch fish and prawns in the deep sea.

(3) Skimming(略读)

Read the paragraph 5 - 6 again and try to find out useful phrases and expressions to improve reading ability.

_____ _____

_____ _____

(4) Intensive reading(泛读)

Have competitions (team work/group work) to grasp the main idea of the text.

Choose a quiz number and answer the question which you'll see.

① What covers almost a quarter of the Earth? (3 scores)

② What covers almost three quarters of the Earth? (2 scores)

③ What is the largest animal on the Earth? (1 scores)

④ Name two intelligent animals on the Earth. (2 scores)

⑤ What is the largest animal on land? (3 scores)

⑥ Name two beautiful things in the oceans. (2 scores)

⑦ What must we do to protect the oceans? (3 scores)

(三) 学以致用

Post-task activities

You can finish mind maps by discussing with your group members. (绘制本课的思维导图)

(提示：小组长检查并记录完成组员完成情况，并汇报总结完成情况)

以竞赛的形式，小组代表展示思维导图。

教师评定等级 A(3 分)/B(2 分)/C(1 分)。

(四) 检测反馈

课文整体理解检测：

1. What animals can we find in the oceans?

2. What else can we get from the oceans?

3. How do fishermen catch fish and prawns in the sea?

4. Are oceans clean nowadays?

5. What must we do?

(五) 课外拓展

Suppose I'm the king of the oceans and you're the sea animals. The sea water is dirty and you're all sick. I'm sorry to see this. I want to build a new ocean world. Who will go with me and help me?

Sea animal A：I'm the _____ . I will go with you because _____

Sea animal B：I'm the _____ . I have to join you because _____

Sea animal C：I'm the _____ . You must take me with you because _____

If people come to our new ocean world，what must they remember? Let's write some rules for them.

Sea animal A：People must _____

Sea animal B：People mustn't _____

Sea animal C：If people obey these rules,_____

（六）整理学案

1. 我还没有掌握的知识

（1）单词拼读与拼写：_____

（2）句子的认读：_____

（3）句子的理解：_____

（4）我需要在（   ）方面再学习。

（提示：在小组长的带领下，小组内互助学习，完善学习目标，记录最终学习结果）

2. 学生课堂反思

（1）知识重难点：

_____

（2）当堂的表现：

_____

（3）明日的目标：

_____

四、实践成效

"The oceans"导学案思维导图如图1所示。

在预习学案中，我设计了"brain storming"环节以激发学生思考。学生在完成这个项目的时候，或多或少都能想出与海洋有关的2至3个词语，有效地将新知与学过的知识进行关联。我设计的"read and write"环节让学生预习新单词，为学习课文扫清障碍。这个部分的完成率达到100％，正确率为99.6％；有个别学生因为粗心而造成音标的书写错误。自我评价部分让学生对单词进行自我测评，同时设计"listen，circle and write"环节，让学生能在文中识辨单词，起到了再次强化的作用。在自我测评部分，有73.4％的学生表示能够完全拼写正确表格内的单词，其余学生则希望通过课堂上的学习再次记忆单词。

"1st reading"用于课前预习，检测学生独立阅读文章的能力。6题全对的学生占两个班级总

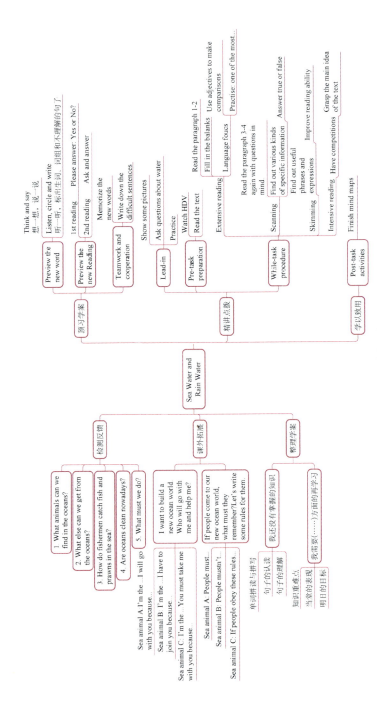

图 1　导学案思维导图

人数的 48.7%，证明一半以上的学生对课文的理解存在偏差，所以设计"2nd reading"，给学生提供小组讨论的机会，互相交流阅读体验，让学生在同伴互助中学到知识。

在"精讲点拨"的环节，先从"lead-in"导入，展示图片让学生了解在地球上水和陆地的分布情况，得出水和陆地在地球上的比例（水占四分之三，陆地占四分之一），自然引出 quarter 这个关键单词，进而轻而易举地掌握了 a quarter 和 three quarters 这两个关键短语。我设计了"练一练"，让学生通过做填空题，为接下去学习课文"The oceans"中的第一个稍难的句子"Almost three quarters of the earth is water."扫清了障碍。"练一练"的正确率为 97.2%，个别同学存在单词拼写错误的情况。

在"pre-task preparation"中，我给学生呈现了一段精彩的高清海底世界片段，凸显了即将要了解和学习的多种海洋动物，激发学生的阅读兴趣，为文本教学提供了必要背景；同时引出话题，使学生对课文的教学充满期待。我让学生通过各种形式朗读课文，熟悉文本。

在"while-task procedure"环节，所设计的"extensive reading"部分包含一个重点"one of the most..."，通过根据课文内容填空，看图用比较级、最高级造句，来掌握这个重点的用法。填空部分因为和原文一样，正确率为 100%。看图造句的过程中，我给予提示词辅助。通过句型结构的操练，尽量做到让学生学单词不离音标，理解记忆单词不离句子。配合最高级的教与学，让学生了解单词的意思和在文中的用法，为在接下来的"while-task"中完成思维导图作好铺垫。学生们积极参与，正确率为 83.1%，错误的原因在于学生没有掌握最高级的形式。

接下来我设计了"scanning"让学生判断"true or false"，锻炼他们寻找特定信息的能力。"skimming"部分让学生找出关键词组，提升阅读能力，大大降低了学生学习 READING 部分的难度。"intensive reading"部分我设计了七个关于海洋及海洋动物的知识竞赛，按难易程度分配了不同的分值，按照小组回答的正确率计分，同时考虑了基础较好学生和基础稍差学生的学习能力，让每个学生都能参与进来。

我设计的"学以致用"环节，旨在引导学生画属于自己的思维导图，让学生再次加强对课文的理解，然后请小组代表展示，同伴互助，共同进步。在"检测反馈"环节，我提出了"What animals can we find in the oceans? What else can we get from the oceans? Are oceans clean nowadays? What must we do?"等问题。学生既感兴趣又有话可说，以小组形式开展讨论。通过团队合作，培养学生的竞争能力和保护海洋环境的意识，并使学生对本课知识有了充分的巩固，拓宽了学生的知识面，让学生乐于学习。这个环节的正确率为 98.9%，和预习学案中的"1st reading"相比有了明显的提升,证明学生通过导学案的学习,已经能够完全理解课文的内容。个别学生存在的小错是由于答案的语法中有错误,但他们对课文整体理解是到位的。

我设计课外拓展(回家作业)的目的也在于保持学生继续学习的兴趣,对所学内容进行拓展,提升优秀学生的思维含量。我要求学生们回家完成的两个作业是:

1. Suppose I'm the king of the oceans and you're the sea animals. The sea water is dirty and you're all sick. I'm sorry to see this. I want to build a new ocean world. Who will go with me and help me?

2. If people come to our new ocean world,what must they remember? Let's write some rules for them.

以下是部分学生的回答。

学生A习作:

I'm the whales. I have to join you because I want to make my life better and I want to breath fresh air and make more friends in the sea. I don't want to see my home become dirtier and dirtier. We also can't live without water. People mustn't throw plastic bags and plastic bottles into the sea.

学生B习作:

Nowadays the sea pollution is a huge problem. More and more people are not care of the sea pollution. Someone build amusement facilities at the sea seaside. They pour dirty water into the sea. We must realize the importance of the sea. We must stop polluting the environment and air. Let's protect the sea to make our world better!

学生C习作:

I'm the starfish. I will go with you because I want to keep the ocean clean. People mustn't leave the rubbish on the beach.

学生D习作:

The ocean is dirty. The king of the ocean wants to build a new world. People must obey the rules. We have to keep the ocean clean. We promise not to leave the rubbish. We should stop killing the sea animals. If all of us obey the rules,the new world will be very wonderful.

学生 E 习作：

I'm a dolphin. Many years ago, I'm happy to live in the ocean. But nowadays the ocean becomes dirty. I'm very sad to live in the bad environment. The king of the ocean wants to build a new world. I have to join because I'm very intelligent. I will think of new ideas to make the ocean clean and beautiful. We will happy to live with humans again. People will promise not to throw rubbish. They must stop polluting. If people obey these rules, the ocean will be more beautiful and all the sea animals will live more happily than before.

从以上的学生习作里可以看出，他们写的小作文有长有短，但都做到了有话可说，证明导学案的学习是有效的。

最后我设计了"整理学案"，帮助学生进行自我反思，进一步提升学生的学习能力。在"整理学案"环节，95.1%的学生认为自己已经掌握单词的拼读与拼写，93.3%的学生认为自己能够熟练认读句子，96.9%的学生认为自己已经能够理解全文的句子，也有少部分学生认为课后需要再次巩固学习。学生对于自己的课堂表现都认为是"好"或者"较好"，分别整理出了自己认为的知识重难点，并为接下来的学习提出了目标。

（上海市嘉定区启良中学　张靖龑）

样例 31：东、中、西部工业发展联动会

一、背景目标

（一）设计背景

沪教版《地理》七年级第二册的内容对初一学生来讲是相对枯燥的，为了提高学生学习兴趣，让学生联系生活实际，在体验中学习，我尝试采取项目式探究活动的形式设计课堂活动及导学案。

在教材的第二章"工业及其地区差异"，我根据工业的作用与成就、重要工业部门的分布、东部和中、西部的工业差异等内容，将项目学习活动设计整合在一个工业发展交流会的

活动情境中。每个小组学生角色是东、中、西部6个具有代表性的省区的省长及工业发展支撑部门部长，通过第一课时参与交流会热身活动即案例分析讨论（3个案例：结婚四大件的变化、两弹一星、中国制造）感受工业的作用与成就；第二、三课时分析各省工业发展（分析本省区工业发展基本条件、确定工业发展主要部门），感受中国重要工业部门的分布。

本文的导学案"东、中、西部工业发展联动会"是第四课时内容，小组根据自身工业发展需求和对其他省区的了解提出合作意向，设计合作项目，进行合作竞标。通过活动，引导学生总结东、中、西部工业发展的主要差异（从工业发展的几个主要条件概括）；初步学会运用因地制宜、优势互补的合作原则，树立工业的可持续发展观念；更关注中国及区域的发展，增强责任感。

(二) 学习目标

1. 能够说出西部2个自治区（新疆和西藏）、中部2个省（山西、湖北）和东部2个省（辽宁、浙江）的工业发展的差异，进而分析概括东部、中部和西部的工业发展差异及原因。

2. 小组在合作完成"合作项目设计"过程中，能够结合图册、图表提取信息，分析本省和他省的优势、需求；能够正确描述地理信息，阐明观点，争取合作机会，会用归纳的方法概括东部、中部和西部的工业发展条件差异。

3. 在小组内和组间的合作互动中，敢于表达观点和提出质疑，形成质疑、对话的创新人格品质；会运用因地制宜、优势互补的合作原则；初步树立工业的可持续发展观念；更关注中国及区域的发展，增强责任感。

二、设计创意

从认知特点看，初中学生正是从感性认识向抽象认识过渡的阶段，既需要图片、视频及能产生共鸣的生活实际情境帮助他们思考，又需要具有启发性、开放性的问题和活动激发他们思考；既需要学会自主学习，又要学会合作。从认知规律上看，体验式学习，更有助于这个年龄的孩子感悟和理解，提高学生的综合运用能力。从知识基础看，初一第二学期学生已经经历了一年半的学习，掌握了基本的地理学习技能，形成了初步的地理思维，能说出国家的基本地理要素，简单分析地理要素之间的关系。

因此在本活动中，学生围绕"如何更好地发展一个区域乃至一个国家的工业"这个开放性问题,在以准真实的生活情境和具体真实的角色、任务中,通过学习任务单的引导支持,学会合作分析——交流倾听——评价点评——思考总结,激发探究问题的欲望,培养解决实际问题的能力和小组合作学习能力,培养发散思维能力和语言表达能力,激发创新思维,在小组内和组间的合作互动中形成质疑、对话的创新人格品质。

三、导学过程

(一)填写任务基本信息

"东、中、西部工业发展联动会"与会人员任务单

组名:_____ 代表省区:_____

姓名:_____ 职务:_____

(二)合作讨论"任务一"

(合作任务)

任务单一:合作项目设计

为了促进我们省区的工业进一步发展,我们计划与其他省区合作,具体项目设计如下:

序号	希望合作的省区	吸引对方的输出项目	期望引进的项目	可能影响合作的困难及应对措施

备注:

1. 合作对象范围:东部:辽宁、浙江;中部:山西、湖北;西部:新疆维吾尔自治区、西藏自治区。

2. 选择1—2个合作对象,根据合作意愿强弱排序。

3. 参考资料:前两课时各省工业发展分析资料。

4. 讨论时间:5分钟,完成表格后,在黑板上连出你们期望合作的省区。

5. 阐述理由争得合作对象组员的投票。

（三）完成"任务二"

（个人任务）

任务单二：竞标投票

1. 用箭头连出选择我省合作的省区，并记录输出项目。

新　　晋　　辽

藏　　鄂　　浙

2. 关于合作，我的疑问或建议：＿＿＿＿＿＿＿＿＿＿＿

3. 我投票给＿＿＿＿＿（省或自治区），原因是＿＿＿＿＿＿＿＿＿＿＿

（四）完成"任务三"

（个人任务）

任务单三：差异感悟

由六省的工业发展进一步分析总结我国东、中、西部工业发展差异及方向。

	西部	中部	东部	
工业发展优势				
存在问题				
发展方向				

提示：对于优势和问题，可从资源、劳动力、交通、科学技术、教育、市场、环境等方面加以总结。

四、实践成效

1. 合作项目设计，引发对学生对东中西部工业发展差异的主动思考和理解

"任务一"在前面已经分析过各自省区工业发展条件的基础上，学生通过小组合作分析自己省区工业发展的劣势，寻求合作对象，设计引进项目，通过自己省区工业发展的优势和对合作对象工业发展需求的分析，设计输出项目。

课堂现场出现学生主动向其他小组伸出橄榄枝的情况，有的小组接收到多个小组的合作邀

请,孩子们热火朝天地讨论着我提供你什么,你提供我什么:浙江省在选择合作对象时不但想到了自己的需求,还考虑到路途成本、运输的便利等要素;广东省表示他们提供技术和经济吸引其他省区的合作等。在开放性的活动中,孩子们的思考火花不断出现,对这个合作项目的设计和理解也越来越清晰,既让各组深入理解前两个课时的内容,又促进各组学会运用因地制宜、优势互补的合作原则。

2. 竞标投票,引导倾听,给每个孩子表达的机会,促进交流讨论,完善知识的理解

"任务二"帮助学生认真倾听其他组的陈述,思考提出质疑或建议,与其他组交流,最终评价投票。

在竞标的过程中,为了达成利于本省区工业发展的合作,每一组或对其他组提出质疑或建议,或倾听、回答其他组提出的质疑、建议。这是本课撞击思想火花的时刻,这些火花是本课归纳总结中国东、中、西部六省工业发展差异的重要资料。如新疆代表阐述合作理由时,根据自己需求——人才、技术、资金,和自己的优势——石油和煤炭优势,重点强调希望与浙江合作,但浙江代表提出辽宁同样有石油和煤炭,且路途近交通发达,出现了"合作危机"。为了进一步争取,新疆代表更积极地挖掘自己的特色特产去吸引浙江,令人惊喜的是一位同学提到了新疆油气资源的丰富潜能更有利于浙江长远的资源合作。教师顺势引导学生思考:充分发挥新疆优势要重点解决什么问题? 油气的可持续合作的交通方式是什么? 在碰撞中学生对新疆发展工业的优势劣势的理解加深,同时初步思考解决方法;再比如在一个班,辽宁代表提出我们没有需求不需要合作,抓住这个点教师启发学生思考工业的可持续发展,基于资源的工业的可持续发展(资源枯竭后如何发展)、市场对工业发展的重要性等。这些在竞标过程中的生成,促进了学生的进一步思考,山西、新疆的代表也产生共鸣,教师借此提供德国鲁尔区的发展模式,让学生借鉴。

如果说任务一是对知识的理解和初步应用,那么任务二就是实践和再思考,收获远远超过课本,着眼于未来,也与高中的区位分析初步衔接。

3. 差异感悟,引导学生反思、感悟、梳理知识,形成自己的理解

"任务三"在前面活动的基础上由点到面,从六省到我国东中西部,引导学生反思、感悟活动中的思考。这份任务单促进学生自我总结工业差异,提升学生知识的理解和梳理,解决了很多活动结束后学生玩过就忘的问题,同时帮助教师发现不同学生的掌握情况,评估课堂达成效果。

在实际操作中,"任务三"在基础比较好的班级适合作为个人作业,教师与学生一对一的评

语互动,将思考延续下去;在基础相对弱的班级作为课堂总结,学生们将彼此的收获互补呈现,完成总结,引导学生慢慢学会自我梳理。

根据任务三的反馈,教师将真实发展与学生的分析对照,肯定学生思考的科学性和前瞻性。孩子们的自信心大增,在后来的课堂和课后积极思考表达的学生越来越多,一些同学还会把在课余看到的相关信息和教师分享。

(上海市杨浦区鞍山实验中学 彭洁)

样例 32: 应用复式统计表

一、背景目标

本课是人教版《数学》三年级下册第三单元的内容。该内容是在学生已经初步认识单式统计表的基础上进行学习的,学生已经对单式统计表的结构、填写方法和表内数据分析有了一定的基础。本课的教学目标为:

1. 知识与技能

(1)使学生认识和体验数据的收集、整理、描述和分析的过程,了解统计的意义。(2)使学生学会填写简单的复式统计表,能将两个单式统计表合成一个复式统计表,能根据统计表中的数据提出简单的问题并进行回答。

2. 过程与方法

通过图表的简单信息转换和教师的引导使学生能用简单的方法收集、整理、分析数据。

3. 情感态度与价值观

(1)培养学生的实践能力和参与意识。(2)通过认识、填写简单的复式统计表,培养学生的交流能力和创新意识。

二、设计创意

1. 创设情境,激发学习兴趣。数学课程标准指出：教师在数学教学中要创设现实且有吸引力的教学情境,促使学生用数学的眼光看待现实问题,结合生活实际学习数学,让间接的课堂学习有直接的生活经验支撑,从而使学生更容易理解、掌握数学知识和技能。本设计在新课的开始,由学生熟悉的社团活动导入,激发学生的探究欲望,同时体现了数学与生活的紧密联系。然后,根据学生的认知起点,让学生发现比较男生和女生最喜欢的活动的人数在两个统计表中的不便,制造矛盾冲突,从内心产生合并统计表的需求。

2. 对比分析,进一步凸显复式统计表产生的必要性。在教学中,有许多知识既有联系又有区别,遇到容易混淆的问题,适时恰当地运用比较法,引导学生加以区别,有助于突出教学重点,突破教学难点,防止知识混淆,提高学生的辨别能力。本设计引导学生经历由单式统计表合并为复式统计表的过程,充分发挥学生的主体地位。在讨论、填写、分析、交流的过程中,培养学生自主学习的能力和合作交流的意识,初步认识复式统计表的结构,通过对比和讨论,让学生了解单式统计表和复式统计表之间的异同,体会用复式统计表描述数据是解决问题的需要。

三、整体呈现

(一) 创设情境,导入新课

(5分钟)

1. 出示美术小组活动人数统计表,请小统计员统计并填写。

性别	合计	男	女
人数	11	5	6

2. 出示乐器小组活动人数统计表,请小统计员统计并填写。

性别	合计	男	女
人数	8	4	4

3. 出示书法小组活动人数统计表,请小统计员统计并填写。

性别	合计	男	女
人数	8	3	5

4. 出示体育小组活动人数统计表,请小统计员统计并填写。

性别	合计	男	女
人数	15	8	7

5. 回答问题:(1)说出第一个统计表中包含的信息,指明它是我们学过的单式统计表。(2)美术小组男生人数有多少人?(3)乐器小组共有多少人?(4)哪个小组的人数最多?

6. 小组讨论:互相说一说回答第(4)小题的感受。(引发合并表格的需求)

(二) 尝试探究、感知基本方法

(23分钟)

1. 提出构想:组织学生讨论如何合并单式统计表。

2. 动手实践:鼓励学生尝试合并表格(填写在准备好的空白表格中)。

3. 展示作品:教师用投影展示小组作品,同时指名学生说说自己的看法。

4. 师生共同操作:根据学生反馈意见,师生共同制作复式统计表。

(1) 合并第一行横栏。

性别	合计	男	女
人数			
人数			
人数			
人数			

(2) 把数列更改为小组名称。

性别	合计	男	女
美术小组			
乐器小组			
书法小组			
体育小组			

（3）增加总计一栏。

性别	合计	男	女
总计			
美术小组			
乐器小组			
书法小组			
体育小组			

（4）更改表头。

人数　性别 组别	合计	男	女
总计			
美术小组			
乐器小组			
书法小组			
体育小组			

（5）增加标题和制作时间。

乌市第一百二十小学三(1)班社团情况统计表

2018.3制

人数　性别 组别	合计	男	女
总计			
美术小组			
乐器小组			
书法小组			
体育小组			

5. 明确复式统计表的结构。

6. 根据图片独立完成复式统计表的填写。

7. 根据填写的统计表提出问题,其他同学解答。

8. 组织同学交流:观察对比单式统计表和复式统计表,找出复式统计表的优点。

(三) 随堂练习

1. 课本第 37 页"做一做"。

2. 调查本班同学最喜欢哪种电视节目。

同学最喜欢的电视节目统计表

人数　类别　　性别	动画片	体育运动	电视剧	科教片	知识竞赛类	少儿综艺类
男生						
女生						

(1) 女生喜欢( )的人最多。男生呢?

(2) 有女生和男生都比较喜欢的节目吗?

(3) 你能提出什么问题? 和同学们交流一下。

3. 学生活动:

(1) 学生组织调查;

(2) 完成复式统计表的填写;

(3) 独立完成第(1)、(2)小题;

(4) 同桌合作,一方提问,一方解答。

(四) 导学流程思维导图

图1 导学流程思维导图

四、实践成效

本节课是在学生认识了单式统计表的基础上，进一步体验数据的收集、整理、描述和分析的过程。教师先制成四个小的单式统计表，再根据四个小的单式统计表引导学生观察对比、提出疑问，从而制作复式统计表并进行认知，从中了解统计的方法，认识复式统计表的意义和作用。教学中我着眼于选取学生身边的熟悉事例，遵循数学生活化、数学结构化的新课程理念。

1. 数学生活化。课堂上这些熟悉的数据，让同学们感到非常亲切，使他们兴致勃勃地投入到新课的学习之中。

2. 数学结构化。在课堂中，学生通过从设计统计表到统计每段的学生人数，从数人数到进行记录，再从单式统计表组合成复式统计表等多种活动，经历知识，体验知识，实现复式统计表的理解这一目标。

通过本节课的教学，学生不但掌握了复式统计表的一些基本知识，还了解了复式统计表产生的意义；教师更深层次地解决了孩子们的困惑，从而使孩子的统计学知识结构更加完善和牢固！

（新疆维吾尔自治区乌鲁木齐市沙依巴克区乌鲁木齐市第一百二十小学　杨冰）

样例33：检测常见气体的性质

一、背景目标

本课出自沪教版《化学》初三九年级第一学期第四单元，是常见气体的性质实验复习课。教学目标如下：

1. 知识与技能

（1）掌握常见气体（O_2、CO_2、H_2O、H_2、CO 等）的检验和吸收的方法。

（2）利用气体的性质，学会混合气体的检验方法，学会排除干扰。

2. 过程与方法

（1）通过对从直接检验的气体到间接检验的气体，从单一气体到混合气体的检验、吸收方法进行总结，培养学生学习化学的科学有序思维方法。

（2）学生通过装置图贴纸进行装置的连接，手脑并用，自主归纳出混合气体检验与吸收的一般方法。

3. 情感态度与价值观

通过对装置的连接,体会化学实验的科学性、严密性。

二、设计创意

在讲授九年级第一学期"常见气体的性质实验"的专题复习课时,学生除了要巩固常见气体的检验与吸收方法,也要学会混合气体中各种气体的检验与除杂的顺序。而现实中,存在学生化学实验能力薄弱、实物装置占地较大、连接装置费时费力的困难,有时也会产生有毒气体。并且初中阶段所学的常见气体是无色的,学生很难观察到。为了让学生轻松学会常见气体的检验与吸收方法,攻克学生学习混合气体检验和除杂顺序这一难点,设计"常见气体的性质实验"的专题复习导学案,引导学生通过用贴纸进行装置的连接,并尝试将仪器顺序交换,探讨是否会有影响,促使学生手脑并用,帮助他们理清思路,明确各种仪器及相应药品的作用。

三、导学过程

(一) 导学流程

图 1　导学流程图

(二) 整体呈现

1. 课堂引入

教师提问:这里有瓶气体,可能是 O_2、H_2、CO_2 中的一种,如何检验?

学生回答:由于该气体正放,所以不可能是 H_2,可以用燃着的木条进行检验。

(实验操作:用燃着的木条检验气体)

根据实验结果,得出结论:该气体是 CO_2。

教师提问:实验室如何检验 CO_2? 如何吸收 CO_2?

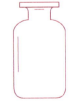

图 2　一瓶气体

教师引入主题：我们学过的常见气体都是无色的，如何检验、吸收气体是我们今天学习的重点。

2. 常见气体的检验

【导学任务1】罗列学过的气体，选择合适的药品和装置进行气体检验。

（1）教师提问：哪些气体可以用一种试剂直接检验？哪些气体需要间接检验？

（学生回答）

（2）师生共同归纳。

表 1　气体的直接检验和间接检验

直接检验		
氧气	水蒸气	二氧化碳
带火星的木条	CuSO₄	石灰水 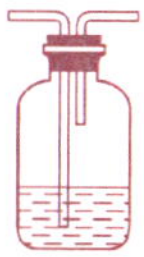

检验方法	氢气	一氧化碳

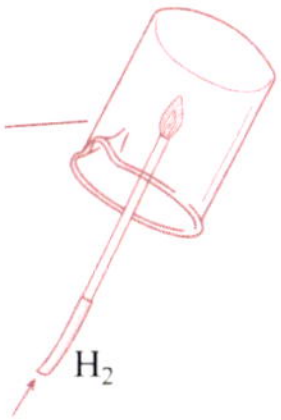

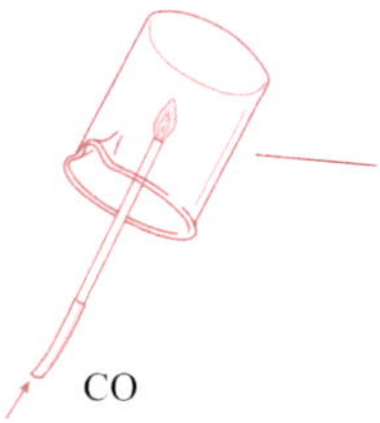

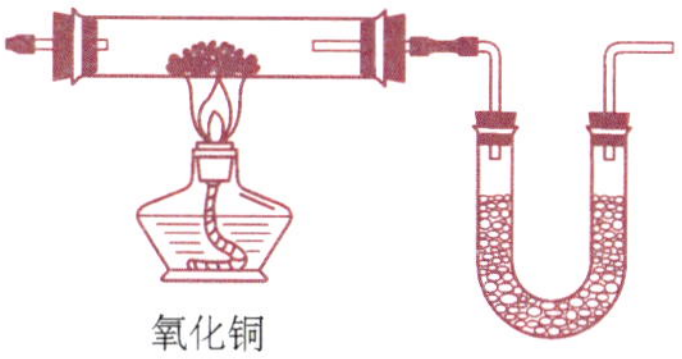

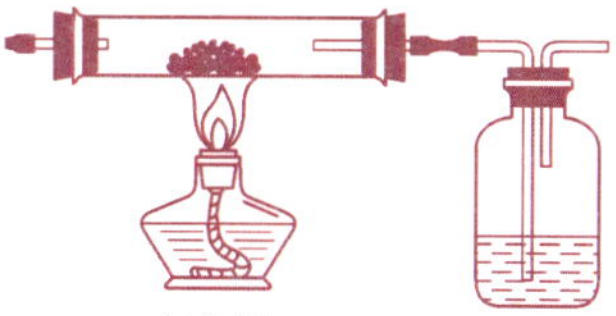

（3）学生其他答案：用硝酸银溶液检验氯化氢气体。

3. 常见气体的吸收

【导学任务 2】选择合适的药品和装置将气体吸收。

师生共同归纳。

表 2　气体的吸收方法

气体	除杂方法（装置＋药品）		
氧气	1. 磷燃烧 2. 通过灼热铜网	将混合气体中的氧气反应掉，但不可产生气体	
二氧化碳	NaOH		碱石灰 (CaO、NaOH)
水蒸气	CaO NaOH（固） $CaCl_2$	浓H_2SO_4	
一氧化碳	1. 点燃 2. 灼热氧化铜		

4. 混合气体的检验

【导学任务 3】已知某混合气体中含有 H_2O 与 H_2。证明该两种气体的存在，用贴纸连接装置。

（1）学生 A 展示并解释设计意图（见图 3）：无水硫酸铜用于检验水蒸气，浓硫酸将剩余水蒸气除去，剩余气体通过氧化铜后再通过无水硫酸铜，用于检验氢气。

图 3　学生 A 设计展示

（2）教师提问：① 在学生 A 连接的装置中，浓硫酸的作用是什么？

② 为什么检验氢气前要除水蒸气？

③ 如何证明水蒸气已被浓硫酸完全吸收？请设计实验。

（设计意图：明确装置的用途，引导学生能够分辨混合气体检验时的干扰）

说明：平时学生在答题时，会存在分析不够准确，回答文字较多但语言表达不清晰的问题，所以课堂上常设置问题链（是什么？为什么？怎么做？），让学生多思考、多回答，训练其有序思考的能力，提升分析问题能力和语言表达能力。

（3）学生回答总结（见图 4）：① 除去（混合气体中的）水蒸气。

② 防止干扰氢气检验。水蒸气会干扰氢气检验；若水蒸气未被除尽，则还原氧化铜后气体中仍然会存在水蒸气，使得 U 形管中白色固体变蓝。（此处纠正学生回答，"水蒸气使无水硫酸铜变蓝"）

③ 除去水蒸气后再加一个装有无水 $CuSO_4$ 的 U 形管或干燥管。

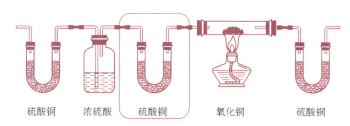

硫酸铜　　浓硫酸　　硫酸铜　　　氧化铜　　硫酸铜

图 4　水蒸气被浓硫酸完全吸收证明实验

（4）教师提问：这样设计可以达到检验混合气体的成分，证明过程中水蒸气被除尽，但是此装置过于复杂。如何能够简化装置，同时又能检验混合气体，并证明过程中水蒸气被除尽呢？

（设计意图：启迪学生思维，引导学生活学活用）

（5）学生 B 展示并解释设计意图（见图 5）：足量无水硫酸铜即可检验水蒸气，同时一并除去水蒸气。当观察到干燥管左侧白色固体变蓝，右侧仍为白色，则可证明水蒸气被除尽。

（6）小结：① 水蒸气会干扰氢气的检验。

② 足量无水硫酸铜作用：检验水（蒸气）并将其除尽；通过观察左侧白色固体变蓝，右侧仍为白色的现象，证明水蒸气被除尽。

【导学任务 4】已知某混合气体中含有 CO_2 与 CO。证明该两种气体的存在，用贴纸连接

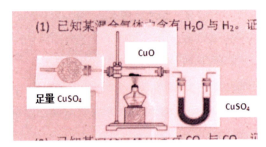

图 5 学生 B 设计展示

装置。

(1) 学生 C 展示并解释设计意图(见图 6):石灰水用于检验二氧化碳,氢氧化钠溶液将剩余二氧化碳除去,剩余气体通过氧化铜后再通过石灰水,用于检验 CO。

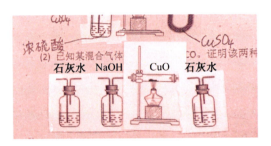

图 6 学生 C 设计展示

(2) 学生 D 展示并解释设计意图(见图 7):石灰水用于检验二氧化碳,碱石灰将剩余二氧化碳除去,同时气体从石灰水中带出的水蒸气也可被除去,但这里水蒸气对混合气体检验无影响,剩余气体通过氧化铜后再通过石灰水,用于检验 CO。

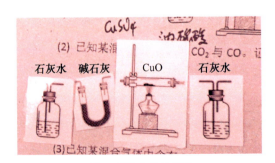

图 7 学生 D 设计展示

（3）提问：为什么要用氢氧化钠或碱石灰除尽 CO_2？

（设计意图：导学任务 3 类似问题举一反三）

学生回答总结：防止干扰 CO 的检验。

（4）提问：为什么不能用石灰水吸收？

（设计意图：学生对于氢氧化钠和石灰水的作用的理解上存在问题，所以在此提问，举一反三）

学生回答总结：氢氧化钠极易溶于水，配成溶液浓度高，可以与较多二氧化碳反应，而氢氧化钙微溶于水，饱和石灰水浓度低，无法与较多二氧化碳反应。

（5）追问：如何用石灰水检验并除去二氧化碳？

学生回答：必须足量。

（6）提问：请设计实验证明 CO_2 被除尽？

学生回答：在除去二氧化碳的装置后加一个装有石灰水的洗气瓶（见图 8）。

石灰水　　氢氧化钠　　石灰水　　　　氧化铜　　　　石灰水

图 8　CO_2 除尽的实验证明

（7）小结：CO_2 会干扰 CO 的检验。

【导学任务 5】已知某混合气体中含有 H_2O、CO、CO_2、H_2。证明该四种气体的存在，用贴纸连接装置。

（1）学生 E 展示并解释设计意图（见图 9）：硫酸铜用于检验水蒸气，足量石灰水用于检验 CO_2 并除去，足量硫酸铜可以吸收水蒸气并检验其是否除尽，剩余气体通过灼热氧化铜后，通过石灰水可检验 CO，通过无水硫酸铜可检验 H_2。

（2）提问：该同学实验设计有什么问题？会造成什么影响？

（设计意图：学生常出现的典型错误予以纠正）

学生回答总结：混合气体通过第二个石灰水的洗气瓶会带出水蒸气（溶液中含水），后面的白色固体必然变蓝，无法检验氢气是否存在。

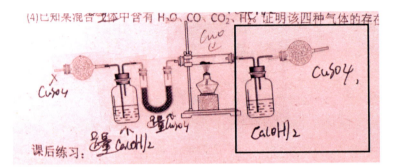

图 9　学生 E 设计展示

（3）小结：一般情况下，水蒸气应优先检验，最后吸收。

（4）教师展示学生的实验设计（见图 10）。

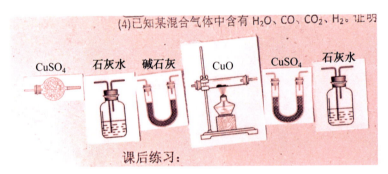

图 10　学生设计展示

（5）提问：碱石灰的作用是什么？

（设计意图：对学生给出的不同答案予以肯定与表扬，且此处碱石灰可以同时吸收两种气体，能够简化装置，在此提问让学生思考，明确其作用）

学生回答：吸收二氧化碳和水蒸气。

5．巩固练习

【练习】草酸（$H_2C_2O_4$）是一种无色晶体，实验室用其加热制取 CO 气体：

$$H_2C_2O_4 \longrightarrow CO\uparrow + CO_2\uparrow + H_2O$$

图 11　练习图示

（1）加热草酸制取 CO 的发生装置应选用与实验室制_____（O_2、H_2、CO_2）相同的装置。

（2）要得到干燥纯净的 CO，并用 CO 还原氧化铁，写出各装置的正确连接顺序：_____

_____。（字母）

（3）装置丙中 NaOH 的作用是_____。

（4）装置中 $Ca(OH)_2$ 的作用是_____。

（5）尾气应如何处理：_____。

（设计意图：选择本题进行巩固练习的主要目的是考察学生的审题、理解题意的能力，本届学生在审题上存在相当大的问题，之前的导学任务是直接给出混合气体让学生设计实验检验，而本题目的并不是要检验草酸分解的产物，而是制备 CO）

学生反馈：不出所料，大部分学生将题目都理解为检验草酸分解的产物，给出答案 ABDCHGEFABHG（甲→乙→丁→丙→甲→丁），并且回答虽然没有无水硫酸铜，但是通过乙中溶液质量增加可以证明水蒸气存在。

我对学生的回答"乙中溶液质量增加可以证明水蒸气存在"予以肯定，但也通过此题提醒同学们拿到题目不要着急做，先审清题目，理解题意最为重要。

四、实践成效

学生很难观察到初中阶段所教的无色气体，学习混合气体检验和除杂时装置连接顺序是本课难点，而导学任务的设置和贴纸教具的使用能够有效攻克这一难点。学生在导学任务和教师的引导下用贴纸进行装置的连接，主动探索，课堂上呈现出许多种不同的正确连接方式，表明学生确实主动、独立思考过，也在相互交换意见的过程中激起思维火花的碰撞——这样做装置更简便,那样做可以观察气体是否被除尽等,从而攻克难点。

本节课我尝试让学生上讲台解释他们连接装置的思路及药品作用,发现虽然学生在表达上有些不清晰,有时也会有跳跃性思维,但是整体参与度明显比教师讲授时要高很多。比如,当学生 E 在讲台上解释其设计(见图9)的时候,其他同学给出了不同意见,说这样验不出氢气。也许是在讲台上紧张的关系,他并没有"理"清楚。有位同学跟他说你把每个装置流出的气体标一下,他立马重新思考并标注发现倒数第二个装置的石灰水中会带出溶液中的水蒸气。由此,我发现不能低估了生生的对话作用,同学间的对话更能让学生听进去。

(上海市杨浦区同济第二初级中学　王天琛)

样例34:　增进圆的认识

一、背景目标

本课为人教版《数学》六年级上册第五单元"圆"的第一课时。这节课的教学内容是教材第57页到第59页的内容。

本课的教学目标是:1. 通过图形的观察、比较、想象、操作,初步建立圆的概念,知道圆的各部分名称;通过圆与正多边形的比较和思考来理解圆的特征。

2. 在推理中不断深化对圆心、半径、直径意义的理解,在推理中丰富与完善对圆的特征的认识,从而对圆的特征形成结构化的认知。

3. 应用圆的特征联系生活解决问题,体会数学的价值,发展数学的应用意识。

二、设计创意

对于这节课,很多教师会组织学生通过折一折、量一量、画一画等活动去探索圆的特征,学生一般不费吹灰之力就能概括出圆的特征,从学生的学习状态中可以看出他们并不认为这是一个有挑战性的问题,甚至不是一个需要探究的问题。我个人认为"圆的认识"这节课难的不是发现圆有无数条半径、所有的半径都相等这些知识点,而是:从一个什么标记也没有的圆上发现半径、圆心的存在,并找到半径之间的关系。因此,我另辟蹊径,先从正方形、正八边形、正十六边形等正多边形入手,引导学生发现它们也像圆一样有中心点,但它们中心点到顶点的线段和到边上的线段不是全部相等的,从而让学生明白圆的最大特征是一中同长,让学生在比较、自主探索中体会"一中同长"的真正含义。

三、导学过程

1. 经验唤醒,外化认知

(1) 同学们,今天我们要认识圆。对于圆,你有什么认识?

教师出示一个椭圆,让学生判断。

(2) 出示一个近似圆的椭圆。

让学生知道通过测量才能判断,不能只凭观察就判断。

2. 比较想象,重建认知

(1) 比较圆与正多边形。

出示图片,请学生在下列图形中找出圆这个图形。

并思考:圆与其他图形最大的不同是什么?

图 1　圆和其他图形比较

生 1:圆是弯的。

生 2:圆没有角。

生 3:圆没有顶点。

师:刚才有同学说:"圆是弯的,圆没有角,圆没有顶点。"这些都没有错,圆是一个封闭的曲线图形。不过当圆对着其他图形说:"我是弯的。"你想,谁该有意见了? 它会怎么说? 当圆对着其他图形又说:"我没有角。"谁又该有意见了? 椭圆会说些什么呢? 我们貌似找出来圆的特征,不过,在分析、比较后发现,同学们说的这些并不是圆的最大特征。圆又说:"我有中心点。"哪些图形又该有意见了?

生4：三角形、正方形、椭圆说我们都有中心点。

师：圆接着说："我的中心点，你们都比不了，因为我从边上到中心点的线段都一样长。"

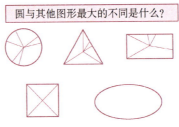

图 2　圆和其他图形的比较

三角形满足圆的这个特征吗？

生5：三角形顶点到中心点的线段比边上到中心点的线段长。

师：长方形满足圆的这个特征吗？

生6：长方形和三角形一样的，顶点到中心点的线段和边上到中心点的线段不一样长。

师：正方形的四个顶点到中心点的线段都一样长，好像满足这个特征呢？

生7：顶点到中心点的线段长，边上到中心点的线段短。如果一样长，边上的线段就会撑出去，就成了一个正八边形。

师：正八边形满足圆的这个特征了吧？

生8：还是不一样，如果顶点到中心点的线段和边上到中心点的线段一样长，就又会撑出去，成为正十六边形。

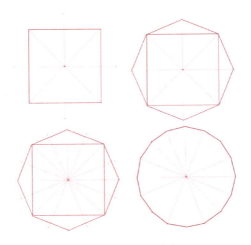

图 3　正多边形和圆的关系

师：正十六边形虽然和圆还是不一样，但这个图形越来越圆了。请同学们想象一下，正 100 边形、正 1000 边形、正 10000 边形，这些图形会越来越接近圆。这就是我国著名的数学家刘徽发明的割圆术，割圆术为我国数学的发展作出了巨大的贡献。

（2）理解一中同长

师：我们刚才说，从圆的各个点到中心点的线段都相等，我国古代科学家墨子就用"圆，一中同长也"概括了圆的这个特征。

谁来说说对"一中同长"的理解？

师："一中"也就是中心点，我们称为"圆心"，用字母 O 表示。

"同长"就是相同长度的线段，我们称为"半径"，用字母 r 表示。

（教师示范画一条半径）

师：我们已经尝试用圆规画圆了，为什么圆规可以画出一中同长的圆呢？请同桌讨论一下。

生：因为圆规的尖就是中心点，也就是圆心，圆规两脚之间的距离在旋转的过程中都相等，也就是半径都相等，所以，我们可以用圆规画出一中同长的圆来。

师：请同学们想一想：在同一个圆内，圆有多少条半径？这些半径有什么关系？

3. 尝试推理，丰富认知

（1）认识直径。

师：在圆内还有一条很重要的线段，叫作直径。（教师边画边介绍直径的概念）通过圆心，并且两端都在圆上的线段叫作直径，用字母 d 表示。

你们觉得：在同一个圆内，圆有无数条半径，所有半径都相等，据此可以推导出关于直径的什么结论？在这个圆内，半径和直径有什么关系呢？你发现了什么？

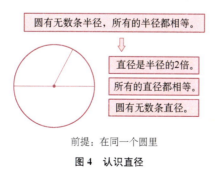

前提：在同一个圆里

图 4　认识直径

（2）圆内最长的线段。

师：（出示图5）这几条线段你认为哪一条最长，为什么？

师：（出示图6）你有什么启发？

图5　判断圆中最长的线段　　　　图6　演示直径最长

这些线段的两端与圆心相连就组成一个三角形，三角形两边之和大于第三边，它们的长度就比两条半径相加的和要短，而直径的长度相当于两条半径，所以直径最长。

4. 运用知识，内化认知

师：海上有一处废弃的灯塔（B点）要实施爆破，灯塔周围3km内为危险区域，请画出危险区域。

一艘渔船误入A点处，为了尽快驶离危险区域，应当沿哪个方向航行？

一艘船（C点）离A点6.5 km，这艘船处在危险区域吗？

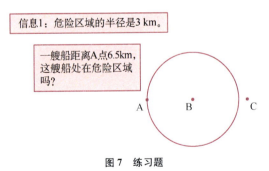

信息1：危险区域的半径是3 km。

一艘船距离A点6.5km，这艘船处在危险区域吗？

A　　B　　C

图7　练习题

5. 课后小结

师：回顾刚才的学习过程，你有什么学习体会？

6. 板书设计

会说话的圆

连接圆心和圆上任意一点的线段叫作半径,用字母 r 表示。

通过圆心,并且两端都在圆上的线段叫作直径,用字母 d 表示。

同一个圆内 $\begin{cases} 有无数条半径,所有的半径都相等。 \\ 有无数条直径,所有直径都相等。 \\ 直径的长度是半径的 2 倍,半径的长度是直径一半。 \end{cases}$

四、实践成效

"圆的认识"这节课属于经典的教学内容,一次次被教师们深入研究和精彩演绎:有的教师以"画圆"为主线,贯穿课堂;有的教师以小组合作的方式,通过量一量、折一折、画一画等活动研究圆的特征……而我把圆看成一个会说话的小朋友,把我想说的话用"圆"来告诉大家,甚至引出了我国著名数学家刘徽的"割圆术"和墨子的"圆,一中同长也"。这样的教学,从历史的视野丰富了学生原有的认知结构,使数学文化的魅力真正到达了课堂,融入了教学,让圆所具有的文化特性浸润于学生的心间,让学生觉得数学课堂丰富有趣,充满着智慧的灵光,闪烁着生命的活力。

1. 通过比较与想象,理解"一中同长"

圆的本质特征是"一中同长",怎样在一个没有任何标记的圆内找到圆心和半径,学生既看不见,也谈不上找到"半径都相等"等特点。我的教学策略就是让学生在想象和比较中找到圆的特征。

(1) 比较椭圆与圆,唤醒关于圆的认识经验

先给学生呈现第一个图形——椭圆,凭着直观认识,学生很快就认识到椭圆不是圆。

出示第二个图形——近似圆的椭圆,学生都认为是圆,老师指出:其实它不是圆。让学生用尺子量一量,通过测量横向、纵向最长的线段,发现有差异,用数据说明这个图形不是圆。此时的学习学生凭借最直观的经验,虽然学生说不出理由,但已经蕴含直径相等的意思,而随着是不是圆讨论的开展,学生心中已经有了自己对圆的理解。

(2) 比较圆与正多边形,体会"一中同长"

在多个平面图形中,有圆、三角形、长方形、正方形、椭圆,聚焦"圆与其他图形最大的不同是什么"这一问题,学生纷纷回答"没有顶点"、"没有角"、"是弯的"。

通过问题引导学生思考:"当圆对着其他图形说:'我是弯的。'你想,谁该有意见了? 它会怎么说?"

"当圆对着其他图形又说：'我没有角。'谁又该有意见了？椭圆会说些什么呢？"让学生感受这些并不是圆的最大特征。

"圆又说：'我有中心点。'哪些图形又该有意见了？"对这一问题，通过演示，结合学生的想象，观察正方形、正八边形、正十六边形等正多边形，发现它们也有中心点，但中心点到顶点的线段和到边上的线段不是全部相等的，从而让学生明白了圆的最大特征是一中同长。在想象这个环节，让学生真正感到其他图形"中心到边上的点的距离不一样长"，如果一样长就会撑出去形成一个更多边形的图形。通过一次一次的想象，图形越来越接近圆，中心到边上的点的距离相等的线越来越多，既促进学生深刻理解"同长"的特点，又为发现"半径有无数条"积累经验。

2. 通过推理证明，理解"圆内线段直径最长"

对于"圆内线段直径最长"的教学，教师们大多通过画出圆内不同的线段，再让学生量一量发现直径最长。而在本节课中，让学生想办法证明。当学生用"直径顶着两端"、"平移卜来比一比长短"等方法说明直径最长，已经没有其他方法时，让学生利用这些线段的两端与圆心相连就组成一个三角形，三角形两边之和大于第三边，第三边长度就比两条半径相加的和要短，而直径的长度相当于两条半径，所以直径最长。这样处理为培养学生的推理能力提供了充足的证据和空间。

（新疆维吾尔自治区乌鲁木齐市沙依巴克区乌鲁木齐市第三十四小学　魏云霞）

样例35：　认识微量激素

一、背景目标

本案例所选内容来自沪教版《生命科学》八年级上册第二章第二节。

1. 主要科目：生命科学。

2. 面向对象：八年级。

3. 课时安排：1课时。

4. 具体内容：（1）内分泌腺的特点、种类、位置及内分泌腺与外分泌腺的区别；

（2）内分泌腺所分泌的激素及其作用的认识。

5. 达成目标：依据教材的特点和学生的需要，在教学全过程中重视培养学生学习兴趣和提升学生思维能力，帮助学生掌握获取知识的方法和途径。

二、设计创意

本学案借助平板电脑技术,设计更为直观高效的学习活动。在关注课堂学习趣味性的同时,更加重视学生观察能力、信息收集能力、分析能力和解决问题的综合能力等科学素养的培育。对于本节课的内容,学生平时生活中应该已接触到一些,但对内分泌腺的特点这一方面的知识是很少知晓的,特别对于不同内分泌腺产生不同的激素,以及不同激素各自的作用这两方面知识是难以理解和掌握的。因此在课前的作业分析这一导入环节,通过对有关身体状态的词语进行描述分类,为学生创设情境,激发学生的学习兴趣,同时也提出本节课需要解决的问题,帮助学生明确学习目标。在课堂教学中,借助平板电脑技术,在师生、生生、人机互动中,引导学生快速搜集相关资料,帮助学生突破难点,并学习信息搜索的技能。在图片讨论活动中,采用递进式追问帮助学生了解内分泌腺以及人体主要内分泌腺的名称和位置;运用对比方法帮助学生观察比较,总结出内、外分泌腺的特点。在讨论中帮助学生学会归纳知识,培养处理和分析资料的能力。通过分析科学家发现胰岛素过程的资料,帮助学生学习科学家的研究思路和方法,提升解决问题的综合能力。

三、导学过程

(一)导学流程

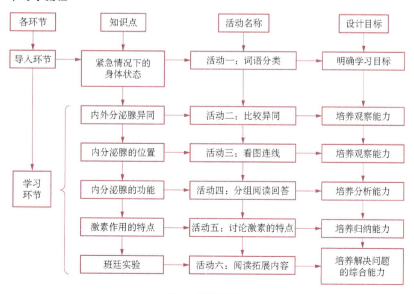

图1 导学流程图

(二) 整体呈现

【活动一】用平板电脑展示学生课前完成的作业,同时在平板电脑上推送问题:词语分类。引入情景,让学生交流进入假想情景时的身体反应,根据已有知识回答对词语的分类。

问题:当你遇到紧急情况时(图2),你的身体状态表现如何? 可以用一些词语描述吗?

图2 紧急情况示例

请同学们根据生命科学的知识把词语分类:

① 血压升高 ② 心跳加快 ③ 身体僵硬 ④ 呆若木鸡

⑤ 肌肉绷紧 ⑥ 目瞪口呆 ⑦ 手足无措 ⑧ 面红耳赤

在活动一中,一开始学生的分类方式多种多样,各有各的观点和道理。老师引导学生在选择分类方式时,要与上节课的神经调节内容相联系。学生们逐渐开始根据"是否受神经系统调节"把词语进行分类,从而顺利地引出本节的主题。

【活动二】观察、比较图片(图3和图4)异同,小组讨论,完成表格(表1)并上传,同学相互评价。

设问:什么是内分泌腺?

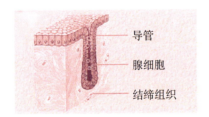

图3 外分泌腺

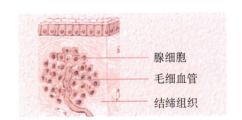

图4 内分泌腺

用平板电脑推送练习题,指导学生归纳。

表1 内外分泌腺的异同

	外分泌腺	内分泌腺
导管	有	无
分泌物	消化液等	各种激素
分泌物量	多	少而高效
输送方法	导管输送	血液运输

在活动二中,采用平板电脑技术,老师可以快速将学生的回答清晰地显示在大屏幕上。学生通过相互评价,基本能归纳出内外分泌腺的异同。之后,老师和学生仅就一些词语的表达达成共识,例如对于内分泌腺的分泌物量归纳成"少而高效"。

【活动三】观察图片(图5),学生完成连线练习题。

用平板电脑给学生推送连线练习题。

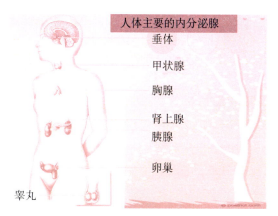

图5 人体内分泌腺位置图

在活动三中,学生能顺利地完成任务要求,并能较快地掌握内分泌腺的位置。

【活动四】阅读课本,分组完成平板电脑所推送的问题。

问题:分别回答各个内分泌腺的作用。

(1)垂体的作用;(2)甲状腺的作用;(3)胸腺的作用;(4)肾上腺的作用;(5)胰腺的作用;(6)性腺的作用。

在活动四中,由于学生阅读和归纳能力的差异,在完成过程中存在诸如小组内意见难以统一、时间上难以控制、答案不尽相同等困难。为了解决这些困难,老师通过对部分小组学生相对准确的答案作出肯定的评价,并请该小组同学对如何思考和归纳进行说明的方式,对其他同学起到一定启发和借鉴作用。

【活动五】综合上述内容,讨论归纳激素作用的特点。

得出结论:微量激素作用大。

作用:(1) 少量而高效;

（2）加速或抑制某些器官和组织的活动；

（3）一种激素只会影响某些特定的组织细胞的生理功能，利用比喻"钥匙"与"锁"。

在活动五中，学生讨论热烈，能参与到活动中，并能较为正确地表述激素作用的特点，但是学生的这些纯理论知识还是与生活相脱节的。此时，教师通过补充介绍糖尿病的案例，帮助学生理解现实生活实例，并为引出下一个活动作铺垫。

【活动六】阅读电子课本内容——班廷与胰岛素。

思考：（1）阅读材料的主要内容是什么？

（2）在阅读中你有什么问题？

（3）班廷实验成功说明什么？

（4）从班廷的研究中你受到什么启发？

在活动六中，学生能肯定班廷的大胆发现、不断探索和勇于创新的科学精神。老师也顺势鼓励学生在学习、生活中要有绝不轻易放弃的精神，树立起成功的信心。

四、实践成效

由于激素调节这一内容对学生来说比较抽象，也有点生疏，所以原来教学处理的时候，老师们会尽可能多地为学生准备一些形象、生动、具体的图片，并联系一些生活中的实例来吸引学生主动参与学习。但是如今再用这样的教学显然已不能完全调动学生的学习积极性，更不用说是全情投入了。因此在这节课中，我运用平板电脑技术，给学生创设了更多的学习和思维空间，对培养学生的观察、分析、归纳和解决问题的综合能力有一定的实际意义。

1. 创设情境，激发兴趣。学生对电子设备兴趣浓厚，大家都盼着能用平板电脑上课。将平板电脑技术应用于课堂教学提高了内容的趣味性，增强了学习气氛。例如，我在一开始就通过平板电脑反馈学生课前完成的作业（用词语描述遇到紧急情况时身体做出的反应）情况。由于学生做好功课后，只需轻点提交按钮，便可交给老师，同学之间可以相互评价，因此学生参与度较高。我根据学生回答的情况让学生对汇总的词语分类，引入本节课的教学内容。学生的作业展示加上生动的语言讲授，把学生带进希望学习的情景中，调动了学生的学习兴趣。

2. 自练自悟，自主学习。我们要学会利用好我们的课本，让孩子真正学会看书。在课堂上，让学生在平板电脑上看书,我发现学生们不仅会看书,而且看得很认真,并能按照步骤完成操作任务。例如在处理书中"你知道吗"的内容学习时,学生在平板电脑上阅读学习,老师引导学生合作讨论,并由学生汇报学习结果。不仅调动了学生的积极性、自主性,而且增强了学有所用、团结互助的意识。

3. 交流讨论,合作探究。合作探究能激发学生的思维创造力,有助于培养合作意识和合作技能,有利于学生之间的交流与沟通。课堂中,我充分调动学生的合作学习精神,尽可能为学生创造交流学习的条件,多次用平板电脑给学生推送问题,然后引导学生思考讨论、归纳比较,最后由学生进行交流评价。如在内外分泌腺的知识学习中,学生不仅可以在平板电脑上完成练习,还可以快速展示给其他同学看,学习积极性明显提高,这样学生既掌握了学习方法,同时也真正成了课堂的主人。老师在教学中,通过不同的方式使学习内容层层递进,将难以掌握的内容教出了新意,使学生全情投入,课堂也呈现出轻松活泼的局面。

总之,从本节课中可以看出学生被激发的能力超出了老师的预设,通过活动和多维对话,学生往往能够自主构建知识。本节课内容的学习基本上是学生自学和生生互动,在老师提供的背景材料、设置问题下,通过与同伴、教材、教师对话完成的。对教学目标中的内分泌腺种类、位置及内分泌腺与外分泌腺的区别能顺利地认识掌握;在学习内分泌腺的特点和内分泌腺所分泌的激素及其作用时,在同学互助、老师引导下,也能顺利地完成目标。

(上海市杨浦区三门中学　蔡茂齐)

样例36: 赏析《忆江南》

一、背景目标

《忆江南》是人教版《语文》四年级下册第一篇课文中的一首词。这是唐代大诗人白居易离开杭州,回到洛阳怀念杭州时,写的三首《忆江南》中的第一首。作者以如画之笔描绘出一幅江南春景图,在人们记忆中留下了难忘的印象。那红胜火的江花,那绿如蓝的春水,不仅唤起人们对江南旖旎风光的向往,更引起人们对江南水乡和祖国大好河山的无限热爱。

本课是"词"这种体裁在小学教材中的首次出现。选编这首词,意在使学生对词这种体裁有一个简单的了解,初步感受词的语言美、韵律美,开拓学生的视野,感受中国经典诗词的无限魅力。

本课的教学目标是:

1. 我会认识生字、会写生字。能正确读写词语。

2. 我会有感情地朗读古诗词,背诵古诗词,默写《忆江南》。

3. 我会通过看注解,边读边想象画面等方法,感知诗词大意,用自己的话说说诗句的意思。体会作者对江南景色的无限赞叹和向往之情。

本课的教学重难点是:

重点品味诗句,背诵古诗,积累语言;体会江南山水的特点,激发爱美的情趣。

二、设计创意

中国是一个诗词的国度。唐诗宋词,俯拾即是。历经千百年而传诵至今的古代诗词是我国文学艺术中的一颗颗璀璨明珠。教学古诗词,除了要给学生充足的时间和宽阔的空间,让学生通过朗读感知诗词中的情境外,还要借助课本插图和注释,让学生加入想象,并能用自己的话描述诗词中的情境。因为古诗词的语言精练,而古人写诗词重在炼字,所以要让学生品读字词句。基于以上几点,我将本课的教学思路设计为以下三大板块:

第一板块:导入新课,教师范读,介绍背景;

第二板块:小组合作,理解大意,发挥想象;

第三板块:展示朗读,感受情境,拓展延伸。

三、导学过程

	学习过程	导学	学生活动	学生认知效果
导入新课	简介背景:《忆江南》这首词是白居易离开杭州回到洛阳以后怀念杭州时,写了三首《忆江南》中的第一首。"忆江南"是词牌名,词的内容也是回忆江南。白居易曾经当过杭州刺史,词中所回忆的是诗人曾经观光游览当地风景时所留下的印象。	(一)导入新课 同学们,我们上节课说了如果一位诗人来到一个特别美的地方,他会怎么样? 那如果一位诗人离开了那个特别美的地方,他还会怎么样?	了解作者及写作背景。 理解"词"、"词牌名"。 对江南美景的初步认知。	通过课件将北方的学生带入江南如诗如画的意境,为赞美铺垫情感。

学习过程	导学	学生活动	学生认知效果
	那如果一位诗人离开这个地方多年,他又想起这个地方,他会怎么样啊?		
自主学习	1. 学会重点生字词。能正确读写;有感情地朗读。 2. 教师范读,学生正确朗读这首词,注意"谙"这个生字,读准字音,读通顺、流畅。在诗句中用"/"划出朗读时需要停顿的地方。组内同学比一比,看谁读得最好。 3. 比较这两个字,分别加拼音、组词。 暗( ) 谙( ) 4. 结合插图,根据注解逐句说说诗意。 5. 吟读,体会作者的思想感情。	(二)自主学习,合作探究 1. 让学生带着这个问题来学习。 2. 鼓励学生克服学习中的困难。	认识生字。 正确流利、有感情地读词,并能准确读出词的停顿。 1. 指名读。 2. 分析字形。 3. 理解"谙"。	通过认读学习生字落实记忆。 通过多层次多形式的朗读,让学生不仅读得正确流利,还要读出诗节奏感,在此基础上,让学生自己运用阅读方法自主学习,理解词意,逐步培养并具备一定的阅读能力。
合作探究	1. 你学会了哪些生字词? 有哪些地方需要注意? 2. 比一比,谁读得最好? 3. 用自己的话说说诗句大意。 4. 吟读,体会诗人的思想感情。说说从哪些词语中可以体会出来? 5. 抓字眼,明词意: (1) 读诗,找出不理解的词语。 (2) 结合上下句子理解下列词语意思。 忆: 好: 曾: 谙: 胜: (3) 江南好,好在何处? 词中写了哪些景物,分别抓住景物的什么特点来描写? 填充: ( )的花儿 ( )的江水 ( )的太阳 ( )的春天		理解词中的词义。 抓重点字、词体会作者思想感情。 理解词义,加深对词语意思的理解。	让学生练习有感情地朗读,以及师生合作读,这样反复练习诵读,既能体味韵律,又能引导学生入情入境;既能落实语言文字的积累和运用训练,又能让学生感受江南自然风光的美,从而体会词中表达的情感。

学习过程	导学	学生活动	学生认知效果
（4）"旧曾谙"是什么意思？一个"旧曾谙"让你体会到了什么？ （5）轻读句子："日出江花红胜火，春来江水绿如蓝。" 说说这个句子用了什么修辞手法？把词中的"胜"换成"似"、"像"，比较朗读，进一步理解"胜"的妙处。江边的花为什么会红胜火，江水为什么会绿如蓝呢？ （6）说一说"日出江花红胜火，春来江水绿如蓝"这一句好在哪儿？ 6. 多诵读，悟诗情： 自己带着感情读。想象：你仿佛看到了什么？眼前出现了什么样的画面？ 7."忆"是什么意思？诗人忆的是江南的什么呢？解决的办法：可以让学生通过反复吟诵体会，教师适时点拨。预设问题： （1）赏析反问句：能不忆江南？ （2）诗人忆的仅仅是江南的景吗？ 对于两个预设的问题，解决的办法： （1）教师出示资料，帮助学生加以体会。诗人曾在江南做官十年，为人民做了很多好事，当地百姓和他的感情很深。后来，他生病了，不得不卸任苏州刺史一职，在他离任回洛阳时，苏州的人们不舍得他走，都哭着为他送别。他的好友刘禹锡曾在《白太守行》中写道："苏州十万户，尽作婴儿啼。" （2）从引读中体会。 带着江南人民对诗人的爱戴，读——能不忆江南？ 带着诗人对江南人民的思念之情，读——能不忆江南？ 带着诗人对江南春色的无限眷恋之情，读——能不忆江南？ 带着诗人那忘不掉、抹不了的江南情，读——能不忆江南？		体会词中所表达的情感。	通过语言的对比，感悟表达的精妙，再回到语言的本身，感悟景色的美丽和语言的魅力。

学习过程		导学	学生活动	学生认知效果
	（3）从"能不忆江南?"这句中你体会到了什么? 　师强调:诗人在用生花妙笔写出他"旧曾谙"的江南好景之后,又以"能不忆江南"的眷恋之情,收束全词。这一句"能不忆江南",勾起了他对江南的无限怀念之情。			
交流解疑	1. 交流学习收获。 2. 提出不懂的问题。 3. 教师解疑。	（三）成果展示,汇报交流活动	交流学习这首词的收获或感受。	
在线检测	1. 默写《忆江南》。 2. 读诗句,解释字意,再写出诗句的意思。 江南好,风景旧曾谙。 谙: 3. 根据古诗内容填空。 《忆江南》这首词的作者是_____代的_____。"忆江南"的意思是_____。其中_____是形象的比喻句,写出了_____的特点;_____是一个反问句,抒发了作者对江南景色的_____之情。	（四）当堂检测,及时反馈	背诵默写这首词。	
课堂总结	1. 说说你今天的学习收获是什么? 2. 课外积累 　一个忆字勾起了诗人对江南的深深思念,于是他又写下了其二和其三,我们一起来赏读一下。 　《忆江南》其二 　江南忆,最忆是杭州。山寺月中寻桂子,郡亭枕上看潮头。何日更重游! 　《忆江南》其三 　江南忆,其次忆吴宫。吴酒一杯春竹叶,吴娃双舞醉芙蓉。早晚复相逢! 3. 自由读,找出三首词的相同之处。 4. 借助注释了解两首词的意思。	（五）归纳总结,提升拓展 　课外收集另外两首《忆江南》。	课外拓展,学习《忆江南》其二、三,找出三首词的相同之处。	巧妙地补充材料,利用材料拓展课外知识,丰富学生的认知,不但让学生欣赏了江南美景,而且也感受到了作者对江南的情感。

学习过程	导学	学生活动	学生认知效果
5.说说从这两首词中你又读到了诗人还忆江南的什么? 注释: 　(1)在杭州,白居易停留时间最长的地方是灵隐寺。据说他多次去灵隐寺,在八月桂花暗飘香的月夜,徘徊月下,流连桂丛,看是否有桂子从月中飞坠于桂花影中。 　(2)郡亭:可能指杭州城东楼。看潮头:看澎湃的钱塘江大潮。 　(3)更:再。 　(4)吴宫:指吴王夫差为西施所建的馆娃宫,在苏州西南灵岩山上。 　(5)竹叶:酒名。苏州当年有名的叫"竹叶春"的美酒佳酿。 　(6)娃:美女。醉芙蓉:形容舞伎之美。 　(7)早晚:是当时的口语,意思就是何时。			
板书 设计	忆江南 〔唐〕白居易 江花　　红　　　景 江水　　绿　　　忆 　　好　人　情		
教学 反思			

四、实践成效

　　《忆江南》是课文《古诗词三首》中的最后一首,它是一首词。对于小学生来讲,这是他们第一次接触"词"这种文学样式,在课堂上通过让学生仔细对比以前学过的诗歌,找出不同,从而很好地了解了词。这首词描写的是江南春天江边江水美景,那么开头一句"江南好"中的"好"字能换成"美"字吗?对于这个问题,我先让学生尝试回答;发现学生回答不上来,于是我又补充了作者白居易曾在苏州等地做官十年，与百姓建立了良好关系的背景。学生就能大体体会到作者第一句话用"好"字的缘由了。窥一斑而见全豹，这节课总的来说较成功，很多预设内容在课堂上都得到了很好解决。除此之外，也有我临场发挥的内容。比如，让学生展开想象，用自己的语言描绘"日出江花红胜火，春来江水绿如蓝"两句的情境及风景时，我结合学生的表现进行应对就属于临场发挥。围绕"日出江花红胜火，春来江水绿如蓝"配乐朗读引导学生展开想象：你仿佛看到了什么？眼前出现了什么样的画面？听着陪衬得体的歌声、音乐，读着这优美的诗句，学生的情感油然而生。再通过展开想象，把仿佛看到的、听到的情境、感受，用自己的诵读传达出来。而诗的最后一句话"能不忆江南"，也可结合这个背景，让学生体会作者回忆的不仅是江南美景，还有那里的人、事、物。本首词是白居易老年回忆在杭州任职期间的美好时光而作的，共三首，这是其一。为了让学生体会诗人白居易对江南的特殊感情，我除了让学生课前查阅资料、充分诵读之外，还为学生准备了这首词的解读视频，把白居易的江南生活轨迹展示给学生，让学生在诵读中展现画面，在诵读中想象意境。

（新疆维吾尔自治区乌鲁木齐市沙依巴克区乌鲁木齐市第五十九中学　李欣谚）

样例37：相似三角形中基本图形的应用

一、背景目标

"相似三角形"是沪教版《数学》九年级第一学期第二十四章第三节的内容，是今后学习锐角的三角比、三角函数和圆的知识基础，是初中几何的重要内容之一，也是初中数学的重要组成部分。学好相似三角形，既是学生后续进一步学习的需求所在，也是其日后工作实践的技能需要。所以，在学习过程中，不仅要关注学生对相似三角形的概念、判定与性质定理的理解和应用，更要以几种基本图形的运用为载体进行评价。本课是学生在系统学习了"相似三角形"教材内容之后的系列复习课之一，主要关注培养学生的空间观念，能从几何图形或实际问题中分解出基本图形，再根据基本图形的性质解决问题。本节课主要是引导学生掌握相似三角形中基本图形"一线三等角"的应用。

本节课的学习目标为：

1. 掌握相似三角形中的一种基本图形"一线三等角"，并能应用该基本图形解决相关的几何问题；

2. 感受复杂图形是由基本图形组成的，培养"求真、求是、求变"的理性意识。

本课的学习重点是：相似三角形的基本图形"一线三等角"；学习难点是：基本图形的提炼与运用。

二、设计创意

一直以来，我都在思考以下问题：复习课怎么上？复习课的导学案如何设计与实践？如何使学生能积极主动地沉浸到复习课中？我曾尝试过多种形式的复习课，如知识结构化、题目类型整理、一题多变等；尤其是初三的复习课，总在想如何把"效果、效率、效用"结合起来，使得课堂能以"真问题"为开始，以"善交流"为历程，以"理性美"为目标。

在 2017 年 10 月 10 日，在一次工作室的活动中，有一位专家说，一个老师通过十几年甚至几十年的积累、反思、小结，提炼出了一套自己觉得很纯熟的题目体系，然后希望通过一堂课的十几分钟让学生去感、去悟、去体会甚至于去运用，这种题目知识体系，听课老师都可能懵圈，那么更何况学生呢？

这让我开始进一步思考：课堂是老师的，也是学生的。课堂脱离了学生，那么这课堂就只是教材的有声动画版了。在数学学科的课堂上，还需要学生的理性思维，而如何激发学生的理性思维，是否是基于感性体会的冲动和建立在一定的学科知识基础上呢？因此，在本节课的导学案设计上，我主要考虑了"问题驱动"的基本方式，基于学生已有的经验和知识，提出问题，培养学生的数学眼光，通过探究活动和演绎推理，构建数学模型。

同时，作为初三复习课的导学案设计，还较关注学习目标的有效设定和落实。不同于平常的新授课，复习课的教学目标基于整个专题复习的单元设计。复习课的导学案学习目标，需要通过对学情进行细致分析，才能做到定位合理、表述准确，从而使课堂教学的呈现自然合适。同时，复习课导学案的设计重心，不仅限于知识广度，更要从教学策略的实施过程中，去展现课堂教学的深度。所以在这堂课的导学案设计时，笔者更加关注学习的"联系"。从一开始的"思维导图"引入，使得学生对整章知识建立了"联系"。在整堂课中，展示了以下内容：知识与知识的联系，如一线三等角与相似三角形之间的关联；背景与对象之间的联系，如等腰三角形、矩形、等腰梯形的背景图形变化；方法之间的联系，如求线段长到求线段比例式到建立函数关系式等。

三、导学过程

（一）自主尝试,发现问题

【引例】如图 1,已知 △ABC 中,AB = AC,点 P、D 分别在边 BC、AC 上,∠APD = ∠B。

求证：△ABP ∽ △PCD。（改自书本第 38 页例 6）

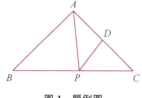

图 1　题例图

问题：当点 P 为边 BC 上的动点时,且满足 ∠APD = ∠B,这两个三角形还相似吗？为什么？

（二）合作学习,探究问题

思考：图 2 中在三个角相等的前提条件下,当图形发生如此变化,你能得到什么结论？为什么？

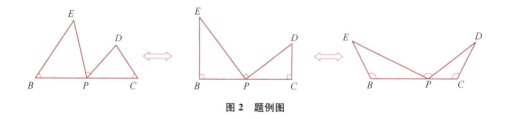

图 2　题例图

归纳：（作基本图形）

（三）课堂练习,达标检测

【练习 1】如图 3,在 △ABC 中,AB = AC,点 D、E、F 分别在 AC、BC、AB 上,DE = DF,∠A = ∠EDF。请找出图中相似的三角形。

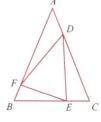

图 3　题例图

【练习2】已知，在矩形$ABCD$（图4）中，点P是线段AD上的一个动点，过点P作$PE \perp CP$，交线段AB于点E。当$AD = 5$，$DC = 3$，$AE = 2$，求DP的长。

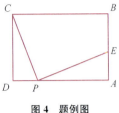

图4 题例图

【练习3】已知在梯形$ABCD$（图5）中，$AD \parallel BC$，$AB = DC = 2$且$AD = 3$，$BC = 5$，点P为线段AD上的一个动点，满足$\angle BPE = 120°$，求证：$AP \cdot PD = AB \cdot DE$。

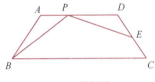

图5 题例图

【练习4】（改编自嘉定区2014学年第25题）如图6，在$\triangle ABC$中，$\angle B = 90°$，$AB = 4$，$BC = 8$，点P是边BC上的一个动点，联接AP，$\angle APN = 90°$且$PN = \dfrac{1}{2}AP$。联结AN、NC。若点N在$\triangle ABC$内部（不含边界），设$BP = x$，$CN = y$，求y关于x的函数关系式，并写出函数的定义域。

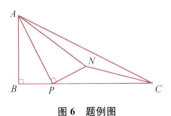

图6 题例图

（四）归纳总结，学会梳理：

这节课你收获了什么？（建议采用思维导图方式）

图 7　思维导图

（五）课外练习，打破定势

如图8，在正方形 $ABCD$ 中，E、F 分别是 BC、DC 边上的点，且 AE 垂直于 EF，$\angle DCF = 45°$，请问 AE 与 EF 的大小关系。

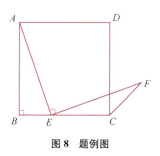

图 8　题例图

四、实践成效

任教班级实情是基础薄弱生较多，基于此，作为一节专题复习课，我一开始就明确基调：回归教材，基于真题；就是想和学生一起经历如何基于教材进行复习的过程。因此，从书本例题出发，重视题目选择的坡度。导学案例题的选择，源自沪教版课本教材的第38页，但应用的时候不局限于课本。通过教材例题引出了基本图形的发现，再进行变式训练。

课堂实例一：

1. 引例环节（见本书 P311）

师：请有思路的同学举手。

师(点名)：你用哪条判定定理来证明？

生：两角相等。

师(换人)：你也是用这条定理来证明的吗？请你说一对角！

师(换人)：请你说另一对。你是用什么方法证明相等的？

师(换人)：能用外角证明角相等的举手，请你叙述一下完整过程！

(教师板书)

2. 引例问题环节(见本书P311)

师：刚才没举手的同学现在能解决这个问题了吗？请你来试一试。

导学案的使用并非使得课堂变得单一、少言了，而是对教师的提问提出了更高的要求，其提问的导引性更强烈，指向更明确了。

在后续的课堂练习达标检测环节，设计角度主要是从定点到动点，从标准图形到变式图形，从完整图形到缺损图形，以期有效完成该课的教学重点，突破该课的教学难点，尽量符合学生的认知规律。最后给出表格式的整理路径，思维导图式的记忆与理解，和学生一起关注学习方式的梳理。而且在课堂推进的过程中，由于导学案的设计与应用是从学生角度出发思考的，所以教师只需几个关键问题的点拨，就能给学生有效且足够的课堂时间与空间，既提升了他们的学习兴趣，又梳理了他们的解题思路。

课堂实例二：

1. 练习1环节(见本书P311)

教师的引导在于读题结合标记，着重语气提问：$\angle A = \angle EDF$ 这对角相等意味着……(不说完，停顿等学生接)使学生发现等腰三角形的存在。

生1：两个等腰三角形底角相等。

师(板书标注)问：哎，出现了什么？

生2：一线三等角。

师：那么这道题目对大家而言是不是就没什么问题了呢？

2. 练习3环节(见本书P312)

可使用分析法的方法教学提问与表达设计，教师的读题很有必要，引导学生发现这是个等腰梯形，结合标记。

师：哎，好像符合今天的基本图形的特征的一部分？缺少什么？

生 1：角相等。

师：那你会怎么证明？

生 2：证明 $\angle A = \angle D$。

此外，在课堂教学使用过程中，借助实物投影提高课堂互动效率，利用几何画板进行动态演示图形的变化，促使学生产生一种思辨的理性意识。而在整个教学过程中，教师更多的是用一种感性的语调，承担着一个参与者、组织者和引导者的理性角色，关注学生学习。同时，注重学生参与的程度。课堂提问的学生覆盖面要做到广度与深度结合，让学生都有机会充分暴露自身的思考偏差。课堂问题设计的面较广，问题链要体现逻辑关系，基本能涵盖一线三等角的图形背景。在课堂例题选择的"搭梯子"到"撤梯子"，让学生在变化的过程中去感受不变的解题原理。在问题的解决过程中，完成对基本图形的理解与掌握。

在结合导学案的课堂教学中，学生的思维品质得到了培养，对于题目的理解加深了很多，解题正确率提高不少，展现了"多题归一"的能力。

在课堂练习中，对于练习 1，找到两对相似三角形的学生占全班的 95% 左右。学生们既找出了一对相似的等腰三角形，又通过解题模块发现了两角相等的另一对相似三角形。对于练习 2，全班正确率在 90% 左右，个别同学的错误主要集中在对应边找错及分式方程的计算错误。对于练习 3，全班正确率也在 90% 左右，几位同学的错误集中在于几何证明语言表达的规范性上。学生们在解此题时，展现了多种解题思路及辅助线的添法。对于练习 4，在有了前面的思维铺垫后，正确率在 75% 左右。个别学生没做出的原因是，对于通过添辅助线来构造基本图形的方法存在思维障碍；另外有学生则是因计算错误导致结果错误。

（上海市嘉定区震川中学　朱华盛）

样例 38：　尝试软陶定格动画

一、背景目标

"电脑美术：尝试软陶定格动画"是上海书画版《美术》七年级第一学期第四单元第十课中的内容。本课需要了解"定格动画"的制作原理及发展历程；重点掌握软陶定格动画的制作方法：合理摆放软陶元素，拍摄连续静态画面，平板电脑合成动画；难点在于理解改善动画画面品质的三种方法。通过本课学习,希望学生能够制作一段"画面稳定、过渡流畅、节奏合理"的软陶定格动画,提高在生活中欣赏或是亲身参与制作软陶定格动画的兴趣。

二、设计创意

1. 巧设问题,循循善诱

导学案的问题设计是导学案教学模式效能得以发挥的关键所在。因此,每个问题设计都必须有明确的导向性,要为教学目标服务。以本课设计的三个问题为例:

(1) 导入环节播放一段软陶定格动画后,请同学们回答:"动画片中的软陶是怎么动起来的?"这个问题的设计意图是为了引导学生思考本课的教学重点:定格动画的制作方法,激发学生的学习兴趣。当学生的思维被充分调动起来之后,再展开教学,就能达到事半功倍的效果。

(2) 在每个小组完成自己的第一段定格动画后,请同学们观察自己的作品并回答:"动画中存在什么问题,这些问题产生的原因是什么?"这个问题的设计意图是为了引导学生思考更深层次的问题:如何改善动画画面的品质。为课程重点和课程难点的突破找到切入口。

(3) 在小结时,教师提出:"今天我们学习的是定格动画,其实动画的类型还有很多,你们在生活中还接触过什么动画形式?"这个问题的设计意图是为了引导学生寻找课程内容与日常生活的联系,为课上和课下找到连接点。

2. 点拨精讲,教师主导

导学案的特点之一,就是把学习的主动权交给学生,教师要学会放手,但是放手不等于放任自流,教师要发挥"导"的作用。本课中,教师对"如何改善动画画面品质"的点拨精讲是本堂课的重要环节,教师设计了三个符合我校初一年级学生认知规律、切实可行的改进方法:

(1) 排除干扰画面稳定

这个环节紧接在学生分析自己第一次课堂练习作品之后,而作品中最显而易见的问题就是画面不稳定。学生普遍能发现"拍摄时照相机抖动"、"不应该移动的软陶,位置发生了变化"、"不当心把摆放软陶的手,拍摄到画面里"等问题,并想到改进方法。教师只需引导学生想到一些不太容易注意到的干扰因素,如"同学在摆放软陶时,手产生的阴影",又或是"在一系列照片中,仅有一张照片使用了闪光灯,从而产生的不恰当的光线"等。这是学生最容易理解,也最简单的一个改善动画画面品质的方法。

（2）增加过渡画面数量

教师在大屏幕上展示自己用四张图片制作的一段定格动画，动画中软陶的运动过程，感觉不太流畅；教师随后在每二张静态图片中增加一张过渡图片。两段动画相对比，效果清楚明了，无需教师多言，学生也能明白增加过渡画面的数量能够提高动画的流畅性，这也是一个简单有效的改善动画画面品质的方法。

（3）依据剧情调整节奏

动画画面和音乐一样是有节奏的，这一点比较抽象，教师采取了现场演示的方式帮助学生理解。前半段动画剧情平稳，画面节奏匀速进行。后半段剧情突变，画面节奏也发生了变化。即前半段共 6 个画面，每个画面停留时间都是 0.5 秒，而后半段只有 1 个画面，且这个画面的停留时间足足有 3 秒，这就形成了一个静止的长镜头，可以起到强调的作用。通过演示，学生能够直观感受到画面节奏的变化，以及剧情和画面节奏的关系。

3. 效果反馈，教学互动

导学案设计的有效性，需要以特定的方式呈现出来。本堂课中设计了两次课堂练习，以了解学生对课程内容的掌握情况。

第一次课堂练习：先由教师演示软陶定格动画的制作方法，合理摆放软陶元素，拍摄连续静态画面，平板电脑合成动画。学生观察、模仿教师的操作，以小组为单位完成自己的第一段定格动画作品，要求只需能让静态画面动起来即可。2—3 分钟后，六组学生都完成了此项任务，充分说明了本课设计的动画制作方法符合我校七年级学生的接受能力。

第二次课堂练习：鼓励学生完成一段"画面稳定、过渡流畅、节奏合理"的动画作品。学生的第二次作品相对第一次而言都有不小的进步，努力将教师提供的改善动画画面品质的方法运用到作品的创作中。但因第二次课堂练习只有 8—10 分钟的时间，又是新学乍练，作品中仍有不少需要改进的地方。在学生自评和互评环节，不少同学又找到了新的问题，分析改善新问题的方法；老师点评以鼓励为主，指出一个突出问题的改进方向，便于学生课后继续尝试，这就形成了一个良性循环，有利于培养学生的探索精神和自主学习能力。教师在课后鼓励督促学生继续完善他们的作品，并将作品剪辑成《软陶定格动画集锦》，在区、市和全国比赛中均有斩获，学生在整个过程中体验到了真实的成功。

三、导学过程

	导学流程	设计意图
导入环节	1. 请同学们欣赏：软陶定格动画《禁止吸烟》。请同学们思考：动画片中的软陶是怎么动起来的？ 2. 通过教师自制的微课，了解定格动画的原理及发展历程。	让学生分析、思考动画中软陶动起来的原因，这其实是本课的教学重点：软陶定格动画的制作方法。当学生的思维被充分调动起来后，再借由教师自制的微课，了解"定格动画"的原理及发展历程。吸引学生的注意力，为之后重难点的教学作铺垫。
观察实践	1. 教师演示软陶定格动画的制作方法： 步骤1：合理摆放软陶元素； 步骤2：拍摄连续静态画面； 步骤3：平板电脑合成动画。 2. 学生观察模仿教师的操作，分成六组，进行第一次课堂实践，要求只需要能让静态画面动起来即可。	枯燥的原理讲解让同学们感觉似懂非懂，有了老师的现场演示就好理解得多了，再加上实践操作，更能帮助同学们快速掌握软陶定格动画的基本制作原理和方法。
思考提升	1. 学生分析自己第一次课堂练习作品，找出问题（如画面抖动等），分析原因。 2. 教师精讲几种切实可行的改善动画画面品质的方法： 方法一：排除干扰以使画面稳定； 方法二：增加过渡画面数量； 方法三：依据剧情调整节奏。 3. 回归实践，要求学生进行第二次课堂练习，制作一段"画面稳定、过渡流畅、节奏合理"的软陶定格动画。	软陶定格动画，属于易学难精。只有促使同学们尽力思考和尝试改善动画画面品质的方法，才有可能创作出高水准的作品。
分享评价	1. 请六组同学将第二次课堂练习作品上传到大屏幕，互相欣赏。参照评价标准，对比本组第一次课堂练习作品，找到进步点以及不足之处，重点分析改进方法，以便课后继续完善作品。 2. 同学票选出较优秀作品，请作者上台介绍本组情况，包括组内成员分工、设计构思、制作中碰到的问题等。 3. 教师点评鼓励为主，指出改进方向。	让学生在展示、欣赏作品的同时，进行自评和互评。请同学们上台介绍作品，为学生提供了交流、表述创意的平台。教师点评要突出亮点，以鼓励为主，给学生更多的信心，同时也要指出不足，提供改进方法，引导学生课后继续创作。

	导学流程	设计意图
小结环节	1. 了解了"定格动画"的制作原理及发展历程。 2. 学习了用软陶和平板电脑制作"软陶定格动画"的方法。 3. 知道了让动画画面更加真实自然的几种途径。	总结回顾,梳理脉络。
拓展环节	1. 教师简单介绍其他动画类型。 2. 请同学介绍自己在生活中接触到的动画作品。	找到课上和课下的连接点,希望同学们课后能有兴趣进一步了解定格动画这一艺术形式,尝试创作一些优秀的软陶定格动画作品。

四、实践成效

1. 掌握了定格动画的制作方法

教师通过"问题引导、微课了解、口诀归纳、现场演示、学生实践"的导学方法,帮助学生在短时间内掌握了定格动画的制作方法。第一次课堂练习反馈,六组学生都能让静态的画面动起来,这些会动的画面就是六段简单的定格动画。这说明本节导学案的设计,符合我校七年级学生的认识与理解水平。

2. 了解并学习了三种改善动画画面品质的方法

定格动画易学难精。经过第一阶段的学习,虽然同学们掌握了定格动画的制作方法,但每一组作品都存在很多问题。通过教师的点拨精讲,同学们了解并学习了从易到难三种改善动画画面品质的方法。在第二次课堂练习反馈时,每组动画画面品质都有显著提升。最明显的是动画画面的稳定性,六组作品都有了很大的飞跃,因为这是学生最容易理解,也最容易实现的一个改善动画画面品质的方法。而最难理解的"依据剧情调整节奏",有一些组还不能很好消化,这也符合预设,对不同层次学生应有不同的要求。如《买椟还珠》动画制作小组,这个故事的重点是"买"和"还",也就是说"买"和"还"的画面应该停留时间较长。而同学作品中"走向和离开摊位"的时间在整个作品中占比最大,"买"和"还"的画面却一晃而过。在分享环节,有其他组表示看不懂这段动画想要讲述的故事。但是通过此次尝试,同学们能够感受到每张静态画面停留时间的长与短对动画节奏的影响,知道控制静态画面停留的时间(重要画面停留时间长,次要画面停留时间短)是掌握动画节奏的方法之一。

3. 能完成一段"画面稳定、过渡流畅、节奏合理"的软陶定格动画

第二次课堂练习时,教师鼓励学生尝试创作一段"画面稳定、过渡流畅、节奏合理"的软陶定格动画。但要实现这个目标绝不是一节课就能完成的,虽然第二次课堂练习作品与第一次相比有了很大的进步,但仍然存在很多问题,甚至出现了第一次练习中没有暴露的问题。在自评互评、教师点评环节,教师引导学生再次分析了自己作品中存在的问题,思考讨论改进的方向,并在课后鼓励督促学生继续尝试,这就形成了"学生实践、分析问题、寻找方案、再次尝试"的良性循环。六组同学在课后分别完善了他们的作品,并将作品剪辑成《软陶定格动画集锦》,获得了2017年杨浦区学生艺术节动漫画单项比赛一等奖、上海市学生动漫画大赛一等奖、中国西安第六届国际原创动漫大赛中小学生定格动画最佳场景奖。

(上海市杨浦区控江初级中学　余珊珊)

样例39：　验证阿基米德原理

一、背景目标

本课的导学目标是:

1. 复习浮力概念,加深理解阿基米德原理。

2. 明确验证阿基米德原理的实验目的。

3. 明确如何测定物体所受的浮力和物体排开液体的体积。

4. 学会验证阿基米德原理。

二、导学过程

(一) 区别探究性实验和验证性实验

1. 探究性实验:是实验者在不知道实验结果的前提下,通过自己实验、进行探索、分析、研究得出结论,以发现新事物、新规律,从而形成科学概念的一种认知活动。

探究性实验的六个环节是: ＿＿＿＿＿＿、＿＿＿＿＿＿、＿＿＿＿＿＿、＿＿＿＿＿＿、＿＿＿＿＿＿、＿＿＿＿＿＿。

我们学习过的哪些知识点属于探究性实验?

_____、_____、_____等。

2. 验证性实验:是实验者针对已知的实验结果而进行的以验证实验结果、巩固和加强有关知识内容、培养实验操作能力、掌握实验原理为目的的重复性实验活动。

我们前面做过验证性实验吗?_____

(二) 理解实验中的定量研究和定性研究

1. 定量研究:对实验测得的具体数据进行分析,归纳出物理量之间存在什么数量关系。

2. 定性研究:对物理现象数据进行分析研究,发现物理性质、物理规律。

(三) 课前知识点回顾,以承接新知

1. 液体和气体对浸在其中的物体有_____(填方向)的托力,物理学中把这个托力叫作浮力。

2. _____是著名的阿基米德原理,公式:_____

(四) 导学课前预习

(阅读实验内容(活动卡 P14—15),思考并填写以下内容)

1. 验证阿基米德原理的实验目的是:_____

2. 在实验过程中要测的物理量是哪些?(提示:根据公式思考)

_____

3. 如何设计实验来测浮力?用到哪些实验器材?

提示:(1)回忆上节课内容,对图1、图2进行受力分析。

(2)在水中弹簧测力计为什么减小?

(3)明确三个力:物体的重力 $G_{物}$、在空气中弹簧测力计对物体的拉力 F_1,在水中弹簧测力计对物体的拉力 F_2。

(4)设计表格记录所测物理量。

4. 如何测物体排开的液体所受的重力?

提示:(1)物体浸入水中后液面有什么变化?且物体浸入水中体积越多,液面升高的也越多吗?物体浸没后液面有无变化?

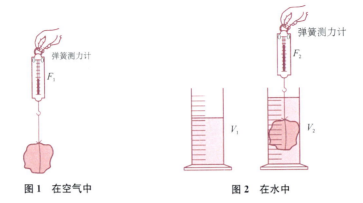

图1　在空气中　　　　　图2　在水中

(2) 明确三个体积——物体的体积、物体浸入水中的体积、物体排开水的体积有什么关系?

(3) 如图所示,V_1、V_2分别是什么体积?

(4) 设计表格记录所测物理量。

(五) 导学课堂:实验(动手操作,解决问题)

1. 课堂引入:学生交流课前预习问题。

2. 结合活动卡P14—15,进行实验操作。

实验名称:验证阿基米德原理。

(提醒学生注意:验证性实验与探究性实验异同)

实验目的:用实验来定量研究,浸没在液体中的物体受到的浮力与它排开的液体所受重力之间的关系。

(提示学生理解物理量之间的定量关系)

实验器材:弹簧测力计、量筒、细线、金属块。

实验步骤:

(1) 阅读下列步骤,设计数据记录表。

(2) 如图1所示,在弹簧测力计下端用细线悬挂一块金属块,记下测力计的示数F_1及金属块所受的重力G,并填入数据记录表中。

(3) 在量筒中盛适量的水,按图示记下水面的示数V_1,并填入数据记录表中。

(提醒学生适量如何理解？为什么要适量？水太多或太少会导致什么结果？)

(4) 如图 2 所示,将金属块完全浸没在量筒的水中,记下此时量筒中水面的示数 V_2 和弹簧测力计的示数 F_2,并填入数据记录表中。

(5) 思考并回答以下问题:弹簧测力计两次示数差($F_1 - F_2$)表明了什么？量筒液面的两次示数差($V_2 - V_1$)表明了什么？

(6) 通过计算找出金属块排开的水所受的重力与弹簧测力计示数减小量之间的数量关系,你得出的结论与阿基米德的发现是否一致？

(指导学生误差分析)

表 1　实验数据记录表(小组汇报,分享交流)

物理量 实验次数	F_1(牛)	F_2(牛)	$F_{浮}=F_1-$ F_2(牛)	V_1(米³)	V_2(米³)	$V_{排}=V_2-$ V_1(米³)	$G_{排水}$(牛)
1							
2							
3							

明确物理量:

(1) F_1:物体在空气中时弹簧测力计的示数;

(2) F_2:物体浸没在水中时弹簧测力计示数;

(3) 弹簧测力计示数的减小值就是物体所受浮力:

$$F_{浮} = F_1 - F_2$$

(4) V_1:量筒中水的体积(米³);

(5) V_2:物体浸没在量筒内水中时的总体积;

(6) 量筒液面升高的示数(两次液面示数差)等于金属块排开水的体积:

$$V_{排} = V_2 - V_1$$

(7) 运用公式计算 $G_{排}$:物体排开的水所受的重力。

$$F_{浮} = \rho_{液} V_{排} g = \rho_{液}(V_2 - V_1)g$$

学生课堂实验数据记录:

由于对所测物理量都很明确,使用实验器材测定物理量比较顺利,表 2 为班级学生中一组的实验记录。

表 2 学生实验记录

物理量 实验次数	F_1(牛)	F_2(牛)	$F_{浮}=F_1-$ F_2(牛)	V_1(米³)	V_2(米³)	$V_{排}=V_2-$ V_1(米³)	$G_{排水}$(牛)
1	1.5	1.3	0.2	50	70	20	0.196
2	2.1	1.8	0.3	50	81	31	0.304
3	3.7	3.2	0.5	40	90	50	0.49

大部分学生经过实验并完成相关计算后发现,物体所受的浮力大小与物体排开的液体所受重力大小并不相等,存在较小差异。是不是阿基米德原理不成立呢?

老师引导学生分析:误差产生的原因是什么呢? 提醒学生弹簧测力计、量筒的最小分度值决定了测量的准确程度。

学生讨论后,有学生认为:弹簧测力计的最小分度值是 0.1 牛,而我们读数的时候没有估计读数,例如 0.196 牛不能精确测出,出来的示数大小就是 0.2 牛,所以有了误差;还有学生认为 g 也是一个只保留一位小数的常量,计算的时候也存在误差;也有学生认为量筒读数的时候也有误差。同学们自己讨论出了误差产生的原因,解决了困惑,验证了阿基米德原理的成立,很有成就感!

通过分析误差,引导学生如何通过实验数据分析归纳得出结论,养成实事求是的科学态度,符合物理学科的核心素养培养要求,提升学生思维品质。这堂课我进行了追问:能不能设计更精确的实验验证阿基米德原理呢? 让学生好好研究作业 3,为课后的巩固知识 3 作好铺垫。由于课堂时间有限,可在习题评讲的时候带入小实验:用弹簧测力计、溢水杯等实验仪器验证阿基米德原理,加深对阿基米德原理的理解!

课堂讨论:(课堂讨论,拔高思维)

(1)换用其他液体(气体),阿基米德原理也成立。

(2)若用一个方木块替换金属块,悬挂在弹簧测力计下缓慢浸入水中,弹簧测力计的示数如何变化? 当示数为零时,木块处于什么状态? 画出木块的受力示意图。怎样用上述实验中的方法来验证阿基米德原理?

（六）导学课后（巩固知识，拓展延伸）

1. 一物体在空气中用弹簧测力计测量，读数是 0.8 牛，若把物体全部浸没在水中，弹簧测力计读数是 0.3 牛，则物体受到的浮力为＿＿＿＿牛，物体排水的体积是＿＿＿＿米³，物体的体积是＿＿＿＿米³。

2. 把一块木块装进已有 60 厘米³ 水的量筒里，水面上升到 70 厘米³ 处，则木块排开水的体积＿＿＿＿厘米³，物体所受的浮力是＿＿＿＿牛。（注意单位换算）

3. 一个物体的体积为 60 厘米³，当其体积的一半浸没在水中时，受到的浮力是＿＿＿＿牛；当其全部浸没在水中时，所受到的浮力是＿＿＿＿牛。

4. 也可以如图 3 所示做验证阿基米德原理的实验，思考并完成下列各题。

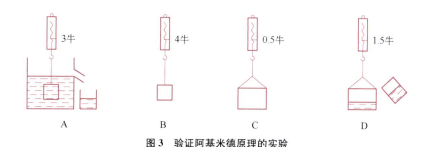

图3　验证阿基米德原理的实验

（1）实验的合理步骤是：＿＿＿＿＿＿＿＿＿＿＿＿＿＿＿＿＿＿＿＿＿。

（2）将图中的数据填入表中：

物体重 G（牛）	物体浸入液体时弹簧秤的示数 F（牛）	小筒重 G_1（牛）	小筒和溢出液体的总重 $G_总$（牛）

（3）计算物体受到的浮力 $F_浮$ ＝ ＿＿＿＿＿＿＿＿ 牛。

（4）物体排开的液重 $G_液$ ＝ ＿＿＿＿＿＿＿＿ 牛。

（5）实验的结论是：＿＿＿＿＿＿＿＿＿＿＿＿＿＿＿＿＿＿＿＿＿＿

5. 活动卡 P15：观察和描述及进一步探究两个小实验。

三、实践成效

物理是一门以实验为基础的学科，其中很多的规律、公式都是从实验现象中得来的，物理学科离不开实验。一堂实验课只有40分钟，要想使实验课更高效，本人深深感到导学案的设计功不可没。导学案能让课前、课中、课后紧密联系起来，起到了优化实验课堂、提升学生思维品质的作用。

本课实验要测量记录的物理量较多，根据初中学生的认知水平，还是有一定难度的，部分学生没有思路，毫无头绪，重复实验、错误操作频频出现，完不成实验任务，实验课堂效率低下。

本导学案例首先是起课前的复习预习作用。先让学生区分实验中的两个专用名词：1. 本实验是验证性实验而不是探究性实验，防止学生混淆概念而去猜想设计浪费时间，明确实验目的；2. 本实验需要定量研究浮力与物体排开液体所受重力之间的关系，需要弄清是什么是定量研究，帮助学生在课前理清思路，知道要测定的物理量，使课堂上的学习更加有针对性，紧促有效。

其次是在课堂中的合理使用，帮助学生快速理清思路，明确要测定的物理量。要成功上好一堂实验课，老师的前期准备工作也是必不可少的。在动手操作之前要让学生明确：实验目的是什么？要测哪些物理量？如何测这些物理量？需要选哪些实验器材？观察哪些实验现象？在实验过程中要随时关注实验的进行，关注课堂生成的问题，及时指导，减少实验误差。

最后是课堂后的使用，检验学生的达成度，起到巩固知识、拓展延伸的作用。

本导学案例旨在引导学生承上启下，理清思路，更快更熟练地进入实验状态，训练学生的基本实验技能，使其学会如何选择、操作实验仪器，提升实验操作的熟练度，更好地在实验过程中，培养科学思维、创新能力和动手解决问题的能力，落实物理学科的核心素养。

（上海市嘉定区震川中学　王欣华）

样例40：　探究废液缸混合物成分

一、背景介绍

沪教版《化学》初中三年级第五至第六单元涉及关于酸、碱、盐相关知识的学习。化学课标中提出了"让学生理解酸、碱、盐的化学性质"的相关要求，这块内容综合性强，在教材中占有重要的地位，同时也是初中化学学业考试中的重点考查内容，其中也涉及由酸碱盐的相关实验所引发的废液成分的探究。"废液缸中混合物成分的探究"是一个难点,学生在平时遇到此类题型时往往不知道该从何下手,普遍反映很难,这主要是因为没有掌握一定的方法。理清思路、掌握一定的方法,对学生克服畏难情绪、扫除解题障碍是至关重要的。

通过课前检测,发现学生对碱的化学性质掌握得还不错,所以希望在此基础上,以碱的相关化学实验为主线,通过一个化学反应、两个化学反应到三个化学反应混合后废液成分探究的过程,帮助学生逐步形成废液成分探究的基本思路,同时也学会分析各种现象的不同表现形式(文字、表格及二维坐标系),为掌握此知识点打下基础。

二、设计创意

为了更好地辅助教学,帮助学生在探究过程中梳理知识点,整理出思路方法,我设计了本节课的导学案。首先做到简洁明了,让学生在课后复习时能够对整节课的内容一目了然。在每一个教学环节之后,也帮助学生进行了方法的整理,让学生及时进行小结,记录下当时的收获,方便他们在课后进行复习。

其中值得一提的是,为了能够降低难度、铺设台阶,我尝试着从一个反应的探究到两个反应,最后才进行三个反应的探究。这是一次全新的尝试,但随之而来的困难就是,由于没有看过此类设计,因此在例题的选择上就没有现成的资料参考,完全要求教师自行进行筛选设计。看似简单的三个反应题例,背后付出了教师大量的时间进行推敲。筛选出的反应既要能够被单独推敲,更重要的是当它们被一个个串起来时,也能够形成一个完整的探究实验,而且还不能超出对初三学生的考查范围,这些例题的筛选做到了原创。

另外,为了帮助学生理清思路,在导学案背后,事先设计了一系列的问题链,如表1所示。

表1　问题链

一个反应的废液缸成分是什么?	$Ca(OH)_2$ 和 CO_2 反应后的废液缸成分是什么?	哪些物质一定有?哪些物质可能有?
	$Ca(OH)_2$ 和 HCl 反应后的废液缸成分是什么?	
	$Ca(OH)_2$ 和 Na_2CO_3 反应后的废液缸成分是什么?	
二个反应的混合废液缸成分是什么?	实验涉及的反应有哪些?	
	哪些成分可能过量?如过重,还可能发生什么反应?	
	废液缸中一定含有哪些物质?可能含有哪些物质?	
	可能存在的物质之间能不能共存?	

三个反应的混合废液缸成分是什么？	实验涉及的反应有哪些？ 在两个反应的基础上增加了哪些反应？
	在两个反应的基础上，哪些物质需要增减？为什么？

　　通过问题链能够有效地辅助学生进行有序探究，并且进行及时的总结经验，归纳出有效的方法。

三、导学过程

（一）导学案思路过程

通过课前检测，复习相关基础知识

↓

探究一个化学反应的废液缸成分

探究两个化学反应的废液缸成分

↓

探究三个化学反应的废液缸成分

↓

形成较完整的废液成分探究的基本思路

↓

课堂检测，反馈教学成效

图 1　导学流程

（二）整体呈现

导学案内容	学生学习情况及成效
【课前检测】 碱的化学性质（以氢氧化钙为例）： 1. _____　例如：_____（用方程式表示） 2. _____　例如：_____（用方程式表示） 3. _____　例如：_____（用方程式表示） 4. _____　例如：_____（用方程式表示）	对碱的化学性质已基本掌握，准确率达95%以上。

导学案内容	学生学习情况及成效
【探究废液成分】 1. 一个反应的废液成分探究(如图2所示)。 讨论1:猜测反应后的废液成分是什么(除水外)? 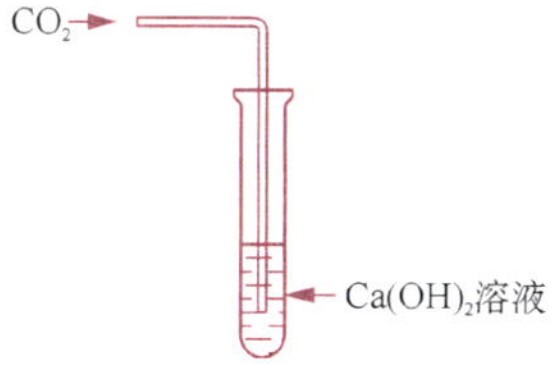 CO₂ → ... ← Ca(OH)₂溶液 **图2　废液成分探究** 猜测:_____ 一般思路: 步骤一,写出_____ 步骤二,猜测废液成分: ① _____一定有。 ② _____可能过量。 练习1:分别写出以下反应(图3、图4)的废液成分的可能性(除水外)。 相关化学方程式:_____ 猜测:_____ 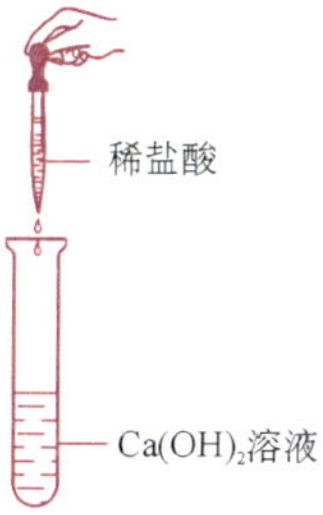 _____ 稀盐酸 Ca(OH)₂溶液 **图3　废液成分探究** 相关化学方程式:_____ 猜测:_____ 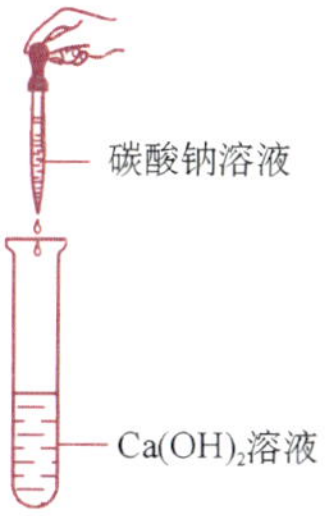 _____ 碳酸钠溶液 Ca(OH)₂溶液 **图4　废液成分探究**	通过例题分析,比较轻松地掌握了如何进行一个化学反应废液成分的探究,练习部分准确率达90%以上,并且能通过小组合作整理归纳出一般思路。

导学案内容	学生学习情况及成效

2. 两个反应的混合废液成分探究

讨论2：如图5所示,探究废液成分(除水外)。

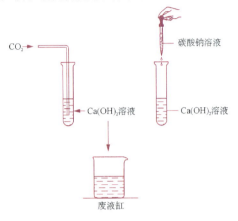

图5　混合废液成分探究

相关化学方程式：

_____

猜测：_____

练习2：将以下两个实验结束后混合,分析所得废液的成分(除水外)。

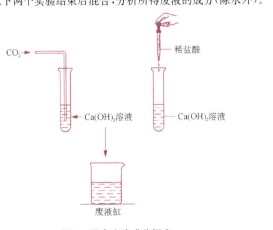

图6　混合废液成分探究

在一个化学反应的基础上,增加了一个化学反应,难度有所提升,但在教师的引导下,逐步发现涉及两个化学反应时还需要考虑废液缸内可能发生的二次反应,在之前归纳的一般思路基础上,又有所补充,逐步完善方法。课堂练习的准确率较课前有了明显的提升,近65%的同学已基本掌握。

导学案内容	学生学习情况及成效

相关化学方程式：

_____

考虑过量问题，还可能发生的反应：

_____

猜测：_____

（补充）

猜测废液成分：① _____的生成物一定有。

② 可以相互反应的物质不能_____。

练习3：

（1）观察与讨论：两同学分别进行氢氧化钙的相关化学实验，分别观察到第一支试管产生白色沉淀，第二支试管无现象，将上述实验所得废液倒入同一只废液缸中，发现废液中有白色沉淀。为了科学处理实验后产生的废液，甲、乙同学决定对废液缸中最终废液溶质的成分进行探究。

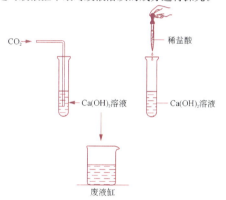

图7　练习3示例图

（2）猜想与假设：通过分析上述实验，废液中一定含有_____，可能含有_____。

（3）活动与探究：为了进一步确认成分，同学取了一定量的废液过滤后，将滤液进行了以下实验。

实验步骤	实验现象	实验结论
取少量滤液于试管中，滴加_____	溶液呈红色	废液中_____Ca(OH)$_2$（"存在"或"不存在"）

（4）结论：废液中的溶质成分为：_____

导学案内容	学生学习情况及成效

3. 三个反应的混合废液成分探究

练习4：某小组进行了如图8所示的碱的化学性质实验。

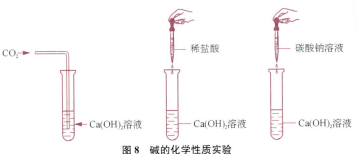

图8　碱的化学性质实验

实验结束后，同学们将废液倒入同一只废液缸中，发现废液产生白色沉淀。

（1）猜想与假设：通过分析上述实验，废液缸中一定含有_____，可能含有_____中的一种或几种。

（2）为了进一步确定可能存在的物质，同学做了进一步实验：

① 取一定量的废液过滤后，向滤液中逐滴加入稀硝酸，根据反应现象绘制了图9所示的示意图。

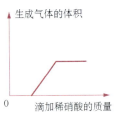

图9　反应现象示意图

结论解释：分析图象数据得出废液缸中还一定存在_____。

② 继续向反应后的溶液中滴加硝酸银溶液，观察到无现象，说明废液中不含_____。

结论：废液成分是_____。

难度再次提升，在师生共同探讨之下，将上述探究所得的方法运用于此，有约30％的同学能够分析得到结果，还有近15％的学生由于分析的组合情况有所遗漏，导致没有完全正确，但较课前已有明显进步。

导学案内容	学生学习情况及成效

【巩固练习】

1. 国家环保总局规定从 2005 年 1 月 1 日起将各类实验室纳入环保监管范围。某中学九年级 A、B 两个班同学分别做常见酸和碱与指示剂反应的实验,使用的试剂如图 10 所示。

石灰水　盐酸　氢氧化钠溶液　酚酞溶液

图 10　实验使用试剂

实验后分别集中到各班的一个废液缸中。研究小组对两个班的废液进行检测,结果如表 2 所示。
请你帮助他们分析废液中的成分,填写表 2 中的空格。

运用课上所学,对课前的薄弱题型再次进行思考,加强巩固,班级内已有近 40% 的同学能够独立解决问题。

表 2　废液检测结果

废液来源	检测方法与结果	推断废液成分 (填物质的化学式,酚酞和水不填)
A 班	观察废液呈无色	废液中含有_____。
B 班	观察废液呈红色	废液中没有_____, 含有_____。

2. 甲、乙同学在学完酸的化学性质后,做了如下实验,如图 11 所示。

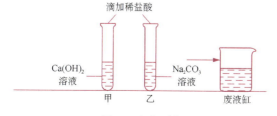

滴加稀盐酸

$Ca(OH)_2$ 溶液　　Na_2CO_3 溶液

甲　　乙　　废液缸

图 11　实验示例

导学案内容	学生学习情况及成效

实验结束后,甲、乙同学依次将废液缓慢倒入同一洁净的废液缸中,然后进行了讨论。

(1) 观察与讨论:当乙同学沿废液缸内壁缓缓倾倒液体时,观察到废液缸中先有气泡产生,然后又出现了白色沉淀。经过讨论确定,甲、乙同学试管中废液含有的溶质分别是

甲:_____;乙:_____(均写化学式),才会出现上述现象。为了科学处理试验后产生的废液,甲、乙同学决定对废液缸中最终废液溶质的成分进行探究。

(2) 提出问题:最终废液中含有什么溶质?

(3) 猜想与假设:甲同学猜想:废液中含有 NaCl、CaCl$_2$ 两种物质。

乙同学猜想:废液中含有 NaCl、Na$_2$CO$_3$ 两种物质。

(4) 活动与探究:甲、乙同学为了验证自己的猜想分别同时进行了如下实验:

甲同学实验:取少量废液于试管中,向其中滴加碳酸钠溶液,无明显现象,得出结论:甲猜想不成立,则乙猜想成立。

乙同学实验:取少量废液于试管中,向其中滴加氯化钙溶液,出现白色沉淀,得出结论:乙猜想成立,则甲猜想不成立。

(5) 反思与评价:请对甲同学由实验现象得出的结论给予评价

_____

(6) 表达与交流:甲、乙同学确认了最终废液中溶质的成分,你认为处理该废液的方法是

_____

3. 化学课上,同学们利用下列实验(如图12)探究碱的化学性质:

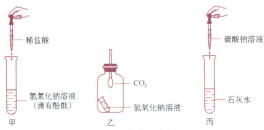

图12　实验示意图

实验结束后,同学们将废液倒入同一只废液缸中,发现废液浑浊并显红色。

(1) 猜想与假设:通过分析上述实验,废液中除酚酞外还一定含有_____,可能含有_____中的一种或几种。

(2) 实验验证:同学们取一定量的废液过滤后,向滤液中逐滴加入稀盐酸,根据反应现象绘制了图13所示的示意图。

(3) 结论解释:分析图象数据得出可能存在的物质中,含有_____;

没有_____,理由是_____。

**图13　反应现象
示意图**

四、实践成效

课前,我对全班同学进行了检测,发现只有极个别的同学能够完成巩固练习中的内容,并且这些同学的完成情况也非百分百正确,而绝大部分学生没有这个能力且毫无思绪。通过导学案教学设计,并进行课堂实践之后,学生对此知识点的畏难情绪得到了很好的缓解,不少学生反映,好像没有之前那么无从下手了,也掌握了一定的方法。可以说课堂效果还是比较令人满意的,此次尝试也取得了一定的效果。

(上海市杨浦区延吉第二初级中学　张禧)